भाषा का संसार

(आधुनिक भाषाविज्ञान की सुगम भूमिका)

भाषा का संसार

(आधुनिक भाषाविज्ञान की सुगम भूमिका)

प्रो. दिलीप सिंह

वाणी प्रकाशन

वाणी प्रकाशन

'लोगो' वाणी प्रकाशन : मक़बूल फ़िदा हुसेन

वाणी प्रकाशन, 4695, 21-ए, दरियागंज, नयी दिल्ली 110 002
वाणी प्रकाशन, अशोक राजपथ (पटना कॉलेज के सामने), पटना (बिहार)

BHASHA KA SANSAAR
by Prof. Dilip Singh

Linguistic
ISBN : 978-81-8143-673-3

प्रथम संस्करण : 2008
द्वितीय संस्करण : 2011

मूल्य : 250/-

वाणी प्रकाशन
फोन : 0091#11#23273167, फोन व फैक्स 23275710
ई-मेल : vaniprakashan@gmail.com
वेबसाइट : www.vaniprakashan.in

आर. टेक ऑफसेट दिल्ली 110 095 में मुद्रित

काश! वे इस पुस्तक को देख पाते।
गुरुवर पं. विद्यानिवास मिश्र की
स्मृति को समर्पित ।

विषय-क्रम

भूमिका

भाषा एक साथ बहुत कुछ है—वह संप्रेषण की एक बहुमुखी व्यवस्था है, सोचने-विचारने का माध्यम है, सर्जनात्मक अथवा साहित्यिक अभिव्यक्ति का कलात्मक साधन है, एक सामाजिक संस्था है, राजनैतिक विवाद का सर्वकालिक मुद्दा है तो किसी देश को एकता के सूत्र में बाँधने और उसके विकास का ज़रिया भी है। कोई भी सामान्य व्यक्ति कम-से-कम एक भाषा में बातचीत करने की क्षमता तो रखता ही है। भाषा के अभाव में कोई भी सामाजिक या बौद्धिक विमर्श संभव हो सकता है, इस बात की कल्पना भी नहीं की जा सकती। अतः एक सामाजिक मनुष्य होने के नाते हम में से प्रत्येक को यह जानना चाहिए कि भाषा किस तरह संगठित होती है, किस तरह किसी भाषा-समुदाय के लोग उसका प्रयोग करते हैं दूसरी भाषा के रूप में उसे सीखने वाले किस तरह द्विभाषिक ही नहीं, द्वि-सांस्कृतिक भी बनते हैं और कैसे वह प्रयोग के संदर्भ, स्थिति और विषय के अनुरूप अपनी संरचना अथवा अभिव्यक्ति प्रणाली में भेद (स्ट्रैटिफिकेशन) पैदा कर लेती है।

आधुनिक भाषाविज्ञान आज मानव भाषा की इन समस्त गतिविधियों को अपनी अध्ययन-परिधि में समेट चुका है। आज वह पहला प्रश्न यह करता है कि मानव भाषा क्या है? और उसे जानने का अर्थ क्या है?इन दोनों प्रश्नों के उत्तर पाने के लिए सबसे पहले उन स्रोतों और भाषा विकास की प्रक्रियाओं को जानना ज़रूरी है जिन्हें कोई भाषा अपने मातृभाषा प्रयोक्ता को उपलब्ध कराती है। उस प्रयोक्ता को जो बचपन से भाषा का अधिगम अपने प्राकृतिक परिवेश में करता है। मनुष्य के विचारों का वैविध्य और उसके अनुभवों की अनेकानेक छवियाँ भी भाषा की संरचना तथा उसे जानने के विस्तार को प्रभावित करते हैं। भाषा किसी एक विषय, भाव अथवा विचार तक सीमित नहीं होती। उसका संप्रेषण तंत्र असीमित और सामाजिक संरचना की भाँति वैविध्यपूर्ण होता है। इसीलिए संप्रेषण के एकमात्र और व्यापक साधन के रूप में भाषा किसी 'संदेश' को एक बने-बनाए या निर्धारित साँचे में बाँध कर प्रस्तुत करने का यत्न नहीं करती, वह एक ही संदेश को भिन्न-भिन्न प्रकार से व्यक्त करने वाली प्रणाली को अपनाती है। वह अपने प्रयोक्ता

में यह योग्यता पैदा करती है कि वह नए से नए शब्दों, पदबंधों और वाक्यों को अपनी ज़रूरत के मुताबिक समझ और ज़रूरत पड़ने पर रच भी सके। संक्षेप में कहें तो मानव भाषा अनंत सीमाओं तक सर्जनात्मक होती है—नव्यता के नए-नए संरचनात्मक संयोगों की वह ईजाद करती रहती है क्योंकि उसे नये अनुभवों, नई परिस्थितियों तथा नवीन विचारों के अनुरूप अपने को ढालना पड़ता है। इस प्रकार भाषा, निरंतर विकास की प्रक्रिया का नाम है।

भाषा-संप्रेषण की इस वैविध्यपूर्ण तस्वीर के उल्लेख का अर्थ व्याकरण की उपेक्षा नहीं है। भाषा एक व्यवस्था है, यह परम सत्य है। उतना ही सच यह भी है कि वह कोई जड़ या रूढ़ व्यवस्था नहीं है। जिसे हम भाषा क्षमता (लैंग्वेज कांपिटेंस : चॉम्स्की की संकल्पना) कहते हैं, वह निश्चित ही व्याकरण की जानकारी तथा भाषा प्रयोग में उसके अनुपालन की क्षमता है। इस क्षमता का संबंध या कहें व्याकरण का संबंध भाषा की बाहरी संरचना से रहता है। जिसे जानने-समझने के बाद हम भाषा की इकाइयों (यूनिट्स) या उसके घटकों (एलिमेंट्स) के समन्वय से परिचित ही नहीं होते, इस परिचय के चलते तरह-तरह के वाक्यों का प्रयोग और बोधन कर पाते हैं। 'व्याकरण' के विषय में प्रचलित कई भ्रांत धारणाओं को आधुनिक भाषाविज्ञान ने निरस्त किया है तथा 'भाषा का व्याकरण' को संप्रेषण व्यवस्था के संदर्भ में यथोचित स्थान देने के साथ ही अव्याकरणिक भाषा रूपों, सामाजिक भाषा की व्यावहारिक संरचनाओं तथा भाषेतर संप्रेषण का उपादेयता को परखने और व्याकरण (सीमित भाषा) की सीमा का अतिक्रमण करने वाली भाषा (व्यावहारिक भाषा) की अभिव्यंजना शक्ति को प्रमाणित करने तथा इन्हें भाषा-अध्ययन में समुचित स्थान दिलाने का उपक्रम किया है। इतना ही नहीं व्याकरण और भाषा को लेकर फैली भ्रांतियों का समाधान भी मिला—जब भाषा को मनुष्य और समुदाय से जोड़कर उसकी संप्रेषणपरकता और प्रयोजनीयता को केंद्रीयता दी गई तो उक्त भ्रमों का निवारण स्वतः होता चला गया। उदाहरण के लिए परंपरागत भाषाविज्ञान की यह दृढ़ मान्यता थी कि अल्पसमूहों अथवा अल्प ज्ञात भाषाओं का अपना कोई व्याकरण नहीं होता। आधुनिक भाषाविज्ञान ने इस बात को मानने से इनकार किया। उसने भाषा के 'मौखिक रूप' को लिखित भाषा से अधिक महत्व दिया, इसलिए उसने यह कहा कि छोटी-बड़ी सभी भाषाएँ भाषा समुदाय के सदस्यों द्वारा उच्चरित धरातल पर बोली जाती हैं अतः इस स्तर पर प्रत्येक भाषा का समान महत्व है। जो भाषा बोलचाल में प्रयुक्त होती है उसकी ध्वनि व्यवस्था तो होगी ही। वार्तालाप एक नियमबद्ध संरचना के साथ होता है अतः शब्द और वाक्य के अभाव में तो यह साध ही नहीं सकता और यदि शब्द और वाक्य मौखिक संप्रेषण को संभव बनाते हैं तो निश्चित ही उस भाषा की रूप व्यवस्था तो बनेगी ही। और यदि इन सबके सम्मिलन का लक्ष्य अर्थाभिव्यक्ति है तो उस भाषा का अर्थवैज्ञानिक

पक्ष भी होगा। इस प्रकार कोई भी मानव भाषा के व्याकरण को कठिन तथा किसी को सरल मानने वाली धारणा भी सही नहीं है। भाषाओं की अपनी प्रकृति अपना वैशिष्ट्य होता है। यह बात अलग है किसी भाषा के कुछ नियम भिन्न हों अथवा कुछ भाषिक इकाइयों की व्यवस्था का उनमें अभाव हो या वे कुछ अलग तरह से संयोजित होती हों। पर इस आधार पर उन्हें सरल या कठिन की कोटि में बाँटना उचित नहीं है।

आधुनिक भाषाविज्ञान ने इस बात को भी स्पष्ट किया कि भाषा-प्रयोग का अर्थ मात्र 'भाषा के बोलने' से नहीं है। भाषा का हम लिखकर तो प्रयोग करते ही हैं—उसे 'रिकार्ड' करके अथवा कंप्यूटर में 'फीड' करके भी हम अनेक भाषिक प्रयोजनों को पूरा करते हैं। वाक् (स्पीच) भाषा की मूलभूत और सर्वव्यापक संप्रेषण प्रविधि है, इसमें संदेह नहीं। भाषा और वाक् एक-दूसरे में गुँथे होते हैं कि भाषा-अध्ययन में व्यावहारिक स्तर पर भी ध्वनि-विश्लेषण का प्रारंभ हुआ और फिर अन्य भाषिक इकाइयों का भी। भाषा के साथ बोध (कॉग्निशन) और संप्रेषण (कम्यूनिकेशन) के जुड़ाव ने भाषा-अध्ययन और विश्लेषण के पूरे पैराडाइम को ही बदल डाला।

बोध और प्रजनक व्याकरण की यह मान्यता थी कि भाषा व्यवहार आदत पर आधारित है जिसकी संप्राप्ति याद रखने के अभ्यासों के द्वारा की जा सकती है। इनका यह भी मानना था कि मानव मस्तिष्क ही भाषा अर्जन और भाषा अधिगम का सक्रिय माध्यम है अतः उसका बाह्य अथवा परिवेशगत घटकों से कोई संबंध न तो होता है और न ही होना चाहिए। परंतु भाषा को संप्रेषण संदर्भ में देखने वाली दृष्टि ने उक्त मान्यता के विरोध में जाते हुए यह स्थापित किया कि भाषा का अधिगम सदैव व्यावहारिक व्यवस्था के अनुरूप होता है, वह व्यवस्था जो 'संप्रेषण' की सामाजिक आवश्यकताओं के अधीन होती है। संप्रेषणपरक क्षमता की बात यहीं से उठी। यह क्षमता भाषा की नियमबद्ध उक्तियों के उपयोग मात्रा से प्राप्त नहीं की जा सकतीं। इसके लिए व्याकरणिक व्यवस्था की पहचान के साथ ही भाषा प्रयोग की उपयुक्तता को जानना भी जरूरी होता है। भाषा प्रयोग की उपयुक्तता का अर्थ है—भाषा के समाजस्वीकृत विकल्पों का प्रयोग। सामाजिक भाषा के संदर्भ में ही आधुनिक भाषाविज्ञान ने प्रयोग-क्षेत्र (डोमेन) की संकल्पना भी सामने रखी जिसमें भाषा के समाज-सांस्कृतिक ज्ञान, भाषेतर (Paralinguistics) पक्षों यथा मुखमुद्रा, अंग-संचालन आदि की जानकारी तथा (Proxemic Spatial) जानकारी के अलावा भिन्न परिस्थितियों के नियंत्रण और संबंधों के निर्वाह के लिए भाषा प्रयोग की औपचारिक से लेकर आत्मीय भाषा रूपों के प्रति सजग और सचेत रहने की अपेक्षा भी भाषा-प्रयोक्ता से की गई।

इस पूरे बदले हुए भाषा-संदर्भ में आधुनिक भाषाविज्ञान ने यह दृढ़ मत भी

सामने रखा कि प्रयोक्ता के लिए मात्रा यह जानना पर्याप्त नहीं है कि वह व्याकरणिक दृष्टि से शुद्ध वाक्यों का प्रयोग कर रहा है या नहीं। संप्रेषण में दक्ष व्यक्ति के लिए यह जानना भी जरूरी है कि वह संप्रेषण के अनगिनत संदर्भों में उपयुक्त, स्वाभाविक तथा समाज स्वीकृत उक्तियों का कैसे, कब और किसके साथ प्रयोग करे। जैसा कि पहले भी संकेत किया गया परंपरा में भाषा-अध्ययन की अधिकांश प्रविधियाँ व्याकरण केंद्रित थीं जिनका बल शब्दावली, संरचना और उच्चारण की शुद्धता पर अधिक था, प्रयोगगत विकल्पनों और संदर्भों पर कम। आधुनिक भाषाविज्ञान का जन्म ही 'भाषा व्यवहार' की संकल्पना की कोख से हुआ है अतः भाषा-अध्ययन का केंद्रक 'भाषा-व्यवस्था' से हटकर या उसे एक सीमा तक स्वीकृति देते हुए भाषा-समुदाय, प्रयोक्ता तथा स्थिति-संदर्भ बने। वास्तविक जीवन की भाषा को पहली बार भाषाविज्ञान ने अपने अध्ययन में स्थान दिया और समाज संदर्भित भाषा को महत्व देने वाली प्रविधि समाज भाषाविज्ञान को ही वास्तविक भाषाविज्ञान कहा।

(समाज) भाषाविज्ञान ने उन अनेकानेक सामाजिक संदर्भों की चर्चा की है जिनके आधार पर वास्तविक भाषा-प्रयोग तथा भाषेतर अभिव्यक्ति प्रकारों की सामाजिक अर्थवत्ता की परख की जा सकती है। भाषा-प्रयोग के धरातल पर क्षेत्रीय शैली, सामाजिक शैली तथा परस्पर वार्तालाप में समाहित अनेक विकल्पनों को यहाँ पहचाना गया है और यह स्थापित करने की कोशिश की गई है कि कोई भी भाषा समुदाय अपनी संप्रेषण व्यवस्था के स्तर पर अत्यंत जटिल संरचना से युक्त होता है। यहाँ यह स्पष्ट कर देना आवश्यक है कि संदर्भ में भाषा का यथार्थ मुख्य वाक् प्रकार (मानक) बनाम अन्य गौण प्रकारों (कोलोकियल) के द्वंद्व से संरचित नहीं होता बल्कि यह उन परिपूरक (कांप्लिमेंट्री) वाक् प्रकारों के समायोजन से एक 'सेट' के रूप में बनता है। यह 'सेट' ही किसी भाषा-समुदाय की रचना करता है—उसकी प्रकृति को विशिष्ट बनाता है। यह भी कहा जा सकता है कि समाज भाषाविज्ञान, भाषाविज्ञान का एक उपशास्त्र है पर यह कहना अधिक समीचीन होगा कि समाज भाषाविज्ञान ही वास्तविक भाषाविज्ञान है।

भाषा को सामाजिक संदर्भ में देखने के कई एप्रोचेज़ आज हमारे सामने हैं। पर कुछ बातों में सभी एकमत हैं। जैसे यह कि भाषा प्रयोक्ता भाषा समूह का सदस्य होता है। जब इस समूह के भाषा-व्यवहार का अध्ययन किया जाता है तो उसे 'भाषा-समुदाय' कहा जाता है। भाषा-समुदाय एक परिवार भी हो सकता है और एक पूरा देश भी। इसी तरह भाषा विकल्प या भाषा-भेद (वाक् भेद) का अर्थ वे भाषा रूप हैं जिनका प्रचलन सामाजिक संदर्भों से बँधकर भाषा-समुदाय के सदस्य 'चयन के आधार' पर करते हैं। 'चयन' निश्चित ही संदर्भ, परिस्थिति तथा वक्ता-श्रोता के परस्पर सामाजिक संबंध पर निर्भर होता है। वाक् भेद के अनेक

लक्षण हो सकते हैं—शाब्दिक, ध्वन्यात्मक, रूप आधारित, या वाक्यपरक। सामान्यतः कोई भी भाषा भेद इन सब की संयोजित संरचना का परिणाम होता है। उदाहरण के लिए भोजपुरी भाषा-समुदाय की बात करें तो इसके अनेक भेद इसके प्रयोग-क्षेत्र में स्थित हैं। पटना और भोजपुर की भोजपुरी में भाषिक इकाइयों के स्तर पर पर्याप्त अंतर है तो बलिया और बनारस की भोजपुरी एक-दूसरे से नितांत भिन्न हैं। इसी तरह आजमगढ़, गाजीपुर, गोरखपुर, देवरिया की भोजपुरी के अपने ढाँचे हैं। पर एक बात तय है कि एक-दूसरे से वार्तालाप में ये भाषा-भेद कोई रुकावट पैदा नहीं करते। अर्थात् उच्चारण के स्तर पर न सही, बोधगम्यता के स्तर पर संप्रेषण-सरणि सुरक्षित बनी रहती है। सामाजिक बोली, सामाजिक शैली, क्षेत्रीय बोली, क्षेत्रीय शैली तथा प्रयोजनसिद्ध प्रयुक्तियों को हिंदी भाषा के संदर्भ में पिछले कुछ वर्षों में विस्तार से विवेचित किया गया है। इसके साथ ही मानक भाषा की संकल्पना पर भी चर्चा हुई है जिसके बरक्स अवमानक (सब स्टैंडर्ड) तथा अमानक (नॉन स्टैंडर्ड) भाषा रूपों को रखकर भी देखा गया है।

भाषा के इस बदलते परिप्रेक्ष्य को इस पुस्तक में लाने का प्रयास किया गया है। भाषा क्या है, भाषा क्या करती है तथा भाषा के लिए भाषाविज्ञान किस तरह विकासमान हुआ है जैसे प्रश्नों को यहाँ उठाकर आधुनिक भाषाचिंतन को इसमें व्याख्यायित किया गया है। भाषा के पूरे संसार का लेखा-जोखा इसमें मिल जाएगा। भाषा की प्रकृति और उसके प्रयोजन को लेकर चलीं सभी बहसें यहाँ उत्कीर्ण हैं। आधुनिक भाषाविज्ञान की संकल्पनाओं का परिचय देने के साथ ही इसमें अनुप्रयुक्त भाषाविज्ञान की शाखाओं पर भी विचार प्रस्तुत हैं।

हिंदी भाषाविज्ञान के पुरोधा भाषावैज्ञानिकों के कृतित्व, उनके दृष्टिकोण तथा उनके देय को सामने रखने का यत्न इस पुस्तक की विशेषता है। हिंदी में भाषाविज्ञान का ऐतिहासिक परिप्रेक्ष्य इस बहाने सामने आ जाता है।

भाषाविज्ञान, हिंदी भाषा और हिंदी में और हिंदी पर काम करने वाले भाषाविदों पर इस तरह की सामग्री बहुत कम है। आशा है आज की नई पीढ़ी में भाषाविज्ञान की रुचि जागृत करने में यह पुस्तक सफल होगी।

—दिलीप सिंह

भाषा और हमारी धारणा

भाषा हमारे जीवन के सबसे नजदीक होती है। फिर भी उसी के बारे में हम सबसे कम जानते हैं। हमें वह 'मिली-मिलाई' चीज़ लगती है। कभी-कभी तो भाषा के संबंध में हम गलत धारणाएँ भी पाल लेते हैं। जबकि जिन और चीज़ों का हम उपयोग करते हैं उन्हें देखने-परखने, जानने-समझने, ठोंकने-बजाने में हम माहिर होते हैं। लेकिन जिस भाषा का प्रयोग हम अपने दैनंदिन जीवन में पल-पल करते हैं, उसकी प्रकृति और प्रकार्य को जानने-समझने का यत्न हम तनिक भी नहीं करते। यदि एक सर्वेक्षण किया जाय कि कितने लोग अपनी मातृभाषा के सामान्य व्याकरण से परिचित हैं या कितने राजभाषा कर्मी हैं जो प्रशासनिक, वैज्ञानिक, व्यावसायिक आदि भाषा रूपों (प्रयुक्तिगत) की संरचनात्मक विशेषता के बारे में बात करते हैं तो इस सर्वेक्षण का परिणाम अत्यंत निराशाजनक होगा। भाषा के प्रति उदासीनता हमारी अपनी भाषाओं के विकास और व्यवहार को अवरुद्ध करती है। अपनी भाषा के बारे में हम कितने सजग हैं या अपनी मातृभाषा के प्रति हमारी अभिवृत्ति (एटीट्यूड) कैसी है, यह प्रश्न पूरे भाषा समाज की अभिवृद्धि से जुड़ा प्रश्न है। अपनी भाषा के प्रति एक सकारात्मक और व्यापक दृष्टिकोण अपनाए बिना न तो हमारा सामाजिक विकास संभव है और न ही मानसिक। भाषा हमारे समाजीकरण का माध्यम है अतः वह हर कदम पर हमसे आबद्ध है।

भाषा के प्रति जो थोड़ा भी सजग है उसकी भाषा के बारे में अपनी निजी राय है। कहा जाय कि हर किसी के पास भाषा के बारे में अपना सिद्धांत है। कोई व्यवस्था मानकर इसे नियम और व्याकरण के दायरे से बाहर नहीं आने देना चाहता। कोई भाषा को आदर्श और मानक रूप में देखने का ही पक्षधर बना घूमता है। अगर कोई भाषा शिक्षक है तो वह यह देखने में ही जुटा रहता है कि उसे कैसे सीखा-सिखाया जा सकता है। साहित्यकार भाषा के प्रचलित रूप-अर्थ संदर्भों को तोड़ने-मरोड़ने की दक्षता को ही भाषा का प्रमुख गुण और उसकी लचीली संभावनाओं से युक्त सामर्थ्य मानता है। ये सभी सिद्धांत अपनी-अपनी जगह गलत भी नहीं हैं पर अनौपचारिक हैं क्योंकि ये सुव्यक्त (एक्साप्लिसिट) नहीं है अर्थात्

पूरी तरह तार्किक रूप में व्यक्त नहीं हैं। यही वजह है कि इस तरह के सिद्धांत अस्थिर बने रहते हैं और विवादों के घेरे से मुक्त नहीं हो पाते। तभी तो भाषा को व्यवस्था मानने वालों के सामने भाषा को व्यवहार स्वीकारने वालों ने बड़ी चुनौती पेश की। भाषा को आदर्श, मानक और एकरूप देखने वालों के सामने जब अवमानक, अमानक तथा विषमरूपता को भी भाषा की संप्रेषणीयता के लिए जरूरी सिद्ध किया गया, तो वे चकरा गए। जब 'भाषा को कैसे सीखा-सिखाया जाता है' पर जोर देने वाले भाषा-शिक्षकों और भाषा-शिक्षण विशेषज्ञों से यह पूछा गया कि पहले यह बताइए कि किसे, क्यों और कितना सिखाना चाहिए तो भाषा-शिक्षण का लक्ष्य-उद्देश्य ही नहीं, केंद्रक भी बदल गया। और जब साहित्यकारों से यह कहा गया कि भाषा की प्रकृति लचीली होती है, उसके 'नार्म' को विचलित भी किया जा सकता है पर इसके कुछ आधार होते हैं, हर भाषा की अपनी प्रकृति और आत्मीयता (जीनियस) के अनुसार; क्या इन पर भी कभी आपने विचार किया है तो भाषा को तोड़ने-मरोड़ने की प्रबल दक्षता वाले अधिकतर साहित्यकार बगलें झाँकने लगे। ऐसी स्थिति को देखते हुए यह कहना अधिक उपयुक्त होगा कि जो लोग, समूह और समाज भाषा का इस्तेमाल करता है, सबके अपने-अपने अनौपचारिक सिद्धांत होते हैं।

भाषा एक बड़ी ही जटिल चीज है। और इसीलिए इसे किसी एक सिद्धांत में पूरी तरह बाँधा नहीं जा सकता है। विश्व के प्रमुख भाषाविद् भी यह स्वीकार करते हैं कि भाषा का कोई सर्वस्वीकार्य और बोधात्मक सिद्धांत तय या स्थिर कर पाना संभव नहीं है क्योंकि भाषा की प्रकृति एक ही साथ परिवर्तनशील और जीवंत दोनों होती है। यही कारण है कि जब पाओलो गिगलिओली से किसी ने यह सवाल किया कि 'भाषा क्या है' तो उन्होंने पलट कर प्रश्नकर्ता से यह पूछा कि 'पहले आप बताइए कि आप यह जानना क्यों चाहते हैं कि भाषा क्या है।' गिगलिओली ने यह प्रश्न इसीलिए किया कि भाषा के बारे में हमारी धारणा अनेक भिन्न कारणों से बनती है। कभी वह पूर्व प्रभावों या पूर्वाग्रहों से बनती है, कभी इस तथ्य से कि भाषा की शक्ति और सामर्थ्य में हमारा खुद का कितना विश्वास है और कभी वह भाषा के माध्यम से मिलने वाले लाभों से परिचालित और नियंत्रित होती है। इस प्रकार भाषा संबंधी कोई भी समस्या सामने आने पर हम अपनी धारणा के अनुरूप एक अनौपचारिक सिद्धांत रच लेते हैं। कभी-कभी तो इनमें से कोई सिद्धांत लचर और बेहूदा होते हुए भी इतना प्रचारित कर दिया जाता है कि लोग उसे बरसों सच समझने का भ्रम पाले रहते हैं। लेकिन अगर भाषा है और वह भी जीती-जागती है तो उसे देखने-समझने के भिन्न दृष्टिकोण भी सामने आएँगे ही और कुछ प्रबल दृष्टिकोण सिद्धांत का रूप भी लेंगे। आधुनिक भाषाविज्ञान इन सिद्धांतों को ठोंकते-बजाते हुए कुछ को पूर्णतः स्वीकार्य,

कुछ को सीमित और कुछ को अस्वीकार्य सिद्ध करता चलता है। यह भी सच है कि कोई एक भाषा सिद्धांत किसी विशिष्ट संदर्भ में ही फिट बैठता है तो कोई एकाधिक संदर्भों और प्रकार्यों के लिए।

भाषा के प्रति अवधारणा निर्माण, भाषा सिद्धांत निर्माण और सिद्धांत-विवेचन का यह कार्य सतत चलता रहता है। चलना भी चाहिए क्योंकि एक जीवंत और परिवर्तनशील वस्तु के विश्लेषण सिद्धांत भी जड़, रूढ़ और स्थिर तो हो नहीं सकते।

भाषा सिद्धांत और व्यवहार

भाषा के विषय में तरह-तरह की बातें सुनाई देती हैं। ये बातें भाषा सिद्धांत को लेकर नहीं, भाषा व्यवहार या भाषा प्रयोग को लेकर की जाती हैं। इन बातों से यह पता चलता है कि भाषा, 'व्यवस्था' के साथ या उससे कहीं ज्यादा अहमियत 'व्यवहार' की है। 'व्यवस्था' संबंधी धारणा भाषा की मानक, आदर्श और एकरूपी संरचना को ही सब कुछ मानती है जबकि 'व्यवहार' के रूप में भाषा अवमानक, अमानक और विषमरूपी होती है। इसीलिए जब प्रसिद्ध आधुनिक भाषाविद् चॉम्स्की ने 'भाषा-व्यवस्था' को ही भाषा वैज्ञानिक अध्ययन की आदर्श वस्तु माना और यह कहा कि मानव शिशु भाषा के 'आदर्श' रूप का ही अधिगम करता है तो उनके विरोध में मत आने लगे। 'भाषा-व्यवहार' या भाषा के अभिव्यक्त रूप को जब चॉम्स्की ने महत्वहीन और 'रद्दी की टोकरी की वस्तु' कहा तो भाषा विज्ञानियों का एक बड़ा वर्ग उनसे सहमत न हो सका। उनके जवाब में यह तर्क दिया गया कि आदर्श भाषा, आदर्श भाषा समुदाय और व्याकरणिक भाषा की बात करना महज कोरी कल्पना है। अगर भाषा मानव संप्रेषण का प्रभावी माध्यम है तो अपने व्यावहारिक संदर्भों में वह 'आदर्श' हो ही नहीं सकती। अतः भाषा व्यवस्था, भाषा की अधूरी सच्चाई है। भाषा पूर्ण बनती है अपने व्यवहार्य रूपों में। भाषा प्रयोग के नियम भाषा-समाज तय करता है, वैय्याकरण नहीं। आगे चलकर यह बात भी खुली कि भाषा, व्यवस्था नहीं, वह व्यवस्थाओं की व्यवस्था है।

यह तो विद्वानों के तर्क की बात हुई। वैसे भी जितनी बातें भाषा के बारे में की जाती रही हैं, उनका केंद्रक 'भाषा प्रयोग' ही रहा है। हम किसी के भाषा प्रयोग के बारे में तरह-तरह से प्रतिक्रिया व्यक्त करते हैं कि उसने भद्दी भाषा का प्रयोग किया, उसने कुछ ऐसे शब्दों का प्रयोग किया जिन्हें मैं समझ नहीं सका आदि। किसी भाषा विशेष का प्रयोग हम क्यों करें, यह प्रश्न भी उठता ही है और इस प्रश्न का एक दूसरा पहलू भी उभरता है जैसे कि हिंदी भाषा की उपयोगिता क्या है? हमारे मन में इन प्रश्नों का उठना यह बताता है कि भाषा को हम एक प्रयोजनमूलक वस्तु और एक ऐसा संप्रेषणीय औजार मानते हैं जिसे हम चुन सकते

हैं, किसी प्रयोजन के लिए उसका इस्तेमाल कर सकते हैं और फिर चाहें तो छोड़ भी सकते हैं। अच्छी-बुरी भाषा, जटिल भाषा, उपयोगी-अनुपयोगी भाषा के जो संदर्भ यहाँ उभरे हैं वे भाषा के प्रयोग पर ही आधारित हैं।

हम अक्सर यह भी सुनते हैं कि भाषा का अधिगम होता है और यह भी कि हम भाषा को 'पज़ेस' करते हैं। भाषा का अधिगम वास्तव में 'भाषा-प्रयोग' का ही अधिगम है। हम जिस परिवार, परिवेश, सामाजिक वर्ग और शैक्षिक समूह से संबद्ध होते हैं, वैसी ही भाषा हम सीखते हैं। हर व्यक्ति एक खास तरह की भाषा पज़ेस करता है, भाषा-प्रयोग से व्यक्ति की पहचान संभव हो पाती है। किसी के बोलते ही हम यह जान जाते हैं, कि वह किस क्षेत्र का है, उसके संस्कार कैसे हैं और यहाँ तक कि वह जैसा दिखने-दिखाने की कोशिश कर रहा है, वास्तव में वह 'वैसा' है भी कि नहीं। भाषा को पज़ेस करने की बात साहित्यकारों के संदर्भ में भी हम करते हैं कि प्रेमचंद की हिंदुस्तानी भाषा, रेणु की आंचलिक भाषा, मोहन राकेश की आधुनिक भाषा, किसी कवि की कमजोर भाषा, किसी कृति की सशक्त भाषा आदि। इन सारे निर्णयों के पीछे भाषा-प्रयोग और भाषा-भेद का यथार्थ ही निहित है। हम यह भी कहते हैं कि मानव शिशु भाषा का अर्जन करता है। भाषा अर्जन एक तो समाज में होता है और दूसरे अर्जन हम अपनी सामाजिक जरूरतों के अनुसार करते हैं। कभी हम भाषा को खोते हैं, कभी पाते हैं, तभी तो हम यह कहते हैं कि मुझे सही शब्द मिल गया। अतः यह बात स्वतः सिद्ध है कि भाषा एक सामाजिक व्यवहार है। ऐसा है तभी तो हम भाषा-प्रयोग के 'पैटर्न' को पहचानने का यत्न करते हैं। यह यत्न हम 'चलने' के साथ तो नहीं करते—क्या कभी हम यह कहते हैं कि हम चलने का प्रयोग करते हैं या उसे अर्जित करते हैं या उसे पज़ेस करते हैं या उसे पाते और खोते हैं? नहीं न !

एक लंबे समय तक भाषा की संरचना को ही भाषा की पहचान माना जाता रहा। आंतरिक संरचना की इस अवधारणा के कारण ही इस तरह के वक्तव्य सुनाई देते हैं कि इस वाक्य की संरचना जटिल है या यह नई संरचना है। ये वक्तव्य भाषा को निर्जीव मानकर देखने की वकालत करते हुए लगते हैं। ऐसा कहने वाले यह भूल जाते हैं कि भाषा एक जीवंत सामाजिक वस्तु है। हम भाषा के जनमने की बात करते हैं और उसके विकास की भी, उसके फलने-फूलने की चर्चा भी हम करते हैं और उसके पतन की भी। हम यह भी मानते और ऐतिहासिक साक्ष्यों के आधार पर दिखाने का प्रयत्न करते हैं कि हर भाषा के फलने-फूलने का एक समय होता है। पर यह चर्चा हम हमेशा भूत या अतीत के संदर्भ में करते हैं। क्या अपने वर्तमान में भाषाएँ नहीं फलती-फूलतीं? क्या भाषा का विकास कालक्रमिक ही होता है, एककालिक नहीं। इन प्रश्नों से भाषा इतिहास आँखें ही चुराता रहा है।

भाषा के बारे में अनेकानेक विचार हमारी झोली में है। भाषाएँ अपने परिवारों में बँटी होती हैं, कभी दो या अधिक भाषा परिवार संबंध होते हैं, भाषा जीवंत भी होती है और मृत भी, उनकी भौतिक और नैतिक सत्ता भी होती है - वे खूबसूरत होती हैं, कुरूप होती हैं, भद्दी होती हैं, उन्नत होती हैं, ह्रासोन्मुख होती हैं आदि। भाषा के बारे में इस तरह की बातें रूपक जैसी जान पड़ती हैं। पर भाषा के बारे में बात करने के लिए हमें इन रूपकों की शरण में जाना ही पड़ता है। यह भी उल्लेखनीय है कि ये सभी रूपक अपने-अपने स्तर पर भाषा के व्यवहार या उसके प्रकार्य से जुड़े भेदों की परख करते हुए ही बने हैं। और यह भी कि अपनी सीमाओं के बावजूद ये भाषा को पुनः पारिभाषित तो करते ही हैं। भाषा को व्यवहार मानने वाली एक दृष्टि उसे घटना के रूप में भी देखती है, वाक् घटना (स्पीच ईवेंट) के रूप में। यह भी भाषा-व्यवहार पर ही टिका हुआ सिद्धांत है—तभी तो बातचीत हमारे बीच घटती है, शब्द जन्म लेते हैं, विचार शब्द का जामा पहनते हैं और हम यह भी तो कहते हैं कि नामवर सिंह का भाषण आज के शाम की एक घटना भी।

सर्वाधिक ठोस सिद्धांत भाषा के बारे में यह है कि भाषा वह है जिसे हम जानते हैं (लैंग्वेज इज़ समथिंग वी नो)। हम लोगों से पूछते भी हैं कि क्या आप अमुक भाषा या अमुक शब्द जानते हैं। 'जानना' भी प्रयोग-निर्भर है। फिर भाषा-व्यवहार के महत्व को यह तथ्य भी स्थापित करता है कि हम भाषा के माध्यम से कुछ करते भी हैं—लिखते हैं, पढ़ते हैं, बोलते हैं—चाहे अच्छा या बुरा। इस स्तर पर हम भाषा को कौशल युक्त व्यवहार कहते हैं।

भाषा और व्यक्ति

अभी तक हमने भाषा के बारे में जिस भाषा में बात की उसमें यह निहित था कि भाषा को देखने, उसे सिद्धांत में ढालने और परिभाषित करने की एकाधिक विधियाँ हमारे सामने हैं। यह भी हमने पाया कि इनमें से अधिकांश रूपकवत् हैं और कई तार्किक दृष्टि से लचर भी हैं। पर सवाल यह नहीं है कि इनमें से कौन-सा दृष्टिकोण 'सही' है और कौन-सा 'गलत'। अपने-अपने वैचारिक धरातल पर सभी वैलिड दिखते हैं। पर यह भी सच है कि इनमें से कोई भी 'पूर्ण' या 'बोधात्मक' नहीं है। अतः हम यह मान कर चलें कि भाषा एक ऐसी जटिल सामाजिक वस्तु है जिसे कोई एक दृष्टिकोण पूर्णता में नहीं देख सकता। सो हमें यह सवाल नहीं करना चाहिए कि कौन-सा दृष्टिकोण 'सही या गलत' है बल्कि यह देखना चाहिए कि कौन-सा दृष्टिकोण या सिद्धांत उपयोगी है—भाषा की व्याख्या या विवरण के लिए प्रासंगिक और उपयुक्त है। हम यह छाती ठोंक कर कभी नहीं कह सकते कि भाषा अध्ययन में भाषा को ज्ञान, व्यवहार, कौशल, आदत, घटना मानने वाला कोई दृष्टिकोण सर्वथा अनुपयोगी और निरर्थक है क्योंकि भाषा के विविध प्रकार्यों और समाज में उसकी व्याप्ति को समझने में कब कौन-सा दृष्टिकोण उपयोगी होगा, यह कह पाना कठिन है।

कुछ भी हो, भाषा को जानने का पहला रास्ता यह मान कर ही तय होगा कि भाषा 'व्यक्ति' की है। अतः भाषा का विवरण देने और उसकी व्याख्या करने में आधुनिक भाषाविज्ञान यह मान कर चला कि भाषा मानव व्यवहार है। लोग भाषा बोलते-लिखते हैं—वे पढ़ते भी हैं और जो कुछ सुनते-पढ़ते हैं, उसे समझते भी हैं। वे ऐसा करते हुए पैदा नहीं होते, उन्हें इन कौशलों को अपने परिवेश (भाषा परिवेश) में अर्जित करना पड़ता है। इसीलिए समाज या समूह के प्रत्येक व्यक्ति में इन कौशलों का विकास समान नहीं होता। भाषा इस प्रकार व्यक्ति की तो है ही, वह मानव मनोविज्ञान का एक अंग भी है। यह कहा जाता है कि भाषा एक विशिष्ट व्यवहार है जिसका मूल प्रकार्य है—संप्रेषण। लेकिन 'व्यवहार' शब्द के साथ यह समस्या है कि हम अक्सर इसे शारीरिक मान लेते हैं जबकि भाषा-व्यवहार के कई हिस्सों, जैसे बोले या लिखे हुए को समझने का शारीरिक संचलन से कुछ लेना-देना नहीं होता।

यह सच है कि भाषा को पढ़ने-समझने से पाठक या श्रोता के सामाजिक व्यवहार में अंतर आता है। पर भाषा व्यवहार को भलीभाँति समझने के लिए हमारे लिए सबसे पहले उन स्थितियों, प्रक्रियाओं और आंतरिक मैकेनिज्म को भी देखना जरूरी होगा जो बोलते-पढ़ते-समझते समय हमारे पूरे मानसिक आवरण को नियंत्रित करते हैं। इस नियंत्रक घटक को ही मन (माइंड) कहा गया है। इस दृष्टि से भाषा अध्ययन कुछ विशिष्ट लक्षणों, प्रक्रियाओं और मन की स्थिति का अध्ययन भी बन जाता है कि भाषा का व्यवहार करके हम क्या जानना या बनना चाहते हैं। इसी आधार पर भाषाविज्ञान को मनोविज्ञान का उपक्षेत्र माना गया जो मन के उपरोक्त ढाँचों और उसकी प्रक्रियाओं का भाषा-व्यवहार के संदर्भ में आकलन करता है। भाषाविज्ञान की अनुप्रयुक्त शाखा मनोभाषा विज्ञान यही विवेचित करने का शास्त्र है कि जब हम बोलते या समझते हैं तो हमारे (व्यक्ति विशेष के) मस्तिष्क (मन) में क्या-क्या घटित होता है। इतना ही नहीं आज तो मनोभाषा विज्ञान के लिए ये दो प्रश्न कहीं ज्यादा अहम हो गए हैं कि भाषा के माध्यम से हम अपने भिन्न-भिन्न व्यवहारों को साधते कैसे हैं और अगर एक खास तरह से साधते हैं तो क्यों? भाषा-व्यवहार अत्यंत जटिल कौशल है। इसीलिए यह देखकर अचरज होता है कि मानव शिशु इतने कम समय में इस पर पूर्ण अधिकार कैसे कर लेता है। मानव शिशु के भाषा अर्जन को (सीमित ही सही) देखकर ही इसे सहजात वृत्ति (इन्नेट नेचर) से जोड़ा गया और यह स्वीकार किया गया कि सिर्फ मानव प्रजाति में ही भाषा-अर्जन की मानसिक क्षमता जैविक रूप में उपलब्ध हैं। कई भाषाविद् और मनोविज्ञानी तो यहाँ तक मानते हैं कि मानव शिशु भाषा अर्जन (अधिगम) की एक विशिष्ट प्रकार की जैविक क्षमता लेकर पैदा होता है। जबकि अन्य मानते हैं कि भाषा-अर्जन उस क्षमता का ही प्रकार्य है जो सामान्यतः मनुष्य के भीतर संज्ञानात्मक शक्ति के रूप में रहता है और जो उसमें कुछ भी सीखने-समझने की सामर्थ्य भरता है।

भाषा-अध्ययन की यह अवधारणा व्यक्ति (इंडिविजुअल) से संबद्ध है—कि हम भाषा का अर्जन कैसे करते हैं, मानव की सामान्य संज्ञानात्मक व्यवस्था से इसका क्या संबंध है तथा वे कौन-सी मनोवैज्ञानिक प्रक्रियाएँ हैं जो भाषा उत्पादन और भाषा बोध (खासकर सुनकर) को संभव बनाती हैं। भाषा क्या है उसके सामाजिक सरोकार क्या हैं, संप्रेषण के घटक के रूप में उसके कितने प्रकार्य हैं—आदि प्रश्नों पर यह दृष्टिकोण विचार नहीं करता, क्योंकि इन पर विचार करने के लिए एक से ज्यादा व्यक्तियों की दरकार होगी। लेकिन मानव-संप्रेषण का एक बड़ा हिस्सा वार्तालाप या बातचीत से ही बँधा होता है। व्यक्ति का भाषा-बोध भी समाज-सांस्कृतिक संदर्भों के फिल्टर से छनकर ही विकेन्द्रीकृत हो पाता है। 'भाषा व्यक्ति की है' के संदर्भ में ये और ऐसे अनेक विचार आने ही थे, और वे आए भी, जिनकी चर्चा आगे।

भाषा और संप्रेषण

लोग अपने आप से बोलते हैं—कभी मौन रहकर और कभी-कभी तो आवाज के साथ भी। इसे 'थिंकिंग एलाउड' कहा गया है। भाषा और चिंतन में भी गहरा संबंध होता है, पर इसे विश्लेषित कर पाना सहज नहीं है। कोशिशें की गई हैं और 'लैंग्वेज एंड थॉट' पर सघन चिंतन हुआ है।

भाषा को हमेशा संप्रेषण का साधन माना गया है, लोगों के बीच संपन्न होने वाला संप्रेषण व्यापार, जो सिर्फ और सिर्फ भाषा द्वारा ही संपन्न होता है। इसी मान्यता के कारण भाषा एक सामाजिक यथार्थ है, सामाजिक प्रकार्य है, सामाजिक संस्था है। भाषा जैसे जटिल व्यवहार को हम सिर्फ अपने-आप से बात करने के लिए या विचारने के लिए अर्जित नहीं करते हम इसे अर्जित करते हैं अपने को समाज से जोड़ने के लिए, सतत संप्रेषण के लिए। हमारे दैनंदिन जीवन में सामान्य बातचीत के लिए भाषा सदा हमारे साथ होती है।

यह भी कहा गया है कि केवल भाषा ही मानव व्यवहार का एकमात्र रूप नहीं है, जिसके माध्यम से संप्रेषण होता है। इसमें कोई शक नहीं कि मानव के अन्य व्यवहार भी कुछ-न-कुछ संप्रेषित करते हैं हम किसी के बारे में थोड़ा-बहुत जान जाते हैं—यह देखकर कि वह कैसा कपड़ा पहने है, वह कैसे चलता है, वह अपने बाल कैसे बनाता है, आदि। पर यह भाषेतर धारणा सीमित होती है और हमेशा सही भी नहीं होती। यह भी कहा गया है कि संप्रेषण केवल भाषा का ही मूल लक्ष्य नहीं है, कई भाषेतर उपादान भी मानव की संप्रेषण क्रिया में सहयोग करते हैं। जैसे उँगली दिखाना, हाथ हिलाना, भवें चढ़ाना, गला खँखारना, घूरना आदि भाषिक व्यवहार तो नहीं हैं पर कुछ संप्रेषित अवश्य करते हैं। भाषा-व्यवहार के समय हमारे अंग संचालन और हाव-भाव से भी कुछ अतिरिक्त संप्रेषित होता है। यही वजह है कि आज भाषा-संप्रेषण के दायरे में वाक् आधारित (वोकल) और वाकेतर (नॉन वोकल) संप्रेषण पर भी काफी काम किया जा रहा है। परंपरागत भाषाविज्ञान ने जेस्चर्स और बॉडी लैंग्वेज को 'भाषा' न मानते हुए इन्हें भाषावैज्ञानिक अध्ययन की परिधि से बाहर कर दिया था लेकिन आधुनिक भाषाविज्ञान ने इन्हें

भाषाई संप्रेषण का एक महत्वपूर्ण हिस्सा माना क्योंकि इनके संयोजन से भाषिक व्यवहार स्वाभाविक तो बनता ही है–उसमें रंजकता भी आती है। दूसरे, भिन्न भाषा-समाज में इस भाषेतर संप्रेषण के अपने ढब होते हैं, अर्थात् ये भाषा समाज की संरचना और उसकी सांस्कृतिक विरासत के भी संवाहक होते हैं।

पर भाषा के संप्रेषणपरक या सामाजिक होने में दो लोगों से कम की उपस्थिति मान्य नहीं है। दो या दो से अधिक लोगों की सहभागिता के अलावा वक्ता-श्रोता के संबंध, वाक्-परिस्थिति और संदेश की प्रकृति को भी महत्वपूर्ण घटक माना गया है। यह भाषा-यथार्थ है कि कोई भी वक्ता अपने श्रोता के स्तर, उससे संबंध आदि को देख-समझकर ही भाषा-व्यवहार करता है। यदि हम कोई भाषण सुनें, कक्षा में अध्यापक का लेक्चर सुनें, दो लोगों को बात करते सुनें तो हम इनका विश्लेषण तब तक नहीं कर सकते जब तक कि हम वक्ता-श्रोता के समस्त लक्षणों से परिचित न हों। संप्रेषण क्रिया में वक्ता-श्रोता का पारस्परिक संबंध सर्वाधिक निर्णायक घटक है। एक ओर यह भाषा (कोड) चयन को नियंत्रित करता है तो दूसरी ओर इसी के आधार पर संप्रेषण की सामाजिक शैलियाँ बनती और स्थिर होती हैं–जैसे रूढ़शैली, औपचारिक शैली, अनौपचारिक शैली, आत्मीय शैली। इन शैलियों में से किसी एक का चयन अधिकतर वक्ता-श्रोता के परस्पर संबंधों पर निर्भर करता है। आधुनिक भाषाविज्ञान में 'सामाजिक शैली' को वार्तालाप या बातचीत का सर्वाधिक संप्रेषणीय भाषाई तत्व माना गया है क्योंकि सामाजिक शैलियाँ वक्ता-श्रोता के रिश्तों के अनुरूप ही अपना रूपाकार ग्रहण करती हैं। एक बात और कि सामाजिक शैलियों के निर्माण और उनकी स्वीकार्यता में पूरी हिस्सेदारी भाषा-समाज की होती है। भाषा-समाज में सामाजिक शैलियों का अस्तित्व इस तथ्य की भी पुष्टि करता है कि भाषा मात्र संप्रेषण का साधन ही नहीं है, वह अन्य लेगों के साथ संबंध बनाने और उनका निर्वाह करने का सशक्त माध्यम भी है। जब हम किसी अजनबी से बातचीत करते हैं तो हम पहले उसके बारे में कुछ जानना चाहते हैं–वह काम क्या करता है, उसकी पारिवारिक पृष्ठभूमि क्या है, वह समाज, भाषा, संस्कृति के प्रति कितना जागरूक है। इस तरह की सूचनाओं के अभाव में हम न तो यह तय कर सकते हैं कि उसके साथ किस तरह का भाषा-व्यवहार करें और न ही हमारी बातचीत आगे बढ़ सकती है। हाँ, एक अजनबी को बातचीत में मुब्तिला करके उसके बारे में हम आसानी से कुछ जानकारियाँ हासिल कर सकते हैं। शिवेंद्र किशोर वर्मा (1996) ने कहा है कि किसी अनजाने आदमी को हम इस आधार पर नहीं पहचानते कि वह क्या बोल रहा है, बल्कि इस आधार पर पहचानते हैं कि वह किसी बात को कह कैसे रहा है। मतलब यह कि थोड़ी देर की अपनी बातचीत में ही सुनने वाले को हम अपने बारे में बहुत कुछ बता देते हैं। इसीलिए यह कहा गया है (श्रीवास्तव : 1994) कि संप्रेषण की और भाषा

की भी सबसे बड़ी खासियत यह है कि इसके माध्यम से बोलने वाले के बारे में भी अनेक सूचनाएँ संप्रेषित होती जाती हैं। वास्तव में इन्हीं सूचनाओं के तहत वक्ता-श्रोता के संबंध बनते हैं (औपचारिक, अनौपचारिक या आत्मीय), वार्तालाप अपना आकार लेता है और बातचीत का टैंपो तय होता है।

इस चर्चा का तात्पर्य यह है कि संप्रेषण-क्रिया में वक्ता और श्रोता दोनों ही भाषा के माध्यम से अपनी-अपनी भूमिका अदा करते हैं। दो लोगों की इस भूमिका और दोनों के बीच चल रहे वार्तालाप का विवेचन हम तभी कर सकते हैं जब हम उनके बारे में जानें जो वार्तालाप में सहभागी हैं। हाइम्स (1974) ने इस 'जानने' के क्षेत्र निर्धारित किए हैं—उनका ज्ञान, उनका परस्पर संबंध, उनकी सामाजिक प्रतिष्ठा और उनकी सोच या विचारधारा। हैलिडे (1978) ने इस पहचान के लिए यह भी देखना चाहा कि वे भाषा का प्रयोग करके करना क्या चाहते हैं (परपज़), वे बात क्यों कर रहे हैं (नीड), बातचीत के पहले क्या घटा है (रिफरेंस/कांटेक्स्ट), वे किस मानसिक अवस्था में हैं (मूड), बातचीत का विषय क्या है। (थीम/टॉपिक) आदि। आधुनिक भाषाविज्ञान ने 'संप्रेषण' के विश्लेषण के लिए उपरोक्त सभी को अनिवार्य माना है। वह यह भी मानता है कि वक्ता-श्रोता अपने समाज में भाषा-संप्रेषण के इन नियमों से भलीभाँति वाकिफ होते हैं।

संप्रेषण एक खेल है (हैलिडे)। जब दो टीमें कोई खेल खेलती हैं तो उन्हें उस खेल के नियमों पर परस्पर सहमत होना होता है, तभी खेल अपनी परिणति तक पहुँच पाता है। इसमें संदेह नहीं कि हम किसी से तभी बातचीत कर पाते हैं जब हमारे और उसके बीच भाषा-व्यवहार का 'एग्रीड' (साझा) समुच्चय (सेट) होता है। इसी अर्थ में भाषा सामाजिक समूह की संपत्ति है (श्रीवास्तव), संप्रेषण का साधन है, खुद में संप्रेषण है (पटनायक)। भाषा की सामाजिक उपादेयता यही है वह संप्रेषण है—संप्रेषण : कुछ ऐसे सामाजिक नियम (भाषा प्रयोग के) जो भाषा-समाज के सदस्यों को एक-दूसरे से जोड़ते हैं, लोग एक-दूसरे से सहयोग कर पाते हैं। भाषा एक सामाजिक संस्था ही नहीं एक सामाजिक यथार्थ भी इसीलिए है कि वह स्वयं संप्रेषण है।

भाषा की सर्जनात्मकता

भाषा एक साथ बहुत कुछ है। जैसा कि हमने देखा वह एक व्यवस्था भी है, संप्रेषण व्यवस्था भी है, विचार और चिंतन का माध्यम भी है, सामाजिक संस्था भी है और सब मिलाकर वह व्यवस्थाओं की व्यवस्था भी है। अगर भाषा यह सब है तो उसका सर्जनात्मक होना लाजमी है।

मानव भाषा क्या है? भाषा को 'जानने' से हमारा क्या तात्पर्य है? ये दोनों प्रश्न पूछे जाते रहे हैं। इनका उत्तर इस तथ्य में छिपा है कि भाषा अपने प्रयोक्ता (मातृभाषी) को प्रभावी संप्रेषण के लिए क्या-क्या प्रदान करती है ? यह एक तथ्य है कि न तो भाषा-समाज एकरूप होता है और न मानव के विचार और अनुभव ही जड़ होते हैं। हमारा संप्रेषण भी कुछ विषयों तक ही सीमित नहीं होता और न ही हम किसी संदेश को बार-बार एक ही प्रकार से देना चाहते हैं। स्थिति, संदर्भ, श्रोता को ध्यान में रखकर हम नए-नए शब्दों, पदबंधों और वाक्यों का प्रयोग करते हैं या पुरानी इकाइयों को ही नवीन अर्थ-भंगिमा देने का यत्न करते हैं। अर्थात् मानव भाषा सर्जनात्मक होती है क्योंकि भाषा हमें अपने अनुभवों, विचारों और भावों को नए-नए ढंग से व्यक्त करने को बाध्य करती है।

भाषा संप्रेषण (चाहे वह मौखिक हो या लिखित) में उपयुक्त भाषिक इकाई का चयन आवश्यक है। यह भाषा की सर्जनात्मकता का पहला स्तर है। इसी 'चयन' से शैली की संकल्पना सामने आई—संप्रेषण की जरूरत के अनुरूप भाषा रूप। सहवाग ने पाँच चौके जड़े, लक्ष्मण ने रनों की झड़ी लगा दी, मोहन की बात में दम था, वह मुँह बाये देखता रहा जैसे वाक्य उपयुक्त चयन के उदाहरण हैं। पाँच चौके मारे, ढेर सारे रन बनाए, बात ठीक थी, कुछ नहीं समझा का प्रयोग भी रेखांकित अंशों की जगह किया जा सकता है, पर तब भाषा की सर्जनात्मकता के प्रति हमें बधिर ही माना जाएगा। फिर हम एक ही बात (मैसेज) को एकाधिक उक्तियों (अटरेंसेज़) में कह सकते हैं। किसी का स्वागत करना, किसी को विदाई देना, किसी से बाहर जाने को कहना, किसी से बैठने को कहना हम अलग-अलग परिस्थितियों में और अलग-अलग श्रोता के लिए अलग-अलग ढंग से करते हैं।

यह भी भाषा की सर्जनात्मकता ही है। कहने का मतलब यह है कि भाषा की इस सर्जनात्मकता का हम जितना ही सधा हुआ उपयोग करते हैं, हमारा भाषा-व्यवहार उतना ही सटीक और प्रभावशाली बनता है।

रूपांतरण-प्रजनक व्याकरण की जो चर्चा आधुनिक भाषाविज्ञान में दिखाई देती है वह एक तरह से भाषा की सर्जनात्मक शक्ति का ही द्योतक है। संरचना का भिन्न भाषा रूपों में रूपांतरण और एक संरचना से अनेक संरचनाओं का प्रजनन भाषा की सर्जनात्मक सामर्थ्य से ही संभव हो पाता है। इसी तरह प्रतीक और भाषिक प्रतीक (सस्यूर) की संकल्पना में कथ्य (सिग्नफाइड) और अभिव्यक्ति (सिग्निफायर) को 'प्रतीक' के संबंधों के रूप में देखा गया है। इसका एक पक्ष तो यह है कि 'कमल' शब्द सुनते ही श्रोता की कल्पना में उसका कथ्य उभर आता है। और दूसरा यह कि धुआँ आग के होने का प्रतीक है, उमड़ते हुए बादल वर्षा का संकेत देते हैं, चेहरे का लाल हो जाना क्रोध या लज्जा को व्यक्त करता है। भाषा प्रतीक की यह चर्चा अर्थ प्रतीक/संकेतार्थ तक जाती है। निश्चित ही प्रतीकवत्ता या सर्जनात्मकता भिन्न भाषाओं में भिन्न रूप में सिद्ध होती है, पर कोई भी मानव भाषा इससे वंचित नहीं होती। संकेत विज्ञान (सीमाऑटिक्स) भाषा की प्रतीकबद्ध व्यवस्था में निहित इसी सर्जनात्मकता को विवेचित करने वाला शास्त्र है।

हैलिडे ने तो यहाँ तक कहा है कि भाषा-प्रकार्य का सिद्धांत और कुछ नहीं, अर्थ सिद्धांत है जिसमें भाषा की अकूत सर्जनात्मक क्षमता का प्रगटीकरण होता है। हम किसी भी प्रकार्य के लिए किसी शब्द या संरचना का यूँ ही प्रयोग नहीं करते। तब हमें भाषा में प्रकार्य-भेद का पता कैसे चलता है? यह भेद पता चलता है अर्थ वैज्ञानिक स्तर पर या अर्थ के स्तर पर (सीमेटिकली)। इसे ही याकोब्सन (1956) हैलिडे (1966) और वर्मा (1967) ने 'अर्थ-शक्यता' (मीनिंग पोटेंशियल) कहा है। इस अर्थ में भाषा स्वयं में 'पोटेंशियल' है, भरपूर अर्थ प्रगटीकरण की क्षमता और सर्जनात्क सामर्थ्य से आच्छादित। भाषा में अर्थ-शक्यता की उपस्थिति का तात्पर्य भाषा प्रयोक्ता की उस पूर्णता से है कि वह भाषा के सहारे क्या-क्या कर सकता है। भाषा प्रयोक्ता से अभिप्रेत यहाँ सिर्फ बोलने वाले (स्पीकर) से नहीं है (जैसा कि लोग समझने की भूल करते हैं) बल्कि श्रोता, लेखक, पाठक से भी है। ये सभी भाषा की अर्थगत गत्यात्मकता से परिचित ही नहीं होते, इसकी समस्त संभावनाओं का खुलकर प्रयोग करने के उद्यत भी होते हैं। तभी तो वाक् भी एक कला है और 'रचना' तो कला है ही।

भाषा के भीतर उसक़ी अकूत सर्जनात्मक शक्ति छिपी हुई होती है। पर यह जरूरी नहीं कि उसके हर प्रयोक्ता में इसे पहचानने और इस्तेमाल करने की क्षमता समान हो पर भाषा में तो यह बहुविध मौजूद होती है। यह तो कहने की जरूरत नहीं कि भाषा का सर्वाधिक सर्जनात्मक और संश्लिष्ट प्रयोग 'साहित्य' करता है।

इसी संदर्भ में भाषा के अभिव्यंजक प्रकार्य (एक्सप्रेसिव फंक्शन) पर बृहद् चर्चा आधुनिक भाषाविज्ञान में हमें मिलती है। यह प्रकार्य 'अर्थ' और 'शैली' दोनों से संयुक्त होकर साहित्य को एक प्रभावी कला में रूपांतरित कर देता है। अच्छा साहित्य, भाषा की सर्जनात्मक शक्ति की पकड़ से ही रचा जाता है। जॉन सिंक्लेयर (1970) ने कहा था कि रचना भाषिक अभिरचना (लिंग्विस्टिक पैटर्न) से ही बनती है जिसका सबसे जटिल रूप है—लय-छंद-गति (रिद्म) और सबसे सहज रूप है उपमान उपमेय (वेहिकल-टेनोर) और विशेषण-विशेष्य (एट्रीब्यूट-सब्सटैंटिव)। भाषा का यह सर्जनात्मक रूप जटिल हो या सहज, रचनाकार को यह परखना होता है कि जिस भी भाषिक इकाई को वह 'साहित्य भाषा' में ढालना चाहता है वह शैलीय स्तर पर 'रेलेवेंट' है भी या नहीं। 'भाषा में शैली' का प्रश्न आज सिर्फ साहित्यिक भाषा तक ही सीमित नहीं रह गया है। बातचीत से लेकर सभी भाषा प्रकार्यों में शैलीय वैशिष्ट्य अथवा भाषा के सर्जनात्मक प्रयोग पर विचार-विवेचन किया जा रहा है।

अगर मानव-मन भावनाओं का सागर है, अगर हम जिनके साथ रहते हैं और जिनसे मिलते-जुड़ते हैं उनसे संबंध निर्वाह हमारे सामाजिक होने का सबूत है, अगर अपने आस-पास की चीजों को अनुभूत करना और उन्हें अपने वजूद के साथ जोड़े रखना हमारा अस्तित्व या हमारी पहचान है तो हमें अपनी भाषा की सर्जनात्मकता को लगातार सान चढ़ाते रहना पड़ता है। कहने की जरूरत नहीं कि हमें अपनी भाषाओं में अलंकारों, प्रतीकों, बिंबों, मुहावरों, कहावतों, कथनों, अभिव्यक्तियों का जो समृद्ध जखीरा प्राप्त है वह भाषा की सर्जनात्मक शक्ति की संभावनाओं के सतत उत्खनन से ही निर्मित हुआ है। भाषा में सर्जनात्मकता जितने गहरे पैवस्त है, मनुष्य का सर्जक मन उतना ही उसे नए रंग, नई छटा और नए स्वर देने को बेचैन रहता है और इस तरह भाषा की सर्जनात्मकता निरंतर निखरती रहती है। उसका प्रयोक्ता उसे खराद पर चढ़ाता रहता है। इसीलिए भाषा-व्यवहार सदैव नवप्रवर्तनकारी (इनोवेटिव) और सर्जनात्मक (क्रिएटिव) हुआ करता है।

भाषा और भाषाविज्ञान

किसी भी वस्तु की परिभाषा उस वस्तु की अपनी प्रकृति और उसके अपने प्रयोजन पर आधारित होती है। जैसा कि हमने पिछली चर्चाओं में देखा कि भाषा केवल अपनी प्रकृति में ही अत्यंत जटिल और बहुस्तरीय नहीं है वरन् अपने प्रयोजन में भी बहुमुखी है। हमने यह भी देखा कि एक ओर अगर भाषा व्यक्ति के निजी अनुभवों एवं विचारों को व्यक्त करने का माध्यम है तो दूसरी ओर वह सामाजिक संबंधों की अभिव्यक्ति का उपकरण भी है। वह हमारे मानसिक व्यापार (चिंतन प्रक्रिया) का आधार भी है और हमारे सामाजिक व्यापार (संप्रेषण प्रक्रिया) का साधन भी। संरचना के स्तर पर भाषा अपनी विभिन्न इकाइयों में संबंध स्थापित कर अपना संश्लिष्ट रूप ग्रहण करती है तो वह उन सामाजिक स्थितियों से भी संबंध स्थापित करती है जिनमें वह प्रयुक्त होती है।

भाषा की इस विविधता ने समय-समय पर भाषावैज्ञानिक अध्ययन के प्रस्थान बिंदु में बदलाव को अनिवार्य ही नहीं बनाया, भाषा को विभिन्न संदर्भों में देखने के लिए भाषाविदों को बाध्य भी किया है। भाषाविज्ञान का एक संप्रदाय भाषा को एक व्यवस्था के रूप में देखता है तो दूसरा व्यवस्थाओं की व्यवस्था के रूप में। एक वर्ग उसे मानव मन की सर्जनात्मक शक्ति के रूप में देखता है तो दूसरा मानव व्यवहार की सामाजिक शक्ति के रूप में। भाषा की विभिन्न परतों को खोलने के लिए भाषाविज्ञान का 'एप्रोच' बराबर बदलता रहा है। अगर भाषा एक जीवंत और सतत परिवर्तनशील वस्तु है तो उसे व्याख्यायित और विवेचित करने वाला शास्त्र (भाषाविज्ञान) भी कम गत्यात्मक (डॉयनेमिक) नहीं रहा है।

अतः आज यह जरूरी है कि भाषाविज्ञान को विशेष दृष्टि से देखा जाए। भाषाविज्ञान, भाषा के प्रति एक दृष्टिकोण है जिसे भाषा अध्ययन के लिए अपनाया जाता है। ऐसा इसलिए भी जरूरी है कि भाषाविज्ञान के संबंध में कुछ भ्रम आज भी बच रहे हैं—भाषाविज्ञान गणितीय विश्लेषण है, उसकी विश्लेषण-प्रणाली शुष्क है, वह मात्र सिद्धांत है, भाषा-संरचना की चीर-फ़ाड़ ही उसका मूल कर्म है आदि। पिछले कुछ दशकों में भाषा के भाषावैज्ञानिक अध्ययन पर सर्वाधिक विचार और

बहसें हुई हैं जिन्होंने उपरोक्त भ्रमों को कल्पनालोक की उड़ान सिद्ध कर दिया है।

बहस में यह बात खुल कर सामने आई है कि भाषा का भाषावैज्ञानिक अध्ययन भाषा के अध्ययन को 'फॉर इट्स ओन सेक' बना देता है (सस्यूर)। यह सच है कि भाषाविज्ञान को एक स्वतंत्र अध्ययन क्षेत्र मानने के कारण कई धारणाएँ पनप नहीं पाईं। एक समय भाषा अध्ययन का विवरणात्मक ढाँचा तथा पद्धतियाँ रूढ़ भी हो गई थीं। इस परंपरागत भाषाविज्ञान को ही 'सैद्धांतिक' और 'संरचनात्मक' भाषाविज्ञान कहा गया। भाषा एक व्यवस्था है—संरचनात्मक इकाइयों के संगठन की व्यवस्था। अतः भाषाविज्ञान के इस 'एप्रोच' को नकारा नहीं जा सकता, हाँ इसकी सीमाओं को रेखांकित जरूर किया जा सकता है, जैसा 'आधुनिक' और 'अनुप्रयुक्त' भाषाविज्ञान ने किया भी।

आइए, सबसे पहले भाषाविज्ञान के विकास-क्रम को देखें। प्रारंभ में परंपरागत भाषाविज्ञान ने अपने सिद्धांत बनाए, अपनी प्रविधियाँ विकसित कीं और भाषा-सामग्री चयन के अपने आधार निर्धारित किए। वास्तव में सैद्धांतिक या संरचनात्मक भाषाविज्ञान का दृष्टिकोण (एप्रोच) भाषा को वस्तुपरक (ऑबजेक्टिव) मानने वाला एप्रोच था। यह भाषा को एक 'व्यवस्था', मान कर देखने का पक्षधर है जिसका लक्ष्य है—भाषा की संरचना को उघाड़ना। इस लक्ष्य की प्राप्ति के लिए यह दृष्टि भाषिक इकाइयों को वर्गीकृत करके उनके सह-संबंधों का निर्धारण करती है।

भाषिक इकाइयों के इस संबंध को उजागर करने के लिए भाषाविज्ञान ने भाषा-विवरण के भिन्न स्तर निर्धारित किए। इन स्तरों के प्रचलित नाम हैं—ध्वनि विज्ञान, रूप विज्ञान, वाक्य विज्ञान और अर्थ विज्ञान। इन्हें भाषाविज्ञान की शाखाएँ या भाषा अध्ययन के वर्ग भी कहा गया। सामान्य स्तर पर हम इन्हें व्याकरण, शब्द भंडार और उच्चारण भी कहते हैं। भाषा को देखने का यह एप्रोच दुनिया भर में सबसे पुराना और प्रचलित है। इसका सैद्धांतिक धरातल अत्यंत विकसित और जटिल भी है। सिद्धांत और संरचना पर बल देने वाला भाषाविज्ञान का यह दृष्टिकोण भाषा को एक 'नॉर्म' के रूप में देखता है अतः इसकी विश्लेष्य सामग्री 'मानक भाषा' होती है। और यही इसकी सीमा है। क्योंकि इसकी सामग्री लोगों के भाषा व्यवहार या सामाजिक भाषा प्रयोग पर नहीं, पाठ और मानक उक्तियों पर आधारित है। यह दृष्टिकोण वक्ता-श्रोता के बीच कोई अंतर नहीं करता, यह भाषा अर्जन की सामाजिकी पर भी दृष्टिपात नहीं करता और न ही इस तथ्य पर कि समाज में भाषा कौन-कौन सी भूमिकाएँ संपन्न करती है और ऐसा करते समय उसमें 'नॉर्म' से हट कर क्या-क्या परिवर्तन आते हैं।

आधुनिक भाषाविज्ञान ने इस दृष्टिकोण के बारे में यह भी कहा कि भाषा

अध्ययन में वस्तुपरकता अमूर्तता को जन्म देती है। और इस अमूर्तता पर ही अनपेक्षित बल देने के कारण भाषा अध्ययन के प्रारंभिक भाषा वैज्ञानिकों ने प्रयोक्ता और समाज से अपने को पूरी तरह काट लिया था। सामाजिक संरचना, सामाजिक व्यवहार तथा मानव संस्कृति के संदर्भ में भाषा को न देख पाने के कारण ही अनुप्रयुक्त भाषाविदों ने इस दृष्टिकोण को सीमित ही नहीं, अव्यावहारिक भी माना।

पर पिछले कुछ सालों में समाज संदर्भित भाषाविज्ञान (समाज भाषाविज्ञान) ने अपने व्यापक दृष्टिकोण के साथ भाषाविज्ञान के पूरे 'पैराडाइम' को ही बदल डाला है। अनेक भाषाविद् 'समाज भाषाविज्ञान' और 'भाषा का समाजशास्त्र' के प्रवक्ता के रूप में सामने आए। इनमें से लेबॉव ने तो भाषा की व्याकरणिकता और 'आदर्श वक्ता-श्रोता' की प्रचलित धारणा को एक सिरे से खारिज करते हुए यह कहा कि 'समाज भाषाविज्ञान ही वास्तविक भाषाविज्ञान है।' समाज भाषाविज्ञान ने यह जताने की कोशिश की कि वाक् (स्पीच) किसी व्यक्ति के मनमाने भाषा-चयन का परिणाम नहीं होता और न ही वाक्-क्रिया मात्र 'मानक' भाषा संरचनाओं के द्वारा पूरी हो सकती है।

वाक् की अपनी अभिरचना होती है जो सामाजिक नियंत्रण में, सामाजिक स्वीकार्यता के साथ चलती है। उन्होंने यह भी स्पष्ट किया कि कोई भी भिन्न परिस्थितियों में एक ही वाक् शैली का प्रयोग नहीं करता और न ही भाषा 'एक रूप' रहकर अपना सामाजिक दायित्व निभाती है। इसी संदर्भ में भाषा समुदाय, भाषा और बोली, भाषा और शैली, सामाजिक शैली, क्षेत्रीय शैली जैसी संकल्पनाएँ सामने आई जिन्होंने भाषा को उसकी 'पूर्णता' (टोटेलिटी) में देखने की दृष्टि हमें दी। समाजभाषिकी ने एक ओर पिजिन-क्रियोल, बहुभाषिकता, भाषाद्वैत जैसे भाषा अध्ययन के आधार दिए तो दूसरी ओर संबोधन, सर्वनाम, नाते-रिश्ते के शब्द, नाम रचना, टैबू भाषा के संदर्भ में भाषा संरचना के माध्यम से किसी भाषा समुदाय की समाज-सांस्कृतिक ही नहीं, मानसिक संरचना की भी पड़ताल की। यहीं से भाषाविज्ञान के 'अनुप्रयुक्त' बनने की यात्रा शुरू होती है। और भाषाविज्ञान मात्र सिद्धांत न रह कर एक उपयोगी शास्त्र के रूप में अपने नये अस्तित्व के साथ उभार पाता है।

(क) सस्यूर का प्रतीक सिद्धांत

क्या भाषिक-प्रतीकों की व्यवस्था भाषा-व्यवहार से प्रभावित होती है? इस प्रश्न या इस समस्या को वैज्ञानिक स्तर पर उठाने वालों में आधुनिक भाषाविज्ञान के जनक सस्यूर हैं जिनका पूरा नाम है फर्दिनेंड द सस्यूर। भाषा की प्रकृति को लेकर सस्यूर ने नये प्रश्न खड़े किए और इन प्रश्नों का उत्तर ढूँढ़ते हुए भाषाविज्ञान की एकदम नई सैद्धांतिक पीठिका उन्होंने निर्मित की। यह भी माना जाता है कि 'संरचनावाद'

और 'प्रतीक विज्ञान' की आधारशिला सस्यूर के चिंतन से ही पड़ी। (श्रीवास्तव : 1997)। आधुनिक भाषाविज्ञान की अधिकांश संकल्पनाओं और स्थापनाओं के बीज हमें सस्यूर के भाषा-चिंतन में मिल जाते हैं।

सस्यूर ने स्वयं बहुत कम लिखा। उनके थोड़े-से शोध-लेख ही प्रकाशित थे। जेनेवा विश्वविद्यालय में 1907 से 1911 के बीच दिए उनके भाषाविज्ञान पर फ्रेंच में दिए व्याख्यानों को उनकी मौत के बाद उनके दो छात्रों ने संपादित कर प्रकाशित करवाया। कक्षा में लिए गए नोट्स के आधार पर तैयार सामान्य भाषाविज्ञान की इस पुस्तक को उन्होंने नाम दिया 'कोर्स द लिंग्विस्टिक जनरल' (कोर्स इन जनरल लिंग्विस्टिक्स)। सस्यूर की ख्याति इसी पुस्तक के कारण है। सस्यूर का जन्म 1857 में जेनेवा में हुआ था। 15 वर्ष की अवस्था में उनका पहला लेख छपा था–'भाषाओं की सामान्य व्यवस्था' और 21 वर्ष की आयु में उन्होंने 'भारोपीय भाषाओं की स्वर व्यवस्था' पर शोध लेख लिखा। इस लेख ने यूरोप के भाषाविदों का ध्यान अपनी ओर खींचा। सस्यूर ने जर्मनी में शोध किया और 1890 में पेरिस आ गए। पेरिस में वे ऐतिहासिक भाषाविज्ञान पढ़ाते थे। 1891 में वे जेनेवा आ गए, अपनी मातृभूमि। यहाँ उन्हें पहली बार सामान्य भाषाविज्ञान पढ़ाने को मिला। इसमें वे रम गए। ये भाषण ही उनकी प्रसिद्ध पुस्तक (1916) का आधार बने। सस्यूर की मृत्यु 1913 में हुई, तब वे 56 वर्ष के थे।

सस्यूर ने अपने भाषा-चिंतन में कई मूलभूत प्रश्न उठाए थे, वह भी सही ढंग से। उन्होंने ही सबसे पहले यह जानना चाहा था भाषा-विज्ञान की अध्ययन वस्तु (भाषा) की अपनी प्रकृति क्या है? भाषा की आंतरिक या अभ्यांतर प्रकृति को समझने के लिए उन्होंने प्रतीक विज्ञान (सीमिऑलजी) की अवधारणा सामने रखी और प्रतीक (साइन) की प्रकृति का खुलासा भी किया। उनकी मान्यता थी कि 'भाषा प्रतीकों की व्यवस्था है, अतः उसको समझने के लिए प्रतीकों से संबंधित विज्ञान के अध्ययन का रास्ता अपनाना होगा।'

प्रतीक व्यवस्था के रूप में भाषा को देखने के कारण ही सस्यूर का दृष्टिकोण भाषा को मात्र 'व्यवस्था' नहीं, 'व्यवहार' के रूप में भी देख सका। उन्होंने सबसे पहले भाषा को एक 'मानवीय व्यवहार' के रूप में भी देख सका। उन्होंने सबसे पहले भाषा को एक 'मानवीय व्यवहार' के रूप में देखा और भाषा की व्याख्या भी वे उसे मानव व्यवहार के अन्य क्षेत्रों से काटकर नहीं करना चाहते थे। इस प्रकार सस्यूर ने 'भाषा' और 'भाषाविज्ञान' दोनों को एक व्यापक आधार भूमि प्रदान की। इसीलिए उन्होंने एक ऐसे भाषाविज्ञान की कल्पना की 'जो समाज के भीतर प्रतीकों के जीवन, प्रयोग और प्रकार्य का अध्ययन करने वाला हो।' वास्तव में सस्यूर ने सामान्य भाषा विज्ञान की नींव ही बदल डाली।

सस्यूर प्रतिपादित 'सामान्य भाषाविज्ञान' की प्रमुख प्रतिज्ञाएँ इस प्रकार हैं–

1. प्रतीक विज्ञान, भाषा अध्ययन का व्यापक संदर्भ है।
2. प्रतीक विज्ञान, भाषा की मूल प्रकृति को समझने का सर्वाधिक वैज्ञानिक साधन है।
3. भाषाविज्ञान, प्रतीक विज्ञान का ही एक उपांग है।
4. भाषा, प्रतीक व्यवस्था का अन्यतम उदाहरण है।
5. भाषा, सामाजिक अर्थ का सबसे सक्षम उपकरण है।
6. सामाजिक अर्थ, सामाजिक प्रतीकों में निहित होते हैं।
7. सामाजिक व्यापार में भाषा की बड़ी भूमिका होती है।
8. यह व्यापार भाषा प्रतीकों द्वारा ही संपन्न होता है।

सस्यूर की इन स्थापनाओं से एक बात खुलकर सामने आती है कि वे भाषा को अमूर्त और समाज-निरपेक्ष नहीं मानते। यह भी उस समय के लिए एक क्रांतिनुमा बात थी और जिसके संकेत लेकर बाद में 'समाज भाषाविज्ञान' का प्रासाद खड़ा हुआ। सस्यूर की उपरोक्त मान्यताओं को इन शब्दों में एक पारिभाषिक शक्ल दी जा सकती है–'भाषा-व्यवस्था सामाजिक संस्थान की तरह एक सामाजिक वास्तविकता है, वह स्वयं में एक प्रतीकबद्ध सामाजिक वस्तु है, जो व्यक्ति से जुड़ी रहकर भी व्यक्ति की अपनी सीमाओं से मुक्त (सुप्रा-इंडिविजुअल) होती है।'

उनकी भाषा संबंधी इस विस्तीर्ण सोच का ही परिणाम है कि सस्यूर के चिंतन में ये चार युग्म बार-बार आते हैं–कथ्य और अभिव्यक्ति, उपादान और रूप, भाषा व्यवस्था और भाषा व्यवहार, एककालिक और कालक्रमिक। सभी उनकी नवोन्मेषी दृष्टि का परिणाम हैं। पर सबसे महत्वपूर्ण है आखिरी युग्म। सस्यूर ने भाषा (ल लांग) को एक ऐसी सामाजिक वस्तु के रूप में परिभाषित किया है जो अपनी प्रकृति में सतत परिवर्तशील और गत्यात्मक है। सामाजिक होने के कारण ही भाषा का एक पक्ष संस्थागत है जिसे सस्यूर ने 'भाषा-व्यवस्था' (ल लांग) कहा। उन्होंने यह भी स्थापित किया कि सतत परिवर्तनशील होने के कारण भाषा-भेद (लैंग्वेज वेरिएशन) भाषा की अपनी नियति है जिसे उन्होंने भाषा-व्यवहार (ल पारोल) कहा। उन्होंने यह स्पष्ट घोषणा की थी कि 'लांग' और 'पारोल' मिलकर ही 'भाषा' की सही संकल्पना और उसके स्वरूप का निरूपण कर सकते हैं।

प्रतीक व्यवस्था के रूप में 'लांग' और व्यवहार के रूप में 'पारोल' का भेद सस्यूर की सार्थक दृष्टि का परिणाम है। सस्यूर की ये दोनों संकल्पनाएँ भाषा की संपूर्णता और उसके अखंड रूप को समझने में अत्यंत उपयोगी सिद्ध हुईं। सस्यूर ने यह भी स्पष्ट कर दिया था कि इन दोनों में से किसी एक के अध्ययन-विश्लेषण के लिए दूसरे का संदर्भ सदैव अपेक्षित रहता है। ये दोनों संकल्पनाएँ मिलकर सस्यूर की संकल्पना 'भाषिक वृत्ति' (ल लांगाज़) को प्रगट करती हैं।

यह कहा जा सकता है कि 'लांग' भाषिक प्रतीकों का वह संचित कोश है

जिसे व्यक्ति, समुदाय का सदस्य होने के नाते अधिकृत करता है। जबकि 'पारोल' उस कोश की व्यावहारिक प्रयोग-सिद्धि के रूप में माना जा सकता है। संभवतः इसीलिए भाषा की जीवंत प्रक्रिया में न तो पारोल के बिना भाषा की सत्ता देखने को मिलती है और न ही 'लांग' की परिधि के बाहर पारोल की सत्ता देखने को मिलती है। वास्तव में भाषा-व्यवस्था अमूर्त होती है और व्यक्ति द्वारा विविध रूपों (भाषा व्यवहार) में परिणत होकर मूर्तमान हो जाती है। सस्यूर के भाषा-सिद्धांतों ने आज के भाषाविज्ञान को मुखरित कर दिया। 'संरचनावाद' उन्हीं के चिंतन की प्रेरणा लेकर विकसित हुआ है। 'प्रतीक विज्ञान' के आधार पर ही समाज भाषाविज्ञान, नृतत्व भाषाविज्ञान और शैलीविज्ञान उभरे, सस्यूर का चिंतन ही इनका भी मूलाधार है। सस्यूर के भाषा चिंतन ने विश्व के तीन भाषा-संप्रदायों (लैंग्वेज स्कूल्स) को जन्म दिया—प्रकार्यात्मक भाषाविज्ञान (प्राग), ग्लासमिविज्ञान (कोपेनहेगन) और संरचनात्मक भाषाविज्ञान (अमेरिका)।

(ख) चॉम्स्कियन क्रांति

जिस तरह सस्यूर को आधुनिक भाषाविज्ञान का जनक माना जाता है उसी तरह चॉम्स्की को आधुनिक भाषाविज्ञान की उच्च मेधा (मास्टर माइंड) कहा जाता है। चॉम्स्की के साथ भाषा-चिंतन के क्षेत्र में एक नई क्रांति का उदय हुआ। वे तर्कबुद्धिवादी थे (श्रीवास्तव)। इस बुद्धिवाद के कारण ही उन्होंने तब तक प्रचलित भाषाविज्ञान की व्यवहारवादी (बिहेवियरल) दृष्टिकोण पर चोट की। उनकी मान्यता के अनुसार व्यवहारवाद और उस पर आधारित भाषावैज्ञानिक चिंतन-धारा चूहे और पशुओं पर किए गए प्रयोगों के निष्कर्ष पर आधारित है। इसलिए वह मानव-मन की विशिष्ट प्रकृति से अनभिज्ञ रहकर उसकी सृजनात्मक शक्ति को नहीं पहचान पाती।

अतः उन्होंने भाषा और उसके अध्ययन को संज्ञानवाद (कॉग्निटिज़्म) से जोड़ा। संज्ञानवाद, जो मनुष्य की ज्ञान अर्जन की प्रकृति को विशिष्ट मानता है। चॉम्स्की ने यह प्रतिपादित किया कि मानव होने के नाते मनुष्य भाषिक अर्जन युक्ति (लैंग्वेज एक्विज़िशन डिवाइस) लेकर पैदा होता है। अर्थात् मनुष्य जो कुछ सीखता है वह सहजात (इन्नेट) होता है। सहजात भाषिक अर्जन युक्ति से छनकर ही सार्वभौम (यूनिवर्सल) व्याकरण जन्म लेता है।

इस प्रकार चॉम्स्की ने रचनांतरण (ट्रांसफार्मेशनल) सिद्धांत और सार्वभौमिक व्याकरण की संकल्पना सामने रखी। भाषा अधिगम के लिए चॉम्स्की ने जिस प्रक्रियात्मक शक्ति को उभारा वे मानव मन की सहजात वृत्तियाँ थीं। उनके मत में जन्म के समय मानव शिशु का मानस-पटल धुला-पुँछा न होकर सहजात वृत्तियों से जुड़ा रहता है। इसीलिए वातावरण में विविध संरचनाओं और शैलियों से युक्त

विभिन्न वाक्यों के भीतर से भी वह सहज वाक्य और साधारणीकृत नियमों तक स्वतः पहुँच जाता है।

इस चिंतन ने तत्कालीन भाषा-चिंतन को हिलाकर रख दिया। चॉम्स्की ने स्पष्ट शब्दों में कहा कि भाषाविज्ञान के लिए किसी भाषा विशेष की व्याकरणिक संरचना एवं नियमों का पता लगाना उतना महत्वपूर्ण नहीं है जितना सभी भाषाओं की मूल प्रकृति पर प्रकाश डालना। उनके अनुसार 'भाषा अपनी आंतरिक प्रकृति में मानव-मन का दर्पण है और सार्वभौमिक व्याकरण का अध्ययन इसीलिए मानव-मन की बोधात्मक-क्षमता का अध्ययन है।' उन्होंने यह भी कहा कि सार्वभौम व्याकरण ही भाषावैज्ञानिकों के अध्ययन की साध्य वस्तु होनी चाहिए। इसमें संदेह नहीं कि चॉम्स्की के भाषा सिद्धांत से 'आधुनिक' भाषाविज्ञान की धुरी संरचनावाद से बदल कर रूपांतरण प्रजनक (टी.जी.) सिद्धांत पर आ टिकी।

बाद में अधिकांश व्याकरण सिद्धांत प्रत्यक्ष या परोक्ष ढंग से चॉम्स्की के सिद्धांत का आधार लेकर ही विकसित हुए हैं। 1965 में उनकी पुस्तक 'आसपेक्ट्स ऑफ द थ्योरी ऑफ सिन्टैक्स' आई। पुस्तक ने 'टी. जी. मॉडल' की नींव रखी और सातवें दशक तक वह सिद्धांत सबसे प्रभावी रहा। इस पुस्तक में उन्होंने रूपांतरण-प्रजनक नियम के चार घटक निर्धारित किए—आधार घटक, रूपांतरण घटक, ध्वन्यात्मक घटक और अर्थीय घटक। आधार घटक की व्यवस्था में ही रूपांतरण और अर्थीय घटक निहित होते हैं। इसी आधार पर वाक्य की गहन रचना (डीप स्ट्रक्चर) संरचित होती है।

आधुनिक भाषाविज्ञान के क्षेत्र में चॉम्स्की का स्थान अनूठा है। भाषाविज्ञान के इतिहास में वे सबसे ठोस और उतने ही विवादास्पद भाषाविद् के रूप में प्रसिद्ध हैं। उनकी पहली किताब 'सिंटैक्टिक स्ट्रक्चर' 1957 में आई थी। यह पुस्तक आकार में छोटी थी और बहुत तकनीकी भी नहीं थी पर उसने लोगों का ध्यान अपनी तरफ खींचा था। बाद में एक के बाद एक उनकी पुस्तकें आईं। चॉम्स्की के पहले भी दुनिया में भाषा अध्ययन के कई स्कूल थे। इनके रहते हुए भी 'चॉम्स्कियन स्कूल' या 'रूपांतरण स्कूल' ने अपनी अलग पहचान बनाई।

चॉम्स्की के सिद्धांतों का विरोधी हुआ जा सकता है। पर जो भाषाविद् भाषा अध्ययन के आधुनिक विकास में रुचि रखते हैं वे चॉम्स्की के सिद्धांतों से टकराए बिना आगे नहीं बढ़ सकते। आज भी दुनिया भर में भाषा अध्ययन के जितने भी स्कूल हैं उनके चिंतन के केंद्र में चॉम्स्की हमेशा रहते हैं, भले ही एक 'टार्गेट' के रूप में।

'भाषा क्या है' और 'भाषा की प्रकृति कैसी है' इन प्रश्नों पर इतनी गंभीर चर्चा चॉम्स्की के पहले नहीं हुई थी। उन्होंने भाषा की आंतरिक और गहन संरचना को वैज्ञानिक धरातल पर समझने की कोशिश की। उन्होंने भाषा अध्ययन को एक

दार्शनिक, जैविक और मनोवैज्ञानिक धरातल प्रदान किया। 'विचार और भाषा' के अंतस्संबंधों की खोज भी सबसे पहले उन्होंने ही की। चॉम्स्की की कुछ मूलभूत धारणाएँ और खासियतें इस प्रकार हैं–

1. चाम्स्की के रूपांतरण–प्रजनक व्याकरण में भाषिक इकाइयों का सूक्ष्म विश्लेषण है।
2. मानव शिशु अपनी मातृभाषा के संरचनात्मक नियमों को तो आत्मसात् करता ही है, वह ऐसी उक्तियों का उत्पादन भी कर पाता है जिन्हें उसने पहले कभी नहीं सुना।
3. व्याकरणिक नियमों का रूप सभी भाषाओं में समान होता है।
4. भाषा के आंतरिक नियम इतने विशिष्ट होते हैं कि उन्हें जैविक मानने में संकोच नहीं करना चाहिए।
5. रूपांतरण व्याकरण सिद्धांत सर्वोत्तम सिद्धांत है जिसके आधार पर भाषा की व्यवस्थापरक संरचना का विवरण दिया जा सकता है।
6. इस विवरण के आधार पर सार्वभौम व्याकरण सिद्धांत का खाका तैयार किया जा सकता है।

चॉम्स्की का महत्व इस बात में भी है कि उनके सिद्धांतों ने भाषा शिक्षण, भाषा अधिगम, मनोभाषाविज्ञान, वाक् चिकित्सा के क्षेत्रों में अपेक्षित परिवर्तन किया। उन्होंने यह भी माना कि भाषा सिर्फ जटिल मानव व्यवहार नहीं है वह गणितीय व्यवस्था से बँधी एक व्याकरणिक संरचना भी है जिसकी परतें 'टी. जी. पद्धति' से खोली जा सकती हैं। इसीलिए उन्होंने भाषा व्यवस्था (लैंग्वेज कांपिटेंस, लांग) को भाषा व्यवहार (लैंग्वेज परफार्मेंस, पारोल) से अधिक महत्व दिया। उन्होंने मानव भाषा की सर्जनात्मकता पर भी बल दिया पर 'सर्जनात्मकता' की उनकी परिभाषा भिन्न है–भाषा प्रयोक्ता की वह क्षमता जिसके कारण वह उन वाक्यों को भी बोल-समझ लेता है जिन्हें उसने पहले कभी नहीं सुना। इस परिभाषा के चलते ही वे भाषा प्रयोग को 'उत्पादन' प्रजनक कहते हैं और भाषा व्यवहार को अव्याकरणिक मानते हैं। उन्होंने 'आदर्श भाषा' और 'आदर्श वक्ता-श्रोता' की कल्पना की। उनकी प्रसद्धि पुस्तकें हैं–सिटैक्टिक स्ट्रक्चर (1957), करेंट इश्यूज इन लिंग्विस्टिक थ्योरी (1964), आसपेक्ट्स ऑफ द थ्योरी ऑफ सिंटैक्स (1965), टॉपिक्स इन द थ्योरी ऑफ जनरेटिव ग्रामर (1966), लैंग्वेज एंड माइंड (1968), रिफ्लेक्शंस ऑन लैंग्वेज (1975)।

जैसा कि जॉन लायन्स (1971) ने लिखा है कि चॉम्स्की का रूपांतरण-प्रजनक व्याकरण सिद्धांत चमत्कार है पर उन्होंने भाषा विश्लेषण की प्रक्रिया को अत्यंत औपचारिक भाषा तक सीमित कर दिया अतः उनके सिद्धांत को आज नहीं तो कल चुनौती मिलेगी ही। ऐसा हुआ भी। यह विचार जल्द ही सामने आया कि

चॉम्स्की ने संरचनावादी धारा की मानव तटस्थ (डीह्यूमनाइज़्ड) प्रकृति को अपने सिद्धांत द्वारा मानव सापेक्ष तो बनाया परंतु उन्होंने मानव को मात्र जैविक इकाई माना, न कि सामाजिक। यही वजह है कि मानव मन को बाधित एवं प्रभावित करने वाले उन सभी सामाजिक और संप्रेषणपरक अभिलक्षणों को वे अपने भाषावैज्ञानिक सिद्धांतों के दायरे में लाने के पक्ष में नहीं हैं जो व्याकरण को समाज संदर्भित करते हैं। और यह भी कि चॉम्स्की ने सामाजिक अर्थवत्ता को उचित महत्व नहीं दिया और उसे भाषाविज्ञान के लिए अनुपयोगी और सारहीन कहकर नकारने का प्रयत्न किया। ऐसी आलोचनाएँ हुईं और समाज संदर्भित भाषा अध्ययन की धारा ने चॉम्स्की के सिद्धांतों को धुँधला कर दिया। कुछ भी हो, भाषा अध्ययन के क्षेत्र में 'चॉम्स्कियन क्रांति' अपनी गहन वैचारिकता की दृष्टि से आज भी सफल है, और आगे भी रहेगी।

(ग) लेबॉव : समाज भाषाविज्ञान का प्रवर्तन

भाषा अध्ययन के आधुनिक परिप्रेक्ष्य में विलियम लेबॉव, डेल हाइम्स और एम. ए. के हैलिडे का नाम प्रवर्तकों के रूप में लिया जाता है। ऐसा नहीं है कि इन्होंने अचानक अपने नवीन दृष्टिकोण का प्रतिपादन किया हो, शास्त्रीय चिंतन में ऐसा होता भी नहीं। लेबॉव ने फिशमैन की विचारधारा को, हाइम्स ने सपीर हैरिस और मालनोवस्की के चिंतन को तथा हैलिडे ने रोमन याकोब्सन और फर्थ के विचार बिंदुओं को आधार बनाकर भाषा अध्ययन के अपने सिद्धांत और प्रारूप निर्मित किए। खास बात यह है कि इन तीनों के भाषा-सिद्धांत मात्र सिद्धांत नहीं, प्रणाली भी हैं। चॉम्स्की जैसे विद्वानों ने भाषा को वाक्य विन्यास द्वारा नियंत्रित माना पर बाद में भाषाविदों का एक ऐसा वर्ग भी आया जो अर्थ और प्रयोग को भाषा अध्ययन के केंद्र में रखता है और सभी भाषिक स्तरों को इनसे प्रभावित मानता है। इन भाषाविदों की यह दृढ़ मान्यता है कि भाषा परंपरा अनुमोदित भी होती है और वह समाज की अर्जित संपत्ति भी है।

विलियम लेबॉव ने प्रायोगिक समाज भाषाविज्ञान की आधारशिला रखी। उनके अनुसार समाज भाषाविज्ञान, भाषावैज्ञानिक अध्ययन का वह क्षेत्र है जो भाषा और समाज के बीच पाए जाने वाले हर प्रकार के संबंधों का अध्ययन-विश्लेषण करता है। वह भाषा की संरचना और प्रयोग के उन सभी पक्षों और संदर्भों का अध्ययन करता है जिनका संबंध सामाजिक एवं सांस्कृतिक प्रकार्य से होता है। इस प्रकार लेबॉव ने भाषा-अध्ययन को एक विस्तीर्ण फलक प्रदान किया जिसके भीतर विभिन्न सामाजिक वर्गों की भाषिक अस्मिता, भाषा के प्रति सामाजिक दृष्टिकोण और अभिवृत्ति, भाषा की सामाजिक शैलियाँ, बहुभाषिकता का सामाजिक आधार आदि भाषा के वे सभी संदर्भ आ जाते हैं जिनका संबंध सामाजिक संस्थान से रहता है।

यही वजह है कि लेबॉव ने भाषा को 'शुद्ध भाषिक प्रतीकों की व्यवस्था' न मान कर उसे 'सामाजिक प्रतीकों की एक उप व्यवस्था' के रूप में पारिभाषित किया। उन्होंने स्पष्ट शब्दों में यह संकेत किया कि शुद्ध भाषाविज्ञान केवल 'कथ्य' और 'अभिव्यक्ति' के संबंधों का अध्ययन करता है अतः उसकी सीमा व्याकरण है। वह व्याकरण के आधार पर पता लगाता है कि भाषा की प्रकृति कैसी है। (जैसे कि चॉम्स्की का सिद्धांत)। इसके विपरीत समाज भाषाविज्ञान के लक्ष्य को उन्होंने इस प्रकार स्पष्ट किया कि 'वह अपने अध्ययन के लिए केवल भाषाओं के व्याकरण को ही अपना लक्ष्य नहीं बनाता। उसका उद्देश्य भाषा के 'संपूर्ण पक्षों' का अध्ययन है। वह 'भाषा किन-किन प्रयोजनों के लिए' प्रश्न का भी उत्तर ढूँढ़ता है।

लेबॉव ने यह भी स्पष्ट किया कि समाज भाषाविज्ञान जिस विश्लेषण पद्धति को अपनाता है उसका आधार भाषिक विकल्पन (लैंग्वेज वेरिएशन) है। विकल्पन का आधार परिवर्तन और विभेद है जिसे लेबॉव ने 'चर' (वेरिएबुल) की संकल्पना द्वारा समझाना चाहा। इसे हिंदी भाषा के संदर्भ में समझना चाहे तो 'ण-न' स्थिति को देख सकते हैं। कभी कुछ लोग सिर्फ 'ण' का ही प्रयोग करते हैं, कुछ लोग सिर्फ 'न' का और कुछ लोग परिस्थिति और संदर्भ के अनुसार 'दोनों का'। भोजपुरी भाषी हिंदी क्षेत्र में भिन्न भाषिक इकाइयों के ऐसे विकल्प देखें—का (क्या), पीयर (पीला), गहिर (गहरा), ऊ (वह), चीखना (चखना), रगरना (रगड़ना), घोरना (घोलना) आदि। इनके प्रयोग से वक्ता-श्रोता, परिस्थिति, संदर्भ अर्थात् अनेक सामाजिक लक्षणों (सोशल फीचर्स) का पता भी हमें चल जाता है।

इस तथ्य को परखने के बाद ही लेबॉव ने यह सिद्ध किया कि भाषा में पाए जाने वाले विकल्पवत प्रयोग मात्र वैकल्पिक और अव्याकरणिक (जैसा कि चॉम्स्की की स्थापना है) नहीं होते। उनमें भी एक व्यवस्था होती है जिसे सामाजिक लक्षणों के आधार पर पकड़ा जा सकता है। उन्होंने न्यूयॉर्क शहर के एक खास क्षेत्र में रहने वाले सौ अमेरिकी लोगों के भाषा-व्यवहार का अध्ययन किया। उन्होंने 'चर' के तीन आयामों—चर का आयाम, सामाजिक लक्षण का आयाम और पाठ प्रयोग का आयाम, पर अपने शोध को केन्द्रित किया। इस शोध में भाषा-सर्वेक्षण की पुरानी 'प्रश्नावली पद्धति' की जगह लेबॉव ने सूचकों की बातचीत को अधिकाधिक वास्तविक रूप में 'रिकॉर्ड' किया। अपने इस शोध के सूक्ष्म निष्कर्षों के साथ उन्होंने यह प्रमाणित किया कि 'भाषा विकल्प, भाषा व्यवहार की यथार्थता है।'

समाज भाषाविज्ञान की धारणा को आगे बढ़ाने और उसे एक प्रणाली देने वालों में लेबॉव का नाम अग्रणी है। उन्होंने यह माना और सिद्ध करके दिखाया कि भाषा और समाज के अंतस्संबंधों को भाषाविज्ञान के अपने संदर्भ से अलग नहीं किया जा सकता। उन्होंने यह भी प्रमाणित करके और भरपूर 'डॉटा' के साथ दिखाया कि भाषा स्वयं में एक सामाजिक वस्तु है, अतः उसकी मूल प्रकृति में

ही सामाजिक तत्व अंतर्मुक्त रहते हैं जो भाषा को विषमरूपी और विकल्पनयुक्त बनाते हैं और भाषा व्यवहार में प्राप्त इन विकल्पनों का अध्ययन ही भाषा की वास्तविक प्रकृति का उद्घाटन कर सकता है। अपने सर्वेक्षण, सर्वेक्षण से प्राप्त भाषा सामग्री (डॉटा) और उसके विश्लेषण से प्राप्त निष्कर्षों के आधार पर ही वे चुनौती भरे स्वर में यह प्रतिपादित कर सके कि 'समाज भाषाविज्ञान' कोई अलग विधा नहीं मानी जा सकती, क्योंकि (समाज) भाषाविज्ञान ही तो वास्तविक भाषाविज्ञान है (सोशियोलिंग्विस्टिक्स इज़ नॉट टु बी अंडरस्टूड ऐज समथिंग एपार्ट फ़्रॉम लिंग्विस्टिक्स, इट इज़ सिंपली लिंग्विस्टिक्स)।

लेबॉव के पांच लेख अनिवार्यतः पठनीय हैं–द सोशल मोटिवेशन ऑफ साउंड चेंज (1963), फोनोलॉजिकल कोरिलेट्स ऑफ सोशल स्ट्रैटिफिकेशन (1964), द लॉजिक ऑफ नॉन-स्टैंडर्ड इंगलिश (1964), द स्टडी ऑफ लैंग्वेज इन इट्स सोशल सेटिंग (1970) और द इफेक्ट ऑफ सोशल मोबिलिटी आन लिंग्विस्टिक बिहेवियर (1967) और एक प्रसिद्ध पुस्तक–द सोशल स्ट्रैटिफिकेशन ऑफ इंग्लिश इन न्यूयॉर्क सिटी (1966)।

(घ) हैलिडे : सोशल सीमिऑटिक्स और भाषा प्रयोग का रेंज

एम.ए.के. हैलिडे ने वाक् भेद (स्पीच वेराइटी) का व्यापक अध्ययन किया। उनके मतानुसार वाक् भेद का तात्पर्य है वाक् के वे रूप जिनका प्रयोग कोई व्यक्ति या भाषा समूह करता है। वाक्-भेद के प्रभेदक लक्षण शब्दगत, ध्वनिगत, रूपगत या वाक्यगत हो सकते हैं। हैलिडे ने अपने भाषा चिंतन में वाक्-भेद के कुछ प्रकार भी निर्धारित किए–सामाजिक वाक्-भेद, जिसके अंतर्गत सामाजिक बोलियाँ (सोशल डायलेक्ट्स या सोशियोलेक्ट) आती हैं। क्षेत्रीय वाक्-भेद, जिसके अंतर्गत क्षेत्रीय बोलियाँ (रीजनल डायलेक्ट्स या रीजनल स्टाइल) आती हैं। प्रयोजनमूलक वाक्-भेद, जिसके अंतर्गत प्रयोग क्षेत्र (डोमेन) नियंत्रित प्रयोजनमूलक शैलियाँ (रजिस्टर्स) आती हैं। हैलिडे ने 'भाषा प्रयोग के रेंज' की संकल्पना हमें दी। उन्होंने 'बीज भाषा' (कोर लैंग्वेज) और 'सीमित भाषा' (रेस्ट्रिक्टेड लैंग्वेज) पर भी चर्चा की। उनके अनुसार खेल, अभिवादन व्यवस्था, मौसम का हाल, व्यंजन विधि तथा इस तरह के अनेक सामान्य संदर्भों में भाषा के सीमित रूप का प्रयोग होता है, यह रूप अपने में विशिष्ट और अपने संदर्भ में विवरणीय होता है। हैलिडे ने बर्नस्टीन के 'व्यापक' और 'सीमित' कोड (एलेबोरेटेड एंड रिस्ट्रिक्टेड कोड) की संकल्पना को नए आयाम दिए। बर्नस्टीन ने इसे प्रयोक्ता की दक्षता से जोड़कर देखा था कि कुछ लोगों के पास भाषा प्रयोग की अधिक दक्षता होती है, कुछ में कम। कुछ किसी कोड का उत्पादन और ग्रहण दोनों कर पाते हैं तो कुछ सिर्फ ग्रहण, जिसे बर्नस्टीन ने क्रमशः उत्पादनशीलता और ग्रहणशीलता की क्षमता (कांपिटेंस) कहा था।

एम.ए.के. हैलिडे ने फर्थ (1951), अपने गुरु की उस स्थापना को आदर दिया कि 'भाषा विश्लेषण का उद्देश्य अर्थ-विचार है ताकि यह देखा जा सके कि हम अपने जीवन में भाषा का प्रयोग कैसे करते हैं। फर्थ के इस सिद्धांत ने भाषा को एक 'अर्थपूर्ण क्रिया' के रूप में देखा जिसका अध्ययन भिन्न अर्थ-रीति (मोड ऑफ मीनिंग) के परिप्रेक्ष्य में किया जा सकता है। फर्थ की इस अवधारणा को हैलिडे ने आगे बढ़ाया, इसे ठोस सैद्धांतिक जामा पहनाया और सक्रियात्मक (ऑफरेशनल) प्रणाली प्रदान की।

उन्होंने भाषा विवरण के तीन स्तर निर्धारित किए—वस्तु (सब्सटेंस), रूप (फार्म) और स्थिति या संदर्भ (सिचुएशन)। उनके अनुसार भाषा विवरण को कुछ अर्हताएँ पूरी करनी चाहिए जैसे उसमें नैरंतर्य हो, उसमें सामान्यता हो, वह सरल हो, वह संप्रेषण शृंखला (चेन) और चयन (सेलेक्शन) को जस्टीफाई कर सके। हैलीडे ने 'संरचना' को महत्व दिया पर उसके तत्वों (एलिमेंट्स) को आंतरिक विन्यासक्रमी (सिटेग्मेटिक) संबंध के रूप में मान्यता देते हुए यह समझाया कि भाषाई तत्वों का वाक्य, कथन और उक्ति में अपना स्थान होता है और यह स्थान सामाजिक संप्रेषण में विचलित भी होता है पर तभी जब संप्रेषण से जुड़े सभी पक्षों को स्वीकार्य हो।

इस प्रकार हैलिडे ने 'व्यवस्था' की संकल्पना को नया अर्थ दिया। अपने एक प्रारंभिक आलेख 'कैटेगरीज ऑफ द थ्योरी ऑफ ग्रामर (1961) में ही उन्होंने इस बदली और नवीन संकल्पना को स्थापित कर दिया था। उनकी 'भाषा व्यवस्था' में कई कोटियाँ समाहित हैं—इकाई, श्रेणी (रैंक), द्योतक (एक्सपोनेंस) और सूक्ष्मता (डेलिकेसी)। अर्थात् इस व्यवस्था में भाषा-संरचना के साथ उसके प्रयोग-प्रकार्य की कोटियाँ भी सम्मिलित मानी गई हैं। इन कोटियों को हैलिडे ने 'टर्म' (पद) कहा है। उनका यह कहना है कि किसी भी भाषा की संरचना में हम इकाइयों को स्थान, स्तर और चयन को कौन, किसका, क्या, कौन-सा के संदर्भ में ही देख सकते हैं।

हैलिडे ने भाषा अध्ययन का प्रकार्यात्मक एप्रोच अपनाया और कहा कि भाषा बहु प्रकार्यात्मक होती है। उन्होंने भाषा-प्रकार्यों के भेद भी निर्धारित किए—

1. साधनपरक (इंस्ट्रुमेंटल) प्रकार्य : भाषा का प्रयोग वस्तुओं को प्राप्त करने के लिए करना।
2. नियमितता (रेगुलेटरी) प्रकार्य : भाषा का प्रयोग दूसरों के व्यवहार को नियंत्रित करने के लिए करना।
3. अंतःक्रियात्मक (इंटरैक्शनल) प्रकार्य : भाषा का प्रयोग दूसरों के साथ वाक् स्थिति पैदा करने के लिए करना।
4. वैयक्तिक (पर्सनल) प्रकार्य : भाषा का प्रयोग अपनी भावनाओं को व्यक्त करने के लिए करना।
5. अन्वेषणात्मक (ह्यूरिस्टिक) प्रकार्य : भाषा का प्रयोग कुछ सीखने और

खोजने के लिए करना।

6. कल्पनात्मक (इमेजिनेटिक) प्रकार्य : भाषा का प्रयोग एक काल्पनिक दुनिया के सृजन के लिए करना।
7. विषय बोधक (रिप्रज़ेंटेशनल) प्रकार्य : भाषा का प्रयोग सूचनाएँ देने के लिए करना।

भाषा के व्याकरण को हैलिडे ने एक ऐसे भाषिक उपकरण (डिवाइस) के रूप में परिभाषित किया जो प्रकार्य के अनुरूप अर्थबद्ध संरचना द्वारा व्यक्त होता है। इसे उन्होंने व्यवस्थापरक व्याकरण (सिस्टमीक ग्रामर) की अवधारणा के साथ प्रस्तुत किया। इस व्याकरण चिंतन में भाषा, व्यक्ति और समाज निरपेक्ष नहीं होती अतः उसका व्याकरण वक्ता-लेखक से जुड़ा होता है। वक्ता और लेखक 'भाषा रूप' का चयन शून्य में नहीं, उसी व्यवस्था में से करते हैं जो वाक् परिस्थिति और संदर्भ के अनुकूल होती है। अतः अपने सामाजिक और प्रकार्यात्मक संदर्भ में भाषा सर्जनात्मक होती है।

भाषा के प्रति हैलिडे का एप्रोच अनुप्रयुक्त है। वे यह देखना चाहते हैं कि भाषा से भाषा प्रयोक्ता क्या काम लेता है या ले सकता है। यही कारण है कि उन्होंने पहली बार सामाजिक संकेत विज्ञान (सोशल सीमिऑटिक्स) की बात की। उनके अनुसार सामाजिक संकेत विज्ञान का तात्पर्य है–भाषा की व्याख्या समाज-सांस्कृतिक संदर्भ में करना क्योंकि ये दोनों ही संकेत रूप में भाषा में अंतर्मुक्त होते हैं। इसीलिए हैलिडे ने मानव शिशु को एक सक्रिय कर्ता (एक्टिव एजेंट) के रूप में देखा जो लोगों और घटनाओं से टकराते हुए भाषा का सर्जनात्मक और सामाजिक प्रयोग सीखता है। मानव शिशु भाषा सीखने की प्रक्रिया में अपनी व्यक्तिगत शैली भी बनाता चलता है और भाषा के माध्यम से अपनी संस्कृति और अपने समाज की संरचना को भी पहचानता चलता है। हैलिडे ने यह भी कहा कि भाषा-अधिगम एक संज्ञानात्मक प्रक्रिया है (चॉम्स्की के मतानुसार) लेकिन वह संपन्न होती है–सामाजिक अंतःक्रिया के संदर्भ (कांटेक्स्ट) के बीच, तभी तो मानव शिशु भाषा सीखते हुए सामाजिक यथार्थ का अपना प्रारूप (मॉडल) भी गढ़ पाता है। अतः मातृभाषा अधिगम एक अंतःक्रियात्मक प्रक्रिया है। हैलिडे ने यह भी माना कि भाषा-प्रयोग में अर्थ, वक्ता और अन्य की परस्पर प्रतिक्रिया से प्रगट होता है, यही वास्तव में सामाजिक अर्थ है। अर्थ प्रगटीकरण की यह क्रिया ही सामाजिक क्रिया है।

हैलिडे के दो लेख काफी चर्चित और उद्धरित हुए हैं–सिन्टैक्स एंड द कज़्यूमर (1964) और लैंग्वेज स्ट्रक्चर एंड लैंग्वेज फंक्शन (1972) उनकी चार पुस्तकें भाषा विज्ञान की क्लासिक्स में शुमार हैं–पैटनूर्स एंड रेंजेज़ (1966) एक्सप्लोरेशंस इन द फंक्शंस ऑफ लैंग्वेज (1973), लर्निंग हाऊ टू मीन (1975) और लैंग्वेज ऐज़ सोशल सीमिऑटिक्स (1978)।

(च) डेल हाइम्स : भाषा में संस्कृति का सिद्धांत

डेल हाइम्स ने भाषा और संस्कृति के बीच गहरा संबंध देखा। उनके मतानुसार ये दोनों इतने गहरे संबद्ध होते हैं कि एक के बिना दूसरे को समझ पाना संभव नहीं है। उन्होंने भाषा को स्थितिपरक (सिचुएशनल) तो माना पर यह भी जोड़ा कि भाषा के साथ कई परंपरागत घटक आबद्ध होते हैं इसीलिए भाषा में कई उक्तियाँ (अटरेंसेज) ऐसी होती हैं जो सांस्कृतिक संदर्भ में ही अपना अर्थ दे पाती हैं। भिन्न भाषाओं का सांस्कृतिक संदर्भ भी भिन्न होता है। हाइम्स ने यहाँ तक कहा कि भाषा अधिगम का तात्पर्य 'प्रयोग करना सीखना' (लर्निंग टु यूज़) तक सीमित नहीं होता, 'प्रयोग करके संस्कृति को जानना' (यूजिंग टु लर्न इट) भी होता है।

भाषा में निहित सांस्कृतिक तत्व ही उसके प्रयोक्ता को अलग पहचान देते हैं—यह हाइम्स का सूत्र-वाक्य है। संभवतः इसीलिए उन्होंने 'संप्रेषण' को मात्र सामाजिक नहीं, 'संप्रेषण का नृजातिशास्त्र' (एथनोग्राफी ऑफ कम्यूनिकेशन) कहा और बल दिया कि भाषा अध्ययन में हमें 'भाषा में संस्कृति' की संकल्पना की अनदेखी नहीं करनी चाहिए। उनके शब्दों में प्रत्येक भाषा संस्कृतिबद्ध होती है अतः उसका प्रयोक्ता सांस्कृतिक होता है। हाइम्स ने 'भाषा में संस्कृति' का सिद्धांत प्रतिपादित करते हुए यह स्थापना भी सामने रखी कि भाषा में संस्कृति का संबंध भाषा समाज के मनोविज्ञान से भी होता है अतः भाषा-व्यवहार तो सांस्कृतिक होता ही है, भाषा द्वारा संपन्न सांस्कृतिक व्यवहार मनोवैज्ञानिक भी होता है।

डेल हाइम्स ने यह भी दर्शाया कि साहित्य, दर्शन और धर्म की भाषा में संबद्ध भाषा-समाज की संस्कृति ही प्रमुख होती है। सामान्य संप्रेषण में भी उन्होंने सांस्कृतिकता की प्रधानता सिद्ध की। उन्होंने कहा कि दुनिया के प्रत्येक भाषा-समाज की अभिवादन प्रणाली, संबोधन-प्रयोग, सर्वनाम-संरचना, नाते-रिश्ते की शब्दावली, रंग शब्दावली, नामकरण आदि के भीतर सांस्कृतिक विशेषता निहित होती है। इसके साथ ही भाषा के साथ होने वाले अंगविक्षेप, आचरण आदि भी संस्कृति नियंत्रित होते हैं, यह भी हाइम्स ने माना और इन सबकी जड़ें मानव-सभ्यता के विकास के संदर्भ में देखने का यत्न किया। इन सबको उन्होंने प्रकार्यात्मक प्रकार के 'संदर्भ' भी कहा और यह भी कि वक्ता-श्रोता या लेखक-पाठक में यदि ये समान न हों तो संप्रेषण-क्रिया अधूरी ही रह जाएगी। यह सच भी है। जब हम कोई विदेशी भाषा सीखते हैं तो संरचना या व्याकरण का अधिगम उतना कठिन नहीं होता, जितना कि अन्य भाषा में निबद्ध सांस्कृतिक तत्वों का। अन्य भाषा की दक्षता भी तभी सफल मानी जाती है जब इन तत्वों पर भी अध्येता की दक्षता हो। अन्य भाषा अधिगम (लर्निंग) का तात्पर्य सीखी जा रही भाषा की संस्कृति से भी परिचित होना है।

हाइम्स ने भाषा में संस्कृति की अपनी संकल्पना को और भी धार देने के लिए संस्कृति के 'होम मेड मॉडल्स' को महत्व दिया, इनकी विस्तृत चर्चा की। इन्हें हम 'लोक-संस्कृति' कह सकते हैं जो मूल संस्कृति के ही 'उपरूप' होते हैं। एक ही भाषा में भिन्न लोक-संस्कृतियों का सम्मिलन 'भाषा में संस्कृति' के अध्ययन को और भी चुनौतीपूर्ण बनाता है। एक व्यापक व्यवहार क्षेत्र और बहुबोली क्षेत्र की भाषा होने के कारण हिंदी भाषा को हम हाइम्स के 'होम मेड मॉडल्स' की संकल्पना का उत्कृष्ट उदाहरण कह सकते हैं। हाइम्स ने अपने सांस्कृतिक अध्ययन के भीतर भाषा-समाज के संस्कारों, रीति-रिवाजों, पूजा-पाठ विधियों तथा मेले-त्योहारों को भी समेटा है। और यह भी दिखाया कि भाषा की उक्तियों, कहावतों, मुहावरों और प्रतीकवत्ता में इन समस्त लोक सांस्कृतिक तत्वों का बड़ा योगदान होता है।

हाइम्स ने भाषा और संस्कृति के अटूट संबंध की व्याख्या करते हुए ही 'भाषाई क्षमता' के स्थान पर 'संप्रेषणपरक क्षमता' को महत्व दिया। उन्होंने यह स्पष्ट किया कि भाषा स्वयं को अभिव्यक्त करने वाली व्यवस्था है। सामाजिक संप्रेषण के लिए हम उपयुक्त शब्दावली और पदबंधों का चयन करते हैं। इस चयन में सांस्कृतिक तत्व अधिकतर मौजूद रहते हैं। उन्होंने यह भी कहा कि भाषा पर किसी भी चर्चा के पहले मैं 'नृजाति भाषाविज्ञान' पर बल देना चाहूँगा।

अपने 'संप्रेषणपरक क्षमता' की पहचान के लिए हाइम्स ने चार घटकों पर ध्यान देने की बात कही--(1) संप्रेषण क्रिया के घटक, (2) घटकों का परस्पर संबंध, (3) घटकों की क्षमता और स्थिति (स्टेटस) तथा (4) घटकों का वैशिष्ट्य। और रोमन याकोब्सन का हवाला देते हुए 'संप्रेषणपरक क्षमता' के लिए इन्हें आधार बनाया - (1) वक्ता-श्रोता (लेखक-पाठक), (2) प्रयोग रीति, (3) चेहरे का उतार-चढ़ाव तथा अंग विक्षेप, (4) सामाजिक, सांस्कृतिक और अंग विक्षेप संबंधी (काइनेसिक) नियम, (5) सेटिंग, (6) संदेश का प्रकार, (7) संदेश का मूड और (8) संदेश का मंतव्य।

हाइम्स ने संप्रेषणपरक क्षमता के लिए उपयुक्तता, स्वीकार्यता, प्रभावशीलता और निषेध का आधार भी तय किया कि भाषा, वक्ता-श्रोता, संदर्भ आदि के उपयुक्त हो, जैसे कि हिंदी में हम अपने से वरिष्ठ व्यक्ति के लिए 'तुम' का प्रयोग नहीं करते। जो कहा जाए वह समाज द्वारा स्वीकार्य हो जैसे, कुछ भाषा समाजों में स्त्री की उम्र पूछना, किसी के वेतन के बारे में जानना, किसी की जाति, धर्म के प्रति जिज्ञासा करना उचित नहीं माना जाता। प्रभावशीलता तभी आती है जब हम 'सही' भाषा का चयन तो करें ही, उचित अंगविक्षेप और हाव-भाव का भी चयन करें। कई भाषा समाजों में भिन्न-भिन्न आचरण संबंधी निषेध होते हैं जैसे बायें हाथ से कुछ न देना, स्त्री के बैठने के पहले न बैठना, किसी बुजुर्ग के प्रवेश करने पर बैठे न रहना आदि। इसीलिए हाइम्स ने संप्रेषण के संदर्भ में सिर्फ भाषा को

नहीं बल्कि उसके साथ दृश्य (सीन), भूमिका (एक्ट), अभिकर्ता (एजेंट) और प्रयोजन (परपज़) को भी सन्नद्ध किया।

हाइम्स के तीन लेख अपनी गहराई और नवीनता के कारण कालजयी बन चुके हैं—द एथनोग्रॉफी ऑफ स्पीकिंग (1961), डाइरेक्शंस इन (एथनो) लिंग्विस्टिक थ्योरी (1964) और टुवड्र्स एथनोग्रॉफी ऑफ कम्युनिकेशन (1964)। उनकी एकमात्र पुस्तक 'लैंग्वेज इन कल्चर एवं सोसाइटी : ए रीडर इन लिंग्विस्टिक्स एंड एंथ्रोपोलॉजी' (1964) आज भी मील का पत्थर है।

भारतीय भाषा-चिंतक

(i) डॉ. धीरेंद्र वर्मा का भाषावैज्ञानिक अध्ययन

डॉ. धीरेंद्र वर्मा गंभीर भाषावैज्ञानिक तो थे ही, भाषाविज्ञान को एक विषय के रूप में और हिंदी के पाठ्यक्रम में पर्चों के रूप में सामने लाकर विश्वविद्यालयों में भाषाविज्ञान के अध्ययन, अध्यापन और शोध की दिशा देने वालों में भी अग्रणी थे। हिंदी के प्रसिद्ध साहित्यकारों, आलोचकों और इतिहासकारों के जीवन के बारे में हमें प्रचुर सामग्री मिलती है पर हिंदी भाषाविज्ञान के क्षेत्र में काम करने वालों के जीवन को हम नहीं जान पाते हैं, न जानना चाहते हैं। धीरेंद्र वर्मा के जीवन पर यहाँ मैं कुछ बताना चाहूँगा। यह सामग्री भी मुझे बड़ी कठिनाई से और दर-दर से जुटा कर मिल सकी है।

वर्मा जी का जन्म 17 मई, 1897 को बरेली शहर में हुआ था। इनके पिता खान चंद्र ओवरसियर थे। वे कर्मठ और सक्रिय आर्यसमाजी थे। भाषा, साहित्य और संस्कृति के विषय में मनन-चिंतन की प्रेरणा इन्हें अपने पिता से ही मिली। उस समय भाषा, साहित्य और संस्कृति को पुनः परिभाषित करने में आर्य समाज ने पुरोधा की भूमिका निभाई थी। पिता इन्हें शिक्षा के लिए गुरुकुल काँगड़ी भेजना चाहते थे। दादी और माँ तैयार नहीं हुईं। डी.ए.वी. कॉलेज देहरादून में 1908 में प्रवेश हुआ। दादी और माँ साथ रहीं। एक ही साल बाद लखनऊ आ गए पिता के पास, सभी। क्वींस एंग्लो हाई स्कूल में नाम लिखाया गया। यहाँ इनकी मेधाशक्ति परवान चढ़ी। 1914 में म्योर सेंट्रल कॉलेज में प्रवेश लिया। निवास था हिंदू बोर्डिंग हाऊस, मालवीय जी के इस छात्रावास की उन दिनों बड़ी प्रतिष्ठा थी। छात्रावास में साथ मिला–आचार्य नरेन्द्र देव, परशुराम चतुर्वेदी, सुमित्रानंदन पंत और बाबूराम सक्सेना का। अब तक की सभी परीक्षाएँ वर्मा जी ने प्रथम श्रेणी में विशेष योग्यता के साथ पास कीं। 1921 में एम.ए. संस्कृत से किया और ब्रजभाषा के विकास पर शोध कार्य किया, डॉ. प्रसन्न कुमार आचार्य के निर्देशन में।

1924 में इलाहाबाद विश्वविद्यालय में हिंदी विभाग खुला। वाइस चांसलर

डॉ. गंगानाथ झा के अनुरोध पर डॉ. वर्मा हिंदी के पहले प्रवक्ता नियुक्त हुए। हिंदी विभाग के वे पहले अध्यक्ष भी बने। इनकी अध्यक्षता में इलाहाबाद विश्वविद्यालय के हिंदी विभाग ने प्रगति की राह पकड़ी। भाषा और साहित्य का संतुलन रखते हुए उन्होंने एम.ए. हिंदी के पाठ्यक्रम बनवाए। एम.ए. में आनुषंगिक और वैकल्पिक विषयों को भी स्थान दिया गया। शोधकार्य (जिसकी दिशा ही उस समय तक तय न थी) को हिंदी भाषा, साहित्य तथा संस्कृति (भाषा और साहित्य के संदर्भ में) से जोड़ कर वर्मा जी ने व्यवस्थित और वैज्ञानिक स्वरूप दिया जिसे बाद में सभी विश्वविद्यालयों के हिंदी विभागों ने अपनाया। यह माना जाता है कि हिंदी समीक्षा के क्षेत्र में जो कार्य आचार्य शुक्ल ने किया, हिंदी शोध के क्षेत्र में वैसा ही कार्य डॉ. धीरेन्द्र वर्मा ने किया। भाषा और साहित्य को उन्होंने सदैव सांस्कृतिक पृष्ठभूमि के व्यापक परिवेश में ही ग्रहण किया अतः शोध की जो दिशा उन्होंने तय की उसकी परिधि अत्यंत व्यापक है। तुलनात्मक शोध की आधारशिला भी वर्मा जी ने ही रखी—भाषा और साहित्य दोनों का तुलनात्मक अध्ययन। भाषाविज्ञान, भाषा का इतिहास इनके प्रिय विषय थे। 1933 में उन्होंने हिंदी भाषा का प्रथम वैज्ञानिक और महत्वपूर्ण इतिहास लिखा। आज भी इस इतिहास की मान्यता असंदिग्ध बनी हुई है।

1934 में डॉ. वर्मा भाषाविज्ञान में उच्च अध्ययन के लिए पेरिस गए। प्रसिद्ध भाषाविज्ञानी ज्यूल ब्लाख के निर्देशन में पेरिस विश्वविद्यालय से डी.लिट्. की उपाधि प्राप्त की और 1935 में स्वदेश लौटे। 1946 में प्रोफ़ेसर बने और 1959 में अवकाश ग्रहण किया। बिहार राष्ट्रभाषा परिषद् में 'मध्यदेश की संस्कृति' पर इनका व्याख्यान—चर्चित रहा जो 1955 में परिषद् द्वारा प्रकाशित हुआ। हिंदुस्तानी अकादमी की स्थापना के समय (1927) से ही डॉ. वर्मा इसके सदस्य रहे, बाद में इसके मंत्री भी बने। अकादमी के गवेषणात्मक कार्यों को उन्होंने ऊँचाई प्रदान की। डॉ. धीरेन्द्र वर्मा ने महत्वाकांक्षा से अधिक महत्व कार्य को दिया। उनके विचारों और सिद्धांतों में नवीनता भी है, निर्भीकता भी और दृढ़ता भी। उनकी पुस्तकें और लेख गंभीर वैचारिकता, तथ्यों और आँकड़ों से पुष्ट हैं; आइए कुछ से परिचित हों—

1. हिंदी भाषा का इतिहास : अपने समय तक की आधुनिक भारतीय भाषाओं पर खोजपूर्ण अनुशीलन इसमें है। यह हिंदी भाषा का वैज्ञानिक इतिहास है। हिंदुस्तानी अकादमी द्वारा 1933 में प्रकाशित।

2. ला लांग ब्रज : फ्रेंच भाषा में ब्रजभाषा पर शोध प्रबंध जिस पर डॉ. वर्मा को पेरिस विश्वविद्यालय से डी.लिट्. की उपाधि प्राप्त हुई—1935 में।

3. हिंदी भाषा और लिपि : 'हिंदी भाषा का इतिहास' की भूमिका का पुस्तकाकार रूप जिसे हिंदुस्तानी अकादमी ने 1935 में प्रकाशित किया। यह भूमिका

अत्यंत सघन है। एक ओर इसमें वर्तमान आर्य भाषाओं की गणना है, उनके उद्भव, विकास और सह संबंधों पर टिप्पणी है तो दूसरी ओर हिंदी शब्द की व्याख्या भी इसमें समाहित है और उसका क्षेत्र निर्धारण भी। वर्मा जी के शब्दों में 'इसका (हिंदी शब्द का) व्यवहार उत्तर-भारत के मध्य देश के हिंदुओं की वर्तमान साहित्यिक भाषा के अर्थ में मुख्यतया तथा साथ ही इसी भूमि-भाग की बोलियों और उनसे संबंध रखने वाले प्राचीन साहित्यिक रूपों के अर्थ में साधारणतया होता है।' इस भूमि-भाग की सीमाएँ उन्होंने इस तरह निर्धारित की हैं—'पश्चिम में जैसलमेर, उत्तर-पश्चिम में अंबाला, उत्तर में शिमला से लेकर नेपाल के पूर्वी छोर तक, पूर्व में भागलपुर, दक्षिण-पूर्व में रायपुर तथा दक्षिण-पश्चिम में खंडवा तक।' उत्तर प्रदेश में उन्होंने पाँच बोलियों की क्षेत्रवार गणना की। मेरठ-बिजनौर की खड़ी बोली, मथुरा-आगरा की ब्रजभाषा, लखनऊ-फैजाबाद की अवधी, बनारस-गोरखपुर की भोजपुरी तथा पहाड़ी प्रदेश की गढ़वाली-कुमायूनी। डॉ. वर्मा ने कनौजी को स्वतंत्र बोली नहीं माना, उसे पूर्वी ब्रजभाषा माना। देवनागरी लिपि के गुण-दोषों पर भी इसमें चर्चा है। सबसे खास बात है और जो उस समय प्रचलित शुद्धतावादी भाषा दृष्टिकोण से नितांत भिन्न है; हिंदी में विदेशी शब्दों की स्वीकार्यता को डॉ. वर्मा ने भाषा विकास के लिए अनिवार्य ठहराया उनका मानना था कि—'संपर्क में आने पर भी आवश्यक विदेशी शब्दों को अछूत-सा मानकर न अपनाना अस्वाभाविक है। अपनी भाषा के ध्वनि-समूह के आधार पर विदेशी शब्दों के रूप में परिवर्तन करके उन्हें आवश्यकतानुसार सदा मिलाते रहना चाहिए। इस प्रकार शुद्ध करके लिए गए विदेशी शब्द जीवित भाषाओं के शब्द-भंडार को बढ़ाने में सहायक ही होते हैं।'

4. ब्रजभाषा व्याकरण : 1937 में प्रकाशित यह पुस्तक हिंदी की किसी बोली का व्यवस्थित संरचनात्मक विवरण देने वाली पहली पुस्तक है। बोलीविज्ञान (डॉयलेक्टोलॉजी) का जब कहीं अता-पता भी नहीं था तब डॉ. वर्मा ने यह महत्वपूर्ण कार्य किया जो आगे चल कर हिंदी की अन्य बोलियों का व्याकरण लिखने वालों के लिए आदर्श और मॉडल बना। डॉ. वर्मा ने यह स्पष्ट किया है कि प्रारंभ में 'ब्रज' शब्द मथुरा के चारों ओर के प्रदेश के अर्थ में मिलता है—ब्रज-क्षेत्र। इस क्षेत्र की भाषा के अर्थ में यह शब्द भिखारीदास कृत 'काव्यनिर्णय' (संवत् 1803) में पहली बार आया—'भाषा ब्रजभाषा रुचिर'। उन्होंने पहली बार यह भी बताया कि प्राचीन हिंदी कवियों ने साहित्यिक देश भाषा (ब्रज, अवधी आदि) के लिए केवल 'भाषा' शब्द का प्रयोग किया जैसे 'का भाषा का संस्कृत प्रेम चाहिए साँच!' इसी भाषा नाम के कारण उर्दू लेखक ब्रजभाषा को 'भाखा' कहकर पुकारते थे। काव्य की भाषा होने के कारण राजस्थान में ब्रजभाषा 'पिंगल' कहलाई। ब्रजभाषा की उत्पत्ति का संबंध भी शौरसेनी अपभ्रंश से है। शूरसेन ब्रज-प्रदेश का ही प्राचीन नाम था। ब्रजभाषा के समान एक समय शौरसेन प्राकृत भी लगभग समस्त उत्तर

भारत की साहित्यिक भाषा रही है अतः ब्रजभाषा का स्थान भारतीय भाषाओं में सर्वोपरि मानना पड़ेगा। ब्रजभाषा के विवरण के साथ डॉ. वर्मा ने इतिहास, धार्मिक आंदोलन, भाषा-भूगोल, जनाकांक्षा आदि की चर्चा करके 'बोली अध्ययन' का एक सहज मार्ग प्रशस्त किया। अष्टछाप (1937), सूरसागर-सार(1954) जैसी पुस्तकों तथा 'सूरदास और भागवत' (1934), 'अवध के जिलों के नाम' जैसे लेखों में भी उन्होंने बोली के भाषावैज्ञानिक अध्ययन के गहरे सूत्र दिए हैं। साहित्य, भाषा और संस्कृति को एकजुट करके शोध और अध्ययन को किस तरह उत्तम दिशा दी जा सकती है यह इन पुस्तकों, इनकी भूमिकाओं और लेखों के शब्द-शब्द में व्यक्त है।

5. मध्यदेश : यह पुस्तक 1955 में प्रकाशित हुई। हिंदी भाषी क्षेत्र को ही डॉ. वर्मा ने 'मध्यदेश' कहा और भारतीय सांस्कृतिक चेतना के प्रसार में इसकी अहमियत सिद्ध की। डॉ. रामविलास शर्मा आदि अनेक चिंतकों को डॉ. धीरेंद्र वर्मा की इस स्थापना से ही सूत्र मिले। डॉ. वर्मा ने मध्यदेश को भारतीय आर्य-संस्कृति का अत्यंत प्राचीन केंद्र सिद्ध करते हुए यह स्थापना भी दी कि मनु सूर्यवंश के तथा पुरुरवा चंद्रवंश के स्थापक माने जाते हैं जिनकी राजधानियाँ क्रमशः अयोध्या और प्रयाग थीं। अतः यह मानना गलत न होगा कि अयोध्या और प्रयाग मध्यदेश की सांस्कृतिक चेतना का केंद्रबिंदु हैं और यहीं से आर्यराज्य समस्त आर्यावर्त और भारतवर्ष में फैले। डॉ. वर्मा के अनुसार प्राचीन मध्यदेश अनेक जनपदों में बँटा था जिनका अस्तित्व आज भी है जिसे हिंदी की प्रधान बोलियों की सीमाओं के रूप में स्पष्टतया देखा जा सकता है। उन्होंने यह भी संकेत किया कि बोली के अतिरिक्त प्रादेशिक जातियों, रस्म-रिवाज, रहन-सहन, खान-पान आदि में भी ये विशेषताएँ दिखाई देती हैं, इनका अध्ययन अभी नहीं हुआ है। इस प्रकार डॉ.वर्मा ने मध्यदेश को वैदिक, पौराणिक और ऐतिहासिक साक्ष्यों के आधार पर पुनः परिभाषित तो किया ही इसकी समाज-सांस्कृतिक अतुलनीयता को भी रेखांकित किया। उन्हीं के शब्दों में 'भारतवर्ष में मध्यदेश अर्थात् वर्तमान हिंदी प्रदेश एक ऐसी इकाई है जिसका देश के इतिहास में असाधारण महत्व है और जिसका अपना विशेष व्यक्तित्व है। यदि भारतवर्ष के बंगाल, गुजरात, असम, महाराष्ट्र, आंध्र, तमिलनाडु आदि प्रदेशों का पृथक् अध्ययन उचित है तो भारतवर्ष के हृदय मध्यदेश के इतिहास और संस्कृति के अध्ययन से संबंधित यह प्रथम प्रयास अनुचित नहीं समझा जाना चाहिए।'

डॉ. धीरेंद्र वर्मा की अन्य विचारवान पुस्तकें हैं–ग्रामीण हिंदी (1957), हिंदी-राष्ट्र और विचारधारा (1959)। संसार की भाषाएँ और उनमें हिंदी का स्थान, हिंदी में नई ध्वनियाँ और उनके लिए नए चिह्न, हिंदी वर्णों का प्रयोग, भारतीय विश्वविद्यालयों में प्रांतीय भाषाओं को शिक्षा का माध्यम बनाने की समस्या पर कुछ विचार, वैज्ञानिक शब्दकोश, मध्यदेश की साहित्यिक भाषा, हिंदी भाषा संबंधी

अशुद्धियाँ, संयुक्त प्रांत में हिंदू पुरुषों के नाम, यूरोप में भारतीय भाषाओं की शिक्षा, जैसे उनके कुछ स्तरीय शोध-लेख हैं। ये लेख सन् 1933-1939 के दौरान लिखे गए हैं अतः इनकी तत्कालीन अद्यनता को समझा जा सकता है। भाषा व्याकरण, समाज भाषाविज्ञान, भाषाशिक्षण, कोश विज्ञान से ये लेख संबद्ध हैं। आइए, उनकी उक्त पुस्तकों में व्यक्त थोड़े से विचारों पर दृष्टिपात करें।

- प्राचीन मध्यदेश में आठ मुख्य बोलियों के समुदाय को भाषाशास्त्र की दृष्टि से हिंदी के नाम से पुकारा जाता था।
- मुसलमानी प्रभाव के निकटतम होने के कारण 'ग्रामीण खड़ी बोली' में अरबी-फारसी के शब्द आए किंतु ये प्रायः अर्धतत्सम अथवा तद्भव रूपों में प्रयुक्त किए जाते हैं।
- राष्ट्रीय एकता का अर्थ है--देश संबंधी एकता, हानि-लाभ की एकता, धर्म की एकता, भाषा की एकता, वर्ग की एकता और इस एकता का अभिमान।
- भाषा की एकता राष्ट्र के व्यक्तित्व का सबसे बड़ा चिह्न है क्योंकि राष्ट्र का प्रत्येक कार्य भाषा के द्वारा चलता है।
- राष्ट्र की भाषा वही है जिसे अमीर-गरीब, स्त्री-पुरुष, पढ़े-बेपढ़े, शहर वाले या गाँव वाले समझते हों।
- हिंदी भाषियों की भी एक पृथक् संस्कृति है।
- वैदिक साहित्य का हिंदी साहित्य पर कुछ भी प्रभाव नहीं है, पौराणिक साहित्य का जबरदस्त प्रभाव है।
- मध्यदेश आर्य संस्कृति का मूल प्रदेश है।
- हिंदी भाषा और उसके प्रादेशिक उपरूप तथा बोलियाँ और इनमें लिखा साहित्य हम हिंदी भाषियों की अपनी विशेष निधि है।
- भारत की अन्य भाषाएँ और साहित्य आर्यावर्त के इस मध्यदेश की मूल संस्कृति की ही शाखा-प्रशाखाएँ हैं।
- समस्त भारतवर्ष एक बृहत् सम्मिलित परिवार है। हमारे चतुर विदेशी शासक हमारी विभिन्नता पर बल देते रहे और देश में जो समानताएँ थीं, उनकी निरंतर उपेक्षा करते रहे।
- अफसोस है कि हमने अपने गौरवपूर्ण अतीत की जीवित स्मृति (भाषा, साहित्य, संस्कृति) को अपने हृदयों से मिटा दिया है और यदि कभी याद भी करते हैं तो उसमें अपनापन अनुभव नहीं कर पाते हैं।
- भारत की शिक्षा में देश की समानताओं पर विशेष बल दिया जाना चाहिए। ऐसा करने से ही 'एक भारत' की भावना, जो स्वप्न नहीं वास्तविकता है, साकार हो सकेगी।

(ii) डॉ. रामविलास शर्मा : ऐतिहासिक भाषाविज्ञान और समाज भाषाविज्ञान का अद्‌भुत समन्वय

डॉ. रामविलास शर्मा आलोचक और साहित्येतिहास रचयिता के रूप में ही जाने जाते हैं। वे भाषा-दार्शनिक भी थे। 'भाषा' और 'भाषाविज्ञान' उनका प्रिय विषय था। उन्होंने भाषाविज्ञान को अपने अध्ययन का विशेष क्षेत्र बनाया। उनके भाषावैज्ञानिक चिंतन पर अत्यल्प विचार किया गया है। भारत के तथाकथित भाषावैज्ञानिक तो संभवतः उनके नाम से भी परिचित न हों। जो परिचित हैं वे भी उन्हें भाषाविज्ञानी नहीं मानते क्योंकि इन सबने 'भाषावैज्ञानिक' की कुछ और ही परिभाषा गढ़ रखी है। इसे भाषावैज्ञानिकों की अल्पमति या मूढ़ता ही मानना चाहिए। यह दुःखद तथ्य इस ओर भी संकेत करता है कि 'साहित्य के खेमे' से भाषाविज्ञान के लोग दूर-दूर ही रहते हैं और हिंदी में लिखे 'भाषाविज्ञान' को वे हेय समझते हैं। वैसे तो उनकी अधिकांश पुस्तकों में भाषा का प्रश्न प्रत्यक्ष या परोक्ष ढंग से उठा है पर 'भाषा और समाज' (1961), 'भारत की भाषा समस्या' (1965) तथा 'भारत के प्राचीन भाषा परिवार और हिंदी' (तीन खंड : 1979-1981) सीधे भाषाविज्ञान और हिंदी भाषा से जुड़े हुए ग्रंथ हैं। उनके कई लेख भी मूलतः भाषावैज्ञानिक प्रकृति के हैं।

'भाषाओं की रचना पढ़े-लिखे लोगों द्वारा नहीं, बल्कि लोगों द्वारा, और सिर्फ सोचने-विचारने वाले लोगों द्वारा नहीं बल्कि सभी तरह के लोगों द्वारा की जाती हैं--प्रसिद्ध रूसी भाषा-चिंतक सुमारोकोव के इस कथन की अनुगूँज रामविलास शर्मा के भाषा-विचारों में निरंतर सुनाई देती है। इसीलिए उन्होंने भाषा को मानव-संसर्ग का एक अत्यंत महत्वपूर्ण साधन माना। उनका रुझान भाषा-इतिहास-लेखन की ओर अधिक था पर वे यह मान कर चले कि 'भाषा इतिहास में निर्मित और समाज में निर्धारित होती है।' यही कारण है कि उनके भाषा-चिंतन में ऐतिहासिक भाषाविज्ञान और समाज भाषाविज्ञान का अद्‌भुत समन्वय दिखाई पड़ता है जो अन्यत्र कहीं दुर्लभ है। भाषा-समाज को उन्होंने 'जातीय समुदाय' के रूप में देखा और यह प्रतिपादित किया कि जातीय समुदाय बनने में ऐतिहासिक प्रक्रिया के साथ-साथ समाज भाषिक प्रक्रिया भी चलती रहती है। इन्हीं दोनों प्रक्रियाओं के मेल से 'जातीय भाषा' का निर्माण होता है। और यह जरूरी माना कि जातीय भाषा के बनने की प्रक्रिया को समझने के लिए यह ध्यान में रखना जरूरी है कि भाषा और समाज के अंतःसंबंध में दो (भाषा, समाज) नहीं, तीन तत्व विद्यमान होते हैं भाषा, समाज और संसर्ग।

उनकी पुस्तक 'भाषा और समाज' (1961) जब आई तब तक भारत में समाज भाषावैज्ञानिक अध्ययन का पदार्पण भी नहीं हुआ था। उस समय भाषा के

समाज-सांस्कृतिक पक्ष को केंद्र में रखकर पूरी पुस्तक लिखने की बात कोई सोच भी नहीं सकता था। यह भी कम अचरज की बात नहीं कि समाज भाषाविज्ञान में 'भाषा विकास' की संकल्पना काफी बाद में आई। उन्होंने भाषाविकास के पहलू (आसपेक्ट्स) भी निर्धारित किए—(1) संसर्ग द्वारा भाषा विकास, (2) साहित्यिक मानक के निर्माण द्वारा भाषा विकास, (3) बोलचाल के रूपों तथा बोलियों से मानक का सह-संबंध, (4) भाषा रूपों की सामाजिक संबद्धता तथा (5) भाषा बोली (स्पीच) भेद। कहने की आवश्यकता नहीं कि संपर्क, मानकीकरण, भाषा-अवमिश्रण, प्रयुक्ति तथा क्षेत्रीय सामाजिक शैली पर जो विचार पाश्चात्य समाज भाषाविज्ञान में दिखाई देते हैं उनका आभास रामविलास जी के इस चिंतन में हमें मिल जाता है। इसे उनकी सजग भाषावैज्ञानिक दृष्टि मानने में हमें कोई संकोच नहीं।

इसी पुस्तक में उन्होंने भाषा-गठन की स्वाभाविक प्रक्रिया पर जो विचार व्यक्त किया है कि 'बोली के आधार पर परिनिष्ठित भाषा का विकास होता है, परिनिष्ठित भाषा से बोलियाँ उत्पन्न नहीं होतीं' यही अपनी पूरी वैज्ञानिकता के साथ भाषा-बोली चर्चा, मानक भाषा और मानकीकरण की प्रक्रिया से संबद्ध विचारों में खुलता दिखाई देता है। भाषा-अध्ययन की अमूर्तता तथा वर्णनात्मक भाषाविज्ञान की सीमाओं पर की गई उनकी टिप्पणी भी उनकी व्यापक भाषाई दृष्टि का परिचायक है—'वर्णनात्मक भाषाविज्ञान के विदेशी आचार्यों की तुलना में उनके भारतीय शिष्यों ने भाषा तत्व को और भी समाज निरपेक्ष बना दिया है। सामाजिक विकास के संदर्भ में भी भाषा का अध्ययन किया जा सकता है, यह बात सुनते ही वे ऐसे चौंक उठते हैं, जैसे विप्रवर के चौके में शूद्र घुस आया हो।' उनकी अध्ययनशीलता और भाषाविज्ञान से उनके लगाव का ही परिणाम था कि 'समाज और भाषा' के दूसरे संस्करण (1977) की भूमिका में उन्होंने चॉम्स्की, ब्लूमफ़ील्ड, गंपर्ज़, फिशमैन आदि के विचारों की भी गहरी पड़ताल की। सातवें दशक के पूर्वार्द्ध में समाज भाषिकी पर पर्याप्त चिंतन आ चुका था। चॉम्स्की के विषय में उन्होंने अपना मत दिया, जो एकदम सटीक है कि 'उनका और उनके अनुयायियों का वाक्य-विन्यास पर बहुत अच्छा काम है पर उनकी विचारधारा में समरूपता पर ही जोर है, पृथकता या विषमरूपता पर नहीं। इसमें सामाजिक पक्ष की उपेक्षा भी है।'

गंपर्ज और फिशमैन के हवाले से उन्होंने यह घोषित किया कि 'जब सामान्यतः भाषाविज्ञान यह स्वीकार कर लेगा कि सामाजिक संदर्भों के बिना भाषा का विश्लेषण संभव नहीं है, तब भाषाविज्ञान शब्द से ही काम चल जाएगा, लिंग्विस्टिक्स में अलग से सोशियो जोड़ने की आवश्यकता नहीं रहेगी।' उनके इस निष्कर्ष की तुलना लेबॉव के उस कथन से भी की जा सकती है कि (समाज) भाषाविज्ञान ही वास्तविक भाषाविज्ञान है।

डॉ. रामविलास शर्मा की दूसरी महत्वपूर्ण पुस्तक है—'भारत के प्राचीन भाषा

परिवार और हिंदी' जिसके बारे में उन्होंने लिखा है कि 'भाषा और समाज में जो काम बीज रूप में था, उसे मैंने आगे बढ़ाया। उस पुस्तक में जिन सिद्धांतों का प्रतिपादन है, उनका यहाँ संवर्धन और विस्तार है। उनमें कहीं मौलिक परिवर्तन करना आवश्यक प्रतीत नहीं हुआ।' डॉ. शर्मा के इस कार्य की सराहना करते हुए डॉ. नामवर सिंह ने लिखा है कि 'लगभग तेरह सौ पृष्ठों के इस ग्रंथ में भाषावैज्ञानिक तर्क और तथ्य भरे पड़े हैं। सिर्फ भाषिक तथ्यों की दृष्टि से यह ग्रंथ भारत के समस्त भाषा परिवारों का अभूतपूर्व विश्वकोश है। जो कार्य भारत के इतने सारे सुविधा संपन्न भाषाविज्ञान विभाग मिलकर भी नहीं कर पाए, उसे डॉ. शर्मा ने तनहा अपने बूते पर संपन्न कर दिखाया।' यह पुस्तक उनके 'भाषा वैज्ञानिक' के चरम उत्थान का परिचायक है। इस पुस्तक के प्रारूप में इन चार पक्षों पर विस्तार, प्रमाण और भाषा-सामग्री के उदाहरणों के साथ विचार किया गया है।

1. मानक हिंदी के साथ हिंदी प्रदेश की जनपदीय भाषाओं पर विचार।
2. भारतीय पृष्ठभूमि में इंडो-यूरोपियन परिवार के संरचना-तंत्र का विवेचन।
3. नाग-द्रविड़ कोल परिवार के संरचना-तंत्र का विवेचन।
4. भारतीय व्याकरण परंपरा पर दृष्टिपात।

'हिंदी जातीयता' रामविलास जी की सुविचारित संकल्पना है। हिंदी क्षेत्र के इतिहास, भूगोल, अर्थशास्त्र तथा उसकी अखिल भारतीय व्याप्ति के संदर्भ में यह प्रश्न वे पहले भी उठाते रहे हैं—'प्रेमचंद और भाषा समस्या' (1952), 'निराला की साहित्य साधना (द्वितीय खंड), 'महावीर प्रसाद द्विवेदी और पुनर्जागरण' में तथा 'भारत की भाषा समस्या' (1965) में भी उन्होंने अपनी इस संकल्पना को व्यक्त किया है। प्रेमचंद के इन शब्दों में उनकी प्रबल आस्था थी—'राष्ट्र की बुनियाद राष्ट्र की भाषा है। नदी, पहाड़ और समुद्र राष्ट्र नहीं बनाते। भाषा ही वह बंधन है, जो चिरकाल तक राष्ट्र को एक सूत्र में बाँधे रहता है और उसका शीराजा (संरचना) बिखरने नहीं देता।' और इतना ही विश्वास उन्हें आचार्य रामचंद्र शुक्ल की इस बात पर भी था कि 'भाषा ही किसी जाति की सभ्यता को सबसे अलग झलकाती है, यही उसके हृदय के भीतर के कलपुर्जों का पता देती है। किसी जाति को अशक्त करने का सहज उपाय उसकी भाषा को नष्ट करना है।' डॉ. रामविलास शर्मा हिंदी को भारत की जातीय भाषा सिद्ध करते हैं। उनकी यह अपील है कि भारत राष्ट्र के निर्माण में, भारतीय संस्कृति के विकास में हिंदी प्रदेश की निर्णायक भूमिका हमें स्वीकार करनी चाहिए। विशाल हिंदी प्रदेश भिन्न प्रांतों के बीच स्थित है जो इन सबको जोड़ने वाला है। डॉ. शर्मा ने वेद, उपनिषद, अर्थशास्त्र की रचना भूमि, महाभारत, रामायण की काव्य भूमि, बौद्ध-धर्म प्रवर्तन की भूमि, कालिदास-भवभूति की भूमि के रूप में हिंदी क्षेत्र की गरिमा को देखते हुए यह कहा है कि अंग्रेज़ों ने हिंदी जाति की इस शक्ति को पहचाना और इसे कमजोर करने के लिए जातीयता

के सबसे बड़े घटक भाषा को बाँटने का सफल प्रयत्न किया।

डॉ. शर्मा ने इसीलिए ग्रियर्सन की 'बिहारी भाषा' की कल्पना, हिंदी-उर्दू भेद, भाषा-बोली विवाद पर खुल कर अपनी बातें कही हैं। वे सभी हिंदी भाषी राज्यों को एकीकृत करने का भी पक्ष लेते हैं। उन्हीं के शब्दों में–'हिंदी जाति देश की सबसे बड़ी जाति है। वह कई प्रांतों में बाँट दी गई है। शासकों ने इस कौम की दो भाषाएँ बता कर एक ऐसे झूठ को सच के रूप में प्रतिष्ठित कर दिया है जिसकी मिसाल दुनिया में कहीं और नहीं मिलेगी। इनकी भाषाओं को मजहब से जोड़ दिया गया है। खेद है कि भारत के बुद्धिजीवी भी शासक वर्ग की इस साजिश का भंडाफोड़ तो नहीं करते, हाँ हिंदी जाति के पिछड़ेपन की खिल्ली जरूर उड़ाते हैं। खिल्ली उड़ाने वालों में हिंदी के भी गुलाम मानसिकता वाले बुद्धिजीवी हैं।' डॉ. शर्मा हिंदुस्तानी को एक कौम मानते हैं जिसकी सीमा बिहार से मध्य प्रदेश तक फैली हुई है। इसकी एक सामान्य भाषा है। जो हमारे बोली के क्षेत्र हैं, ये स्वतंत्र जातियों के क्षेत्र नहीं हैं, इस तरह के निष्कर्षों से उन्होंने हिंदी क्षेत्र, जिसे 'काऊबेल्ट' कह कर उपेक्षा की जाती रही है, को गरिमा-गौरव मंडित किया। इस पुस्तक में वैसे तो कई बातें उठाई गई हैं पर कुछ बातें भाषावैज्ञानिक यथार्थ की दृष्टि से अत्यंत महत्व की हैं जिनसे भारत का भाषाई यथार्थ भी स्फटिक की तरह निर्भ्रांत होकर उपस्थित होता है।

- यहाँ के चारों भाषा परिवार आपस में जुड़े हुए हैं।
- हिंदी क्षेत्र की जो भाषा है (हिंदी) उसका विकास उस तरह नहीं हुआ है जैसा कि बताया जाता रहा है। संस्कृत से पालि, पालि से प्राकृत, प्राकृत से अपभ्रंश, अपभ्रंश से आधुनिक भाषाएँ।
- भारतीय भाषा परिवार जितने अलग दिखाई देते हैं, उतने अलग हैं नहीं।
- भारत बहुजातीय राष्ट्र है, और यही उसकी अस्मिता है।
- हिंदी भाषी राज्यों को मिलाकर एक जातीय प्रदेश का निर्माण करना चाहिए।
- प्रारंभिक शिक्षा से लेकर उच्चतम शिक्षा तक शिक्षा का माध्यम जातीय भाषा होनी चाहिए।
- उर्दू-हिंदी की समस्या हल किए बिना हिंदी जगत का स्वछंद सांस्कृतिक विकास नहीं हो सकता और इस स्थिति का प्रभाव सारे देश पर होगा।
- अंग्रेज़ी की जगह हिंदी ही अंतरप्रादेशिक भाषा हो सकती है।
- हिंदी-उर्दू लेखकों को मिलकर हिंदी-उर्दू समस्या पर विचार करना चाहिए।
- पुराने मुसलमान कवियों ने जो हिंदी लिखी है उस भाषाई विरासत को पुनर्जीवित करना चाहिए।

डॉ. शर्मा ने भाषा का समाज-सांस्कृतिक और ऐतिहासिक विवेचन करके

उपरोक्त तथ्य सामने रखे। उनके मतानुसार भाषाविज्ञान अपने व्यापक अर्थ में सांस्कृतिक इतिहास का ही अविभाज्य और महत्वपूर्ण अंग है। राष्ट्रीय अस्मिता की पहचान के लिए इसका (भाषाविज्ञान) अध्ययन आवश्यक है। अंत में उपरोक्त सारी चर्चाओं का निचोड़ उनका सारगर्भित वक्तव्य–'बहुत से लोग सांस्कृतिक इतिहास को भाषाविज्ञान से अलग करके देखते हैं भाषाओं के इतिहास को उन्हें बोलने वालों के इतिहास से अलग करके देखते हैं किंतु भाषाओं के इतिहास को उन्हें बोलने वालों के इतिहास से पूरी तरह अलग करना असंभव है। भाषा मनुष्य की महत्वपूर्ण अर्जित संपत्ति है। हमारे पूर्वजों ने किस तरह की भाषा-संपत्ति अर्जित की, इसकी जानकारी राष्ट्रीय अस्मिता की पहचान के लिए जरूरी है। यह भाषा निधि न केवल हमारे लिए गौरव की वस्तु है वरन् उन सभी लोगों के आकर्षक और गौरव की वस्तु होनी चाहिए, जिन्हें मानव संस्कृति में दिलचस्पी है।

(iii) डॉ. देवेन्द्र नाथ शर्मा : आधुनिक और भारतीय भाषा-चिंतन के पारखी

भारत में भी भाषा-चिंतन की धारा निरंतर प्रवहमान रही है। यहाँ हम शुद्ध भाषाविज्ञान के क्षेत्र में अंग्रेज़ी में लिखने वालों की चर्चा नहीं करेंगे और न ही उनकी जिन्होंने हिंदी अथवा भारतीय भाषाओं के व्याकरण लिखे हैं। वहाँ हम उन भाषा-चिंतकों और भाषाविदों के कार्यों को ही देखेंगे जिन्होंने हिंदी में लिखकर भाषा-चिंतन को दिशा दी है और अपने अध्ययन में हिंदी भाषा को केंद में रखा है। हम कुछ ऐसे भाषाविदों से भी मिलेंगे जिन्होंने विचार तो अंग्रेज़ी भाषा में किया है पर जिनकी अध्ययन वस्तु 'हिंदी भाषा' रही है।

सामान्यतः भाषा-चिंतकों को 'आचार्य' कहने की परंपरा हमारे यहाँ नहीं रही है। काव्य शास्त्रियों को तो आचार्य से विभूषित किया जाता है पर पाणिनि, पतंजलि, भर्तृहरि को 'आचार्य' नहीं कहा गया। आधुनिक युग में भी साहित्य-चिंतकों, साहित्य के इतिहासकारों और आलोचकों को 'आचार्य' माना गया–महावीर प्रसाद, रामचंद्र शुक्ल, नलिन विलोचन शर्मा, हजारी प्रसाद द्विवेदी, राममूर्ति त्रिपाठी आदि इस 'आचार्यत्व' से संपन्न हैं, पर आधुनिक युग के भाषा-चिंतकों में डॉ. देवेन्द्र नाथ शर्मा एकमात्र अपवाद हैं जिन्हें 'आचार्य' कहा और माना गया।

एक समय था जब 'भारतीय भाषाविज्ञान' पर शोध करने वाले भाषाविदों को छात्रवृत्ति पर यूरोप के देशों में जाकर काम करने का मौका मिलता था। सिद्धेश्वर वर्मा, सुनीति कुमार चटर्जी, बाबू राम सक्सेना, धीरेन्द्र वर्मा और कई अन्य नाम इस शृंखला में जुड़ते हैं। आचार्य देवेन्द्र नाथ शर्मा भी इसी शृंखला की एक कड़ी थे। वे एक ऐसे भाषाविद् थे जो पाश्चात्य देश में प्रशिक्षित होते हुए भी भारतीय भाषाविज्ञान की अस्मिता से निरंतर जुड़े रहे, उनके 'आचार्यत्व' का यही मूल कारण है। वे यह मानते थे कि 'जो कुछ भी प्राचीन है, वह सभी असमीचीन नहीं है।'

उनका यह दृढ़ मत था और जो उनके गंभीर अध्ययन से पुष्ट हुआ था कि 'भारतीय भाषाविज्ञान का सही संदर्भ उसके भीतर से तथा उसकी अपनी परंपरा से जुड़कर ही ढूँढ़ना होगा।' यह कहना उचित होगा कि भाषाविज्ञान की पाश्चात्य और आधुनिक पद्धतियों की जो दीक्षा उन्हें मिली उससे उनके पैर अपनी धरती से उखड़े नहीं और न ही वे उनसे आतंकित हुए बल्कि इसके विपरीत इस दीक्षा ने भारतीय भाषाशास्त्र के प्रति उनकी आस्था को और भी गहरा दिया। इसकी मूल वजह यह है कि भारतीय भाषा शास्त्र, दर्शन शास्त्र और काव्य शास्त्र पर उनकी गहरी पकड़ थी और भाषा शास्त्रीय अध्ययन में वे तीनों के संतुलित समन्वय के पक्षधर थे। उन्हीं के शब्दों में—'भाषा शास्त्र को न तो दर्शन शास्त्र से अलग कर विकसित किया जा सकता है और न काव्य शास्त्र से काटकर उस पर सार्थक ढंग से चर्चा करना संभव है।' भाषा शास्त्र और काव्य शास्त्र एक-दूसरे के पूरक हैं, यह उनकी दृढ़ मान्यता थी।

डॉ. शर्मा ने अपने गंभीर विवेचन से यह सिद्ध करके दिखाया कि आधुनिक भाषा-चिंतन के मूल तत्व समानांतर रूप में भारतीय भाषा शास्त्र में उपलब्ध हैं। अतः भाषा अध्ययन में 'आधुनिक' और 'परंपरा' को अलगाने की नहीं, इनके तुलनात्मक विवेचन की आवश्यकता है। इस संदर्भ में उनका लेख 'भर्तृहरि और आधुनिक भाषा-चिंतन एक तुलनात्मक अध्ययन' एक अनुकरणीय प्रारूप है।

इस लेख में उन्होंने आधुनिक भाषाविज्ञान के दो पुरोधाओं सस्यूर और चॉम्स्की द्वारा प्रतिपादित सिद्धांतों (जिनकी चर्चा हम पीछे में कर चुके हैं) का साम्य भर्तृहरि के भाषा दर्शन के साथ दिखाया है। सस्यूर द्वारा प्रस्तावित 'लांग' (भाषा व्यवस्था) और 'पारोल' (भाषा व्यवहार) के द्विभाजन को डॉ. शर्मा ने भारतीय परंपरा में प्रचलित भाषा की चार स्थितियों (या रूपों) परा, पश्यंती, मध्यमा और वैखरी से जोड़ कर देखा और यह निष्कर्ष दिया कि 'सस्यूर द्वारा निरूपित 'लांग' मध्यमा ठहरती है और 'परोल' वैखरी, जबकि भारतीय मनीषी दो कोटि और पहले गए—परा और पश्यंती तक।'

चॉम्स्की के 'सहजात' भाषा अर्जन सिद्धांत के समतुल्य अवधारणा भी उन्होंने भर्तृहरि के 'वाक्यप्रदीप' के एक सूत्र (1/121-122) में देखी जिसमें यह कहा गया है कि लोक के समस्त कार्य-कलाप भाषा पर ही निर्भर करते हैं, इस बात का संस्कार बच्चे में पहले से ही मौजूद रहता है। बोलने के लिए पहली बार वागिंद्रिय का संचालन, वायु को ऊपर की ओर ठेलना तथा विभिन्न ध्वनियों के उच्चारण के लिए तत्तत् स्थानों का स्पर्श तब तक संभव नहीं है, जब तक मन में भाषा का संस्कार न हो।'

इस प्रकार की अन्य अनेक तुलनाओं से शर्मा जी ने यह भी जता दिया कि जिन पाश्चात्य सिद्धांतों से लोग भारत में चकित और अभिभूत हैं वे भारतीय

भाषा-चिंतन में सैंकड़ों साल पहले बड़े सहज भाव से चर्चित हो चुके हैं। यह सिर्फ 'अतीत' या 'भारतीय' का गुणगान नहीं था, साक्ष्यों पर आधारित तुलनात्मक विश्लेषण था, जिसे आगे बढ़ाने की अपील वे जीवनपर्यंत भारत के भाषावैज्ञानिकों से करते रहे।

लंदन विश्वविद्यालय के भाषाविज्ञान के प्रोफ़ेसर, यशस्वी भाषाविद् और अपने गुरु फर्थ के आग्रह पर आचार्य देवेन्द्र नाथ शर्मा ने एक पुस्तक भी तैयार की 'भाषाविज्ञान की भूमिका' जिसमें भारतीय और पाश्चात्य भाषा-चिंतन पर सूक्ष्मता और गंभीरता के साथ विचार-विमर्श हुआ है। इस पुस्तक के अनेक संस्करण निकल चुके हैं। इस पुस्तक की भूमिका में पुस्तक-प्रणयन के उद्देश्य को आचार्यवर ने इस प्रकार स्पष्ट किया है—'एक तो भाषाविज्ञान को प्रांजल एवं संश्लिष्ट रूप में प्रस्तुत करना, दूसरा भाषाविज्ञान के क्षेत्र में भारत की उपलब्धियों को यथासंभव उभार कर रखना।'

प्रो. शर्मा वास्तविक अर्थ में आचार्य थे। अपने पैशन के द्वारा उन्होंने भारतीय भाषा-चिंतन को आधुनिक संदर्भ भी दिए और भारतीय भाषा-चिंतन धारा की अस्मिता को उजागर करके विश्व में उसका मान बढ़ाया।

(iv) पंडित विद्यानिवास मिश्र : भारतीय भाषाविज्ञान को आधुनिक संदर्भ में प्रतिष्ठित करने की मेधा

पं. विद्यानिवास मिश्र की पाणिनि पर एक पुस्तक है—द डिस्क्रिप्टिव टेक्नीक ऑफ पाणिनि : 'एन इंट्रोडक्शन' (1966)। इसके पहले भी पाणिनि पर देशी-विदेशी विद्वानों ने बहुत कुछ लिखा था पर इनमें से अधिकांश ने उन्हें सस्यूर, चॉम्स्की, ब्लूमफ़ील्ड, फ़िलमोर जैसे पाश्चात्य भाषा-चिंतकों के विचारों के आलोक में ही देखा-परखा था। पंडित जी ने अपनी इस पुस्तक में पाणिनि को पाणिनि की आँख से देखा है। परंपरा की पहचान के लिए उन्होंने भाषाविज्ञान की तत्कालीन पद्धति का सहारा अवश्य लिया, पर उसमें बह नहीं गए। और यही उनकी खासियत है। वे आधुनिक भाषाविज्ञान में दीक्षित हैं और उसके गंभीर अध्येता भी। इससे भी अधिक प्रशिक्षित वे भारतीय भाषा-चिंतन में हैं। इसका प्रमाण है राजस्थान हिंदी ग्रंथ अकादमी द्वारा प्रकाशित उनके द्वारा संपादित पुस्तक 'भारतीय भाषाशास्त्रीय चिंतन' (1978), जिसका पहला लेख उन्हीं का है—'भारतीय भाषा दर्शन की भूमिका' और इस लेख का प्रारंभिक वाक्य है—'भारतीय चिंतन मूलतः वाक्केंद्रित हैं।' आगे वे कहते हैं कि हमारे यहाँ पूरी सृष्टि ही 'देवस्य काव्यम्' के रूप में देखी गई। ऋग्वेद से ही वाग्व्यापार को सृष्टि के पर्याय के रूप में देखा गया और वाक् के तीन स्तरों के रूप में दचुलोक, अंतरिक्ष और पृथ्वी की कल्पना की गई। 'वाक्' की सामान्य भाषिक चिंतन की प्राक्कल्पना को मिश्र जी ने भारतीय चिंतन से

जोड़कर उदात्त रूप दे दिया। उन्होंने यह भी कहा है कि इस प्रेरिका शक्ति के रूप में वाक् को देखने के कारण ही हमारे यहाँ वाक् की परिशुद्धता पर बल दिया गया, क्योंकि परिशुद्ध वाक् में ही कल्याण का निधान मान्य है।

भारतीय भाषा-चिंतन की मूल अवधारणों को उन्होंने आधुनिक भाषाविज्ञान को उस समय सर्वाधिक चर्चित 'संप्रेषणपरक व्याकरण' के संदर्भ में देखते हुए केंद्रीय हिंदी संस्थान, आगरा में तीन व्याख्यान दिए जो संस्थान द्वारा ही 'संप्रेषण और संप्रेषणात्मक व्याकरण' (1988) पुस्तिका के रूप में प्रकाशित किए गए। इस छोटी-सी पुस्तिका में परंपरा और आधुनिक संदर्भों से संबद्ध भाषाई-चिंतन धाराओं पर उनकी गहरी पकड़ दिखाई देती है। संकेत भाषा, एक ही कथन के लिए भिन्न उक्तियों के प्रयोग, वक्ता-श्रोता संबंध आदि पर चर्चा करते हुए उन्होंने इसे 'वाचिक-सम्मिलन' का नाम दिया है। भारतीय भाषा चिंतन में 'संप्रेषण व्याकरण' के सूत्र तलाशते हुए उन्होंने यह प्रणाणित किया है कि 'वाक्यपदीप' में भर्तृहरि ने भाषा-व्यवहार के त्रिकोण की चर्चा की है–भाषा प्रयोग वाले का ज्ञान, बाह्य अर्थ और भाषा का प्रयोग। पिछली चर्चा में हमने हाइम्स, हैलिडे आदि के चिंतन की जो चर्चा की उनसे यह 'त्रिकोण' तुलनीय है। मिश्र जी ने नागेश भट्ट के 'प्रयोज्य-प्रयोजक' संबंध का उल्लेख करते हुए यह बताया है कि भट्ट के अनुसार 'भाषा-व्यवहार दो वयस्क व्यक्तियों के बीच होता है, उनमें एक प्रयोजक होता है दूसरा प्रयोज्य।' भर्तृहरि ने भी भाषा को प्रयोज्य-प्रयोजक प्रयोग माना है और यह भी कि प्रयोग ही अर्थ का नियामक है अर्थात् जिस रूप में भाषा का, अर्थ का संप्रेषण होता है, वही रूप, वही अर्थ है। 'वाक्यपदीय' के अनेक सूत्रों की व्याख्या करके पंडित जी ने कई ऐसे बिंदु सामने रखे हैं जो पाश्चात्य 'संप्रेषण सिद्धांत' से अद्भुत साम्य रखते हैं, जैसे–

1. भाषिक अर्थ का संदर्भ शब्द और अर्थ से प्राप्त संकेत, संकेतित अर्थ के संदर्भ और संकेतक शब्द के सामंजस्य से आबद्ध होता है।
2. इन तीनों में सामंजस्य रहने से ही संप्रेषण पूरा होता है।
3. अकेले एक वाक्य से संप्रेषण की पूर्णता नहीं होती।
4. प्रकरण अर्थ अर्थात् वक्ता का अभिप्राय और औचित्य, देश, काल और परिस्थिति, ये सभी अर्थ ग्रहण में अपेक्षित होते हैं।
5. व्याकरण न केवल पद का विश्लेषण है, न केवल वाक्य का अपितु यह पूरे वाचिक संदर्भ का विश्लेषण है।

संप्रेषण की परिधियों का जिक्र 'अष्टाध्यायी', मीमांसा, पूर्व मीमांसा, न्याय शास्त्र और साहित्यशास्त्र के कुछ सूत्रों में भी है, इसकी ओर मिश्र जी ने हमारा ध्यान आकर्षित किया है। उदाहरण के लिए पाणिनि के संबंध में उन्होंने यह पाया कि उन्होंने संप्रेषण व्याकरण के कुछ तत्व जगह-जगह निर्दिष्ट किए हैं–वाक्य

समाप्ति के संकेत, वाक्य कोटियों के निर्देश, प्रत्याभिवाद वाक्य (वह वाक्य जिसमें अभिवादन का उत्तर दिया जाता है। सन्मति वाक्य (जहाँ किसी बात का स्वीकारना घोषित होता है), अभ्यादान वाक्य (जिस वाक्य से चर्चा प्रारंभ की जाती है), अनुवेषणा वाक्य (जहाँ श्रोता से यह अपेक्षा होती है कि वह वक्ता के संकेतों को समझे)। इन तत्वों को भाषा-प्रकार्य की हैलिडे की सरणियों से तुलना करें तो आश्चर्य होता है। भारतीय चिंतक यह भी बार-बार व्यक्त करते हैं कि वाक्यार्थ में अकेले वाक्य से काम नहीं चलता, उसके पूर्वापर वाचिक संदर्भों का ध्यान रखना भी आवश्यक होता है क्योंकि कोई संप्रेषण हवा में नहीं होता, वह एक समाज-भाषिक संदर्भ में होता है जिसके लिए भारतीय भाषा-चिंतन में निम्नलिखित बातों को महत्व दिया गया है–

1. वक्ता-श्रोता के बीच में किस प्रकार का संबंध है–ज्येष्ठ-कनिष्ठ, मित्र-मित्र, सम-विषम, नेतृ-नेय, प्रभुता-प्रेम।
2. वक्ता का अभिप्राय और संवेग इच्छा, आशंसा, अमर्थ, प्रहास, कुत्सा, क्रोध, आज्ञा, भर्त्सना।
3. भाषिक व्यवहार की परिस्थिति-परिरसा (हड़बड़ी), प्राप्त काल (अनुकूल अवसर), दुराह्वान, अनवक्लृप्ति (असंभव स्थिति), प्रतिश्रवण, अनुकरण।

और इस प्रकार के विस्तृत विवेचन के बाद पंडित जी ने टिप्पणी की है कि 'जिस समाज ने वाक् और वाचिक व्यवहार को इतना मूल्य दिया कि वाक् को सृष्टि के समकक्ष माना उस समाज के दीर्घकालीन वाक्यपरक चिंतन का समग्र आकलन करके यह देखा जाए, कि इसमें कितना कुछ ऐसा है जो सार्वभौम महत्व का हो सकता है।'

मिश्र जी की सर्वाधिक उत्तेजक पुस्तक 'रीति विज्ञान' (1973) है जिसे उन्होंने 'सर्जनात्मक समीक्षा का नया आयाम' कहा है। इस पुस्तक में उन्होंने पाश्चात्य संकल्पना 'शैली' की तुलना में भारतीय चिंतन की 'रीति' को अधिक संदर्भोचित माना है और इसी आधार पर 'शैलीविज्ञान' के स्थान पर 'रीति विज्ञान' की उपयुक्तता भी सिद्ध की है। यह पुस्तक भारतीय चिंतन को सर्वांगीण तो सिद्ध करती ही है, पाश्चात्य चिंतन को भी उसके गुण-दोषों के साथ देखती चलती है। 'शैली' शब्द 'स्टाइल' के रूप में रूढ़ हो रहा है जबकि भारतीय चिंतन में, साहित्य शास्त्र में 'रीति' और नाट्यशास्त्र में 'वृत्ति' का प्रयोग मिलता है। इस पूरे प्रकरण पर चर्चा के बाद 'स्टाइल : स्टाइल इन लैंग्वेज' और 'लिंग्वो स्टाइलिस्टिक्स' के लिए समीपतम शब्द उन्होंने 'रीति' को ही स्वीकारा है। भाषा का मूल कार्य 'प्रेषणीयता' को मानते हुए उन्होंने भाषा को निरंतर व्यवहार में आने वाली और रूपांतरित होने वाली वस्तु के रूप में विवेचित किया है। उनके अनुसार 'भाषा निश्चित संकेतों का सहारा लेती हुई भी निरंतर परिवर्तन और विवर्तन की स्थिति में रहती है।' भाषा-परिवर्तन

से ही 'शैली' का जन्म होता है। इस भाषागत वैविध्य के अध्ययन-शास्त्र को शैली विज्ञान कहा जाए या रीतिविज्ञान, इस पर अपनी शास्त्रपुष्ट राय देते हुए उन्होंने कहा है कि—'प्राचीन वाङ्मय में साहित्येतर विधाओं, प्रादेशिक विशेषताओं, कला संप्रदायों, व्यक्ति की अभिव्यक्ति शैली आदि को बताने के लिए 'शैली' शब्द का प्रयोग हुआ है। पर भाषागत सर्जनात्मक वैशिष्ट्य को बोधित करने के लिए शैली का प्रयोग उतना संगत नहीं जान पड़ता।'

इस संदर्भ में उन्होंने 'वृत्ति' की व्याख्या करते हुए तथा भरत द्वारा प्रतिपादित कौशिकी, सात्वती, आरभटी और भारती की चर्चा करते हुए आनंदवर्धन का इन्हें 'अर्थ वृत्ति', भोज का 'शब्दार्थ-वृत्ति' और अभिनवगुप्त का 'रस-वृत्ति' मानना विवेचित किया है और स्पष्ट किया है कि 'स्टाइल' के लिए 'वृत्ति' से अधिक उपयुक्त 'रीति' का संदर्भ है क्योंकि इसमें ध्वन्यात्मक वैशिष्ट्य, चयनात्मक प्रविधि तथा व्याकरण-भंगपरक विशेषताओं पर ध्यान देने की बात कही गई है। इस पूरी बहस में मिश्र ने भारतीय और पाश्चात्य चिंतकों के विचारों को इतने साफ़ ढंग से परखा है कि उनकी मेधा का लोहा मानना पड़ता है। 'रीतिविज्ञान' के जो तीन स्तर उन्होंने निर्धारित किए हैं वे भी दोनों धाराओं पर उनकी गहरी पकड़ का ही परिणाम हैं—(1) भाषागत तत्व, (2) किसी लिखित या भाषिक संदेश की रीति का विश्लेषण, (3) किसी संदेश-प्रकार विशेष की रीति का विश्लेषण।

प्रसिद्ध भाषावैज्ञानिक और मूर्धन्य शैली वैज्ञानिक प्रो. रवीन्द्रनाथ श्रीवास्तव ने पंडित जी पर एक निबंध लिखा है—'धूप की छाँव में : पंडित विद्यानिवास मिश्र' (1992)। 'शैली विज्ञान और आलोचना की नई भूमिका (1971) आ चुकी थी। पंडित जी ने 'रीति विज्ञान' के 'आभार' में लिखा "शास्त्रीय स्थापना के रूप में 'शैली-विज्ञान' नाम की पुस्तक मेरे स्नेहभाजन मित्र डॉ. रवीन्द्रनाथ श्रीवास्तव ने अभी हाल ही में प्रकाशित की है, वे मेरी पद्धति को संकोचवश संस्कृत भावित कह कर उपचारित आदर देते हैं, मेरी पद्धति से सहमत नहीं, यह भली-भाँति जानता हूँ। पर उनकी शास्त्रीय स्थापना की प्ररोरचना के रूप में ही मैंने इन निबंधों को ग्रंथित किया है।" पंडित जी की इस उदारता पर श्रीवास्तव ने अपने लेख में एक भावभीना वाक्य लिखा है—'इतना स्नेह और मान तो अपनों से भी नहीं मिला।'

वास्तव में यह मिश्र जी की उदारता थी। 'रीति विज्ञान' में 'उन्होंने सादृश्य विधान' तथा 'काव्य-भाषा का गठन और साभिप्राय विचलन' शीर्षक से दो अध्याय लिखे हैं। इनमें उन्होंने भारतीय विचारों के साथ रूसी, अमेरिकी और प्राग संप्रदाय के शीर्षस्थ चिंतकों के उद्धरण दिए हैं, जैसे रोमन याकोब्सन, एडवर्ड स्टैंकिवीज़, जोसेफिन माइल्स, हैलिडे, लेबिन आदि-आदि और इनके तुलनीय भरत, वामन, भोज, मम्मट, हेमचंद्र, अभिनव गुप्त आदि को रखा है। बलदेव उपाध्याय (संस्कृत और आलोचना), एस.के.डे. (संस्कृत रेटारिक एंड पोयटिक) और आनंद कुमार स्वामी

(ओरिजिन एंड यूज ऑफ इमेजेज इन इंडिया) के विचारों से जोड़कर इस तुलना को उन्होंने प्रेरक और उत्तेजक बना दिया है।

उपरोक्त दोनों अध्यायों में मिश्र जी ने 'रोज की तरह' (कुँवर नारायण), 'खोल दूँ यह आज का दिन' (केदारनाथ सिंह), 'भोर बेला' (अज्ञेय), 'गाने के लिए गाया' तथा 'आज नदी बिल्कुल उदास थी' (केदार नाथ अग्रवाल) को पाठ-विश्लेषण के लिए चुना और कई प्रमुख हिंदी कवियों की काव्य-पंक्तियों का उपयोग किया है। 'काव्य-व्याख्या' नामक अध्याय में उन्होंने 'प्रलय की छाया', 'राम की शक्ति पूजा' और 'असाध्य वीणा' का विस्तृत काव्य- विश्लेषण किया है। और इस पाठ-विश्लेषण का उद्देश्य बताया–'समग्र संरचना को ध्यान में रखते हुए उसकी उभरी हुई विशेषताओं के माध्यम से कविता का समग्र अर्थ किस प्रकार व्याख्यायित किया जा सकता है, इसका निदर्शन करके इस प्रायोगिक विज्ञान (रीतिविज्ञान) के लिए ठोस-जमीन तैयार करना।' साहित्य के वे अध्येता जो साहित्य के पाठ-विश्लेषण को 'रूपवादी घटना' मान कर नाक-भौं सिकोड़ते हैं उनसे मिश्र जी की इस काव्य-आलोचना से एक-बार ही सही, गुजरने की अपील की जा सकती है। इन तीनों कविताओं को (वह भी लंबी) चुनने की वजह भी उन्होंने बताई है–'प्रलय की छाया' में आख्यान का स्वर प्रमुख होना और 'मैं' के रूप में कहानी को कहना, 'राम की शक्ति पूजा' में नाटकीयता की प्रधानता और अन्य पुरुष की प्रधानता, 'असाध्य वीणा' का प्रमुख स्वर गीतात्मक होना तथा नाटकीयता और आख्यान का इसका पोषक होना, पंडित जी की इस प्रणाली पर मुग्ध होकर ही श्रीवास्तव ने अपने लेख में यह कहा है कि 'मिश्र' जी के लिए साहित्यिक आलोचना न केवल सर्जनात्मक व्यापार है बल्कि उनके लिए वह साध्यगत संसार भी है।' 2001 में उनकी एक पुस्तक आई है 'हिंदी और हम'। बाईस लेखों का यह संग्रह हिंदी भाषा और साहित्य के गौरव का गान मात्र नहीं है। व्यंग्य, आक्रोश और चुनौती के स्वरों में इनमें 'हिंदी भाषा का यथार्थ' गुँथा हुआ है। इस पुस्तक पर और कुछ न कह कर बस इतना ही कि यह 'हिंदी के तपोव्रती स्व. राजर्षि पुरुषोत्तम दास टंडन' की स्मृति को सादर समर्पित है।

भाषा-चिंतन का तुलनीय विवेचन

प्रो. दिलीप सिंह

शब्दों में जैसा कि हम जानते हैं, चीज़ों को
गायब कर देने की शक्ति है, उन्हें ऐसी चीज़ों
की तरह दिखाने की जो गायब हो चुकी है

—मारिश ब्लाशो

भारतीय चिंतन मूलतः वाक्केंद्रित चिंतन है। यहाँ पूरी सृष्टि को ही 'देवस्य काव्यम्' के रूप में देखा गया है। सृष्टि के विविध रूपों को हमारे यहाँ 'नाम'

कहा गया है और इस 'नाम रूप का व्याकरण' ही सृष्टि के रहस्य की कुंजी है, ऐसा माना गया है। यहीं सृष्टि की दार्शनिक व्याख्या भी की गई है–प्रकाशित करना और प्रकाशित होना। भाषा भी यही करती है। वाक्व्यापार को सृष्टि के पर्याय के रूप में देखनेवाला यह चिंतन ऋग्वेद में व्यक्त है। वाक् अथवा सृष्टि को देवताओं की धारिका और प्रेरिका शक्ति मानने के कारण स्वाभाविक है कि इस चिंतन में वाक् की परिशुद्धि पर बल देते हुए परिशुद्ध वाक्य में ही कल्याण का निधान भी किया गया है। फिर, यह भी कहा गया है कि वाक् की शक्ति हाथ में गही तो नहीं जा सकती फिर भी रहस्य (अर्थ) खोल पाने की क्षमता उसमें रहती है। वाक् को इस उच्चासन पर रखकर देखने का ही यह परिणाम है कि भारतीय वैयाकरणों ने भी बरसों बाद व्याकरण को वेद का मुख कहा और यह भी कि यदि शास्त्रों को ज्ञानराशि के भीतर पैठना है तो यह केवल व्याकरण के द्वार से ही संभव है। आज आधुनिक भाषाविज्ञान भी यही कहता है कि प्रयुक्तियों, ज्ञान-भाषा (मेटा लैंग्वेज) तथा साहित्यिक पाठ-विश्लेषण का रास्ता भाषा के माध्यम से ही तय होता है। बहुत विस्तार में न जाते हुए यहाँ मैं यह कहना चाहूँगा कि भारतीय चिंतन की भाषा (संकल्पना) व्याकरणमूलक है।

भारतीय व्याकरण-चर्चा यहाँ इसलिए कर देना अनिवार्य समझता हूँ कि मेरे विचार से भारतीय व्याकरण चिंतन को गहराई से समझे बिना भारतीय काव्यशास्त्र में निहित भाषिक अथवा भाषाई बिंदुओं को पकड़ पाना असंभव है। यदि व्याकरण चिंतन के अभाव में उसे पकड़ने का यत्न किया गया (जैसा कि अधिकतर हम करते भी चले आ रहे हैं) तो उन पर दिए गए निष्कर्षों के अधूरा अथवा खंडित होने में कोई संदेह न रह जाएगा। एम.बी. एमेन्यू ने अपने एक भाषण 'भारत और भाषाविज्ञान' (1955, कैनेडा) में यह मार्के की बात कही है कि 'वैदिक महर्षि शब्द और मंत्र में दक्ष इसलिए बन सके क्योंकि वे ध्वनिवैज्ञानिक थे।' उन्होंने यह भी लिखा है कि 'वैदिक मंत्रों को यथावत् रखने के लिए मात्र ध्वनिविज्ञान पर्याप्त नहीं हो सकता था, उसके लिए अर्थ का महत्व था। संभवतः इसीलिए आचार्यों ने निघंटु भी तैयार किए।'

अतः यह कहा जा सकता है कि भारतीय भाषाशास्त्रीय परंपरा में वैदिक युग से ही भाषा के ध्वनि, रूप एवं वाक्यशास्त्रीय विवेचन मिलने लगते हैं आगे चलकर संस्कृत में ध्वनि व्यवस्था (फोनोलॉजी), स्वनिमिक विवरण (फॉनेमिक डिस्क्रिप्शन) तथा भाषिक संरचना (लिंग्विस्टिक स्ट्रक्चर) का जो सम्यक् व्याकरणिक अध्ययन मिलता है, उसका बीज भी यहीं आरोपित है। पाणिनि (ईसा पूर्व पाँचवीं शताब्दी) ने 'व्याकरण के लिए व्याकरण' लिखा (पं. विद्यानिवास मिश्र)। वे संस्कृत भाषा के उस रूप का विवरण देना चाहते थे जो भविष्य में एक सर्वसामान्य भाषा के आदर्श रूप में प्रतिष्ठित हो सके। पाणिनि की यह संदिच्छा प्रतिफलित भी हुई,

उनके व्याकरण के कारण ही संस्कृत एक सामान्य साहित्यिक भाषा सिद्ध हो सकी। पाणिनि पर शोध करने वाले कई चर्चित विदेशी विद्वान हैं। पेन्सिलवेनिया विश्वविद्यालय के लेडो रोशर ने अपनी पुस्तक 'डिस्क्रिप्टिव मेथाडोलाजी ऑफ पाणिनि' में यह माना है कि पाश्चात्य देशों में विवरणात्मक भाषाविज्ञान (डिस्क्रिप्टिव लिंग्विस्टिक्स) के प्रति रुचि जगाने में पाणिनि की प्रमुख भूमिका रही है। उन्होंने अपने इस गहन अध्ययन में अनेक उदाहरणों के साथ यह भी कहा है कि रूपिम या पदविज्ञान (मारफोलॉजी) के क्षेत्र में भारतीय भाषाविज्ञान की उपलब्धियों से पश्चिम वाले पिछली कुछ ही दशाब्दियों से होड़ ले पा रहे हैं। चार्ल्स एफ. हॉकेट ने व्याकरणिक विवरण के तीन प्रकारों–इकाई और संयोजन (आइटम एंड अरेंजमेंट) का विवरण, इकाई और प्रक्रिया (आइटम प्रोसेस) का विवरण तथा शब्द और उसकी रूपावलियों (वर्ड एंड पेराडाइम) का विवरण की चर्चा करते हुए संस्कृत व्याकरण को दूसरे प्रकार का मानते हुए उसे श्रेष्ठ कहा है। यहाँ यह कहना जरूरी है कि इकाई और प्रक्रियासिद्ध विवरण ही आज आधुनिक भाषाविज्ञान की प्रमुख उपलब्धि बना हुआ है।

यह एक ऐतिहासिक तथ्य है कि विलियम जोन्स ने संस्कृत भाषा पर जो चर्चाएँ की हैं वे 'द वर्क्स ऑफ विलियम जोन्स' (13 वॉल्युम में, 1807) के नाम से प्रकाशित हैं। जोन्स ने सप्रमाण यह घोषणा की है कि भारत विद्याविज्ञान (इंडोलॉजी) और भाषाशास्त्र (फिलोलॉजी) के सूत्रपात के हम ऋणी हैं क्योंकि आधुनिक भाषाविज्ञान (लिंग्विस्टिक्स) का विकास हम इन्हीं के आधार पर कर सके। भारतीय भाषाविज्ञान का यह असर और मोह आगे भी पश्चिम में बना रहा और आज भी कम नहीं हुआ है। इस संदर्भ में जूलिस ब्लोक (1915) का नाम आज भी आदर के साथ लिया जाता है कि उन्होंने आर्य भाषाओं का वैदिक भाषा से लेकर आधुनिक बोली रूप तक का–ऐतिहासिक अध्ययन किया। इसमें उन्होंने मराठी भाषा को आधार बनाया था। इसी से प्रभावित होकर सुनीतिकुमार चटर्जी (1926) ने बंगला भाषा को लेकर फ्रांस में ऐतिहासिक महत्व का अध्ययन प्रस्तुत किया।

भारतीय भाषा-चिंतन में शब्द विचार इतना ठोस था कि दुनिया का कोई भी देश उसकी ओर देखे बिना न रह सका। 'शब्द' भारतीय भाषा-चिंतन की सर्वाधिक महत्वपूर्ण भाषिक संकल्पना है। यह पाश्चात्य 'शब्द चिंतन' से भिन्न और वैज्ञानिक धरातल पर कहीं आगे है। पाश्चात्य व्याकरण शब्द को भाषा संरचनात्मक इकाई मानकर चलता है (जॉन लायन्स, 1968)। भारतीय चिंतन इस अर्थ में 'शब्द' को नहीं देखता। यहाँ वर्ण, पद और वाक्य-विवरण को 'शब्दानुशासन' या 'शब्दोपदेश' कहा गया है, बाद में किशोरी दास बाजपेयी ने हिंदी का जो व्याकरण लिखा उसे नाम दिया 'शब्दानुशासन'। पतंजलि ने स्वयं व्याकरण को 'शब्दानुशासन'

कहकर 'शब्द' की भारतीय अवधारणा को स्पष्ट किया है। भारतीय परंपरा में शब्द मात्र व्याकरण शास्त्र का ही प्रधान विषय नहीं है, वह काव्यशास्त्र, दर्शनशास्त्र और अध्यात्म का भी विवेच्य विषय रहा है। भारतीय काव्यशास्त्र भी आधुनिक शैलीविज्ञान के समान ही व्याकरण या भाषाविज्ञान पर आधारित है। इस संदर्भ में पंडित विद्यानिवास मिश्र की पुस्तक 'रीतिविज्ञान' देखी जा सकती है जिसमें उन्होंने रीति (भारतीय) और शैली (पाश्चात्य) के संदर्भ में तुलनीय विवेचना की है। इस तत्व पर हमें खास ध्यान देना चाहिए कि अब पाश्चात्य भाषाविज्ञान भी भाषा को समन्वित शब्द समूह या शब्द संहिता मात्र नहीं मानता—उसके सामाजिक संदर्भों को प्रोक्ति संरचना तक विस्तृत करके विवेचित करता है। लेकिन अभी कुछ ही वर्षों पहले की ब्लूमफील्ड (लेंग्वेज, 1935) की शब्द-परिभाषा देखें तो यह पता चल जाता है कि हमारी हज़ारों साल पुरानी भाषा-चिंतन परंपरा से पाश्चात्य विद्वान कितने पीछे थे। ब्लूमफील्ड के अनुसार 'शब्द भाषा का वह लघुतम प्राप्त रूप है जो पदबंध नहीं है।' यह परिभाषा मात्र स्वनियात्मक शब्दों पर ही लागू होती है, यह निर्णय देते हुए पंडित विद्यानिवास मिश्र ने अपने पाणिनि संबंधी अध्ययन में यह प्रतिपादित किया है कि ब्लूमफील्ड की इस परिभाषा के अंतर्गत व्याकरणिक शब्द जैसे सक, चुक, जा, ने, जो आदि तो आते ही नहीं। इसीलिए भाषाविज्ञान यह मानता है कि वाक्य का घटक शब्द होता है, पद नहीं। क्योंकि वाक्य के रूप में प्रयुक्त होने से पूर्व शब्द का पद के रूप में रूपांतरण होता है अर्थात् शब्द जब वाक्य में प्रयुक्त होता है तो सर्वप्रथम उसका व्याकरणिक संस्कार होता है। इसीलिए भारतीय वैयाकरण किसी पदबंध और वाक्य को ही नहीं बल्कि संपूर्ण प्रबंध या उक्ति-प्रवाह को भी 'शब्द' संज्ञा से अभिहित करते हैं कि स्फोट, शब्द का मूल तत्व है और ध्वनि, शब्दगुण है। मानव के वाक् में ये दोनों तत्व विद्यमान होते हैं जबकि पशु-पक्षियों की वाणी में मात्र ध्वनि होती है, स्फोट का अभाव रहता है। मानव-भाषा और जीव-जंतुओं की भाषा को लेकर पाश्चात्य देशों में कई अध्ययन हुए हैं। इस प्रकार हमारे भाषा-चिंतन में भाषा की प्रयोगावस्था (फंक्शनेलिटी) का भी आभास हमें मिलता है। पतंजलि ने शब्द को इसलिए 'भाषा की प्रयोगावस्था की एक इकाई' कहा था और अर्थ में अनिश्चितता, विविधता, अनेकरूपता का कारण भर्तृहरि ने भी शब्द प्रयोग को ही माना है। यह प्रयोग ही 'शब्द शक्ति' का मूल है, जिसे पुनः 'जल' के प्रतीक द्वारा भारतीय आचार्यों ने समझाया है कि जिस तरह जल की शक्ति तरंग, भँवर, बुलबुले की तरह भिन्न रूप लेकर प्रकट होती है वैसे ही शब्द भी भिन्न प्रयोग-संदर्भों में भिन्न-भिन्न अर्थ अथवा अर्थ छवियाँ धारण करते हैं। कहना न होगा कि आधुनिक भाषाविज्ञान ने जिसे वास्तविक भाषाविज्ञान माना है, अर्थात् समाज भाषाविज्ञान में भाषा को समाज सांस्कृतिक संदर्भों में देखने को भाषा-विश्लेषण का एकमात्र रास्ता स्वीकारा गया है।

शब्द चर्चा भारतीय चिंतन की मूल चिंता है–इसी की नींव पर भारतीय काव्यशास्त्र की आधारशिला रखी गई है। तात्विक स्तर पर शब्द को परब्रह्म, अक्षर, प्रतिमा, बीज, बिंदु, परा, स्फोट, द्रव्य आदि के रूप में देखा गया है, वहीं भाषावैज्ञानिक स्तर पर इसे ध्वनि, आकृति, जाति, संज्ञा, प्रातिपदिक आदि के रूप में भी पारिभाषित किया गया है। इसलिए हमारे चिंतन में शब्दार्थ भेद तथा शब्द प्रयोग को भाषा अध्ययन के लिए सर्वाधिक महत्व दिया गया। भर्तृहरि ने शब्दार्थ भेद के जिन बारह पक्षों का निर्धारण किया है वे आज के पाश्चात्य अर्थविज्ञान (सिमेन्टिक्स), सिमियोटिक्स तथा सोशल सिमियोटिक्स की संकल्पनाओं से टकराने वाले हैं। भर्तृहरि ने मूल बात यह कही है कि–शब्द से अर्थ बोध होता है, पर अर्थ को सदैव स्मरणात्मक होना चाहिए क्योंकि शब्दार्थ का मूल–लोक व्यवहार में होता है। उनका यह भी कहना है कि मनुष्य को शब्दार्थ का ज्ञान समाज के पारस्परिक व्यवहार से होता है–वह व्यवहार जिसमें मानव-शिशु लालित, पालित और शिक्षित होता है। इसके लिए उनके इस दृष्टांत वाक्य की ओर देखा जा सकता है जिसे भारतीय भाषा-चिंतन से जुड़े विचारकों ने बार-बार उद्घाटित किया है–वह वाक्य है–सूर्यास्त हो गया। भर्तृहरि के अनुसार साधु, चोर और प्रेमी के लिए इसका अलग-अलग अर्थ होगा। इस विचार को हम आधुनिक भाषाविज्ञान के 'भाषा अर्जित व्यवहार है', 'भाषा अनुकृत व्यवहार है' अथवा 'भाषा सामाजिक वस्तु है' आदि लक्षणों के तुलनीय देख सकते हैं। यह व्यवहार भाषा के माध्यम से होता है और यह भाषा वाक्यात्मक होती है। जिस शब्द से जिस अर्थ का बोध होता है उनके बीच कोई संबंध होता है या नहीं–अर्थात् 'यादृच्छिकता' (आरबिटरेरीनेस) के पक्ष पर भी भारतीय भाषा-चिंतन में पर्याप्त बहसें की गई हैं। दो बातें इस विचार-विमर्श में महत्वपूर्ण हैं–(1) अर्थबोध प्रयोग होता है तथा (2) शब्द और अर्थ में तादात्म्य संबंध है। इन दो के अतिरिक्त कुछ और बिंदु भी यहाँ खुले हैं, उनकी चर्चा इसलिए कि भारतीय काव्यशास्त्र में इन्हें भिन्न-भिन्न संप्रदायों ने अपनी-अपनी दृष्टि से देखा है–

1. बोधकता शब्दार्थ का मूल है।
2. शब्दार्थ संबंध शब्द की योग्यता पर निर्भर है।
3. वाक्य में शब्द वाच्यार्थ का बोधक होता है।
4. शब्द और अर्थ के बीच वाच्य वाचक भाव होता है।

चौथे बिंदु पर हम थोड़ा और विचार करें, क्योंकि शेष तीन पर मैं पहले ही संकेत करता आया हूँ। वाच्य वाचक भाव संबंध को शब्द शक्ति या अभिधा आदि कहा गया है। अभिधा के संबंध में मम्मट ने, लक्षणा के संबंध में विश्वनाथ ने तथा व्यंजना के संबंध में महिमभट्ट ने गहरा विश्लेषण किया है। भारतीय काव्यशास्त्र में वक्रोक्ति संप्रदाय, रीति संप्रदाय तथा ध्वनि संप्रदाय का ढाँचा शब्दार्थ

संबंध के इसी भाषावैज्ञानिक चिंतन का अनुप्रयोगात्मक विस्तार है, यह कहने में मुझे तनिक भी संकोच नहीं। ये तीनों संप्रदाय शब्दार्थ तथा भाषिक बुनावट के समाज-स्वीकृत व्यवहारों के प्रयोग के संदर्भ में ही 'काव्यभाषा' को देखने और विश्लेषित करने का यत्न करते हैं।

'वक्रोक्ति' की संकल्पना शब्दार्थ संदर्भ के सभी पक्षों को अपने विवेचन में समेट लेती है। इसमें एक वर्ग भामह, दंडी और कुंतक की मान्यताओं का है तो दूसरी ओर वामन, रुद्रट, मम्मट की मान्यताएँ हैं। दूसरे वर्ग के आचार्यों ने वक्रोक्ति प्रयोग को अलंकार विशेष तक सीमित करते हुए वक्रोक्ति को अर्थालंकार और शब्दालंकार के अनेक प्रकारों में से एक माना। पर पहले वर्ग के आचार्य भामह ने वक्रोक्ति को अलंकार के किसी एक भेद के रूप में स्वीकार न करते हुए अपने ग्रंथ 'काव्यालंकार' में उसे काव्य की प्राणभूत शक्ति कहा है। उन्होंने यह भी स्थापित किया कि वक्रोक्ति की संकल्पना के भीतर ही शब्द और अर्थ दोनों प्रकार की वक्रता समाहित है। 'अतिशयोक्ति' तथा सामान्य और वक्र उक्ति पर भी दूसरे वर्ग के आचार्यों ने समुचित विचार किया है। आज के पाश्चात्य शैलीवैज्ञानिक और पाठ-विश्लेषण के अध्येता के रूप में मुझे यह देख कर आश्चर्य मिश्रित प्रसन्नता होती है कि सामान्य भाषा और काव्यभाषा के भेदों का जो विवेचन पाश्चात्य संप्रदायों में किया गया है उसके अनेक सूत्र हमारी सामान्य भाषा और वक्र उक्ति चर्चा में विस्तार से मिलते हैं। वक्रोक्ति और अतिशयोक्ति को इन आचार्यों ने एक-दूसरे का पर्याय मानने का कारण इनमें समाहित समान तत्व 'लोकगोचरता' को बताया है। भामह ने इसी 'लोकगोचरता' की व्याख्या करते हुए 'काव्य' और 'वार्ता' को अलग-अलग करके देखा। उनके अनुसार दोनों भाषिक यथार्थ हैं और दोनों का संबंध 'शब्दार्थ' से है। 'सामान्य भाषा' और 'काव्य भाषा' के अंतस्संबंधों पर शैली वैज्ञानिक चर्चा के संदर्भ में हमें भारतीय आचार्यों के इन मतों को गहराई के साथ देखना चाहिए। उन्होंने एक उदाहरण भी दिया है—सूर्य अस्त हो गया, चंद्रमा चमकता है, पक्षी अपने बसेरों में लौट रहे हैं आदि लोक संप्रेषण के सामान्य कथन हैं, 'वार्ता' मात्र हैं। क्योंकि इनमें वक्रोक्ति का अभाव है, अतः ये काव्यार्थ की संज्ञा नहीं पा सकते। इनमें अतिशयता नहीं है और काव्यगुण से भी ये शून्य है। उन्होंने सबसे महत्वपूर्ण बात यह कही कि वक्रोक्ति और कुछ नहीं, लोक में व्यवहार्य सामान्य कथन (वार्ता) का ही अतिक्रमण है। आज 'शैलीविज्ञान' और 'पाठ-विश्लेषण सिद्धांत' में (रोमन याकोब्सन, 1971) यह कहा जा रहा है कि वक्रोक्ति (विचलन) भाषिक विश्लेषण के रूपात्मक (फॉरमल) स्तर से संबद्ध है तथा अतिशयोक्ति उसके प्रकार्यात्मक (फंक्शनल) स्तर से। मुझे यह कहने में गर्व का अनुभव हो रहा है कि भामह ने काव्यशास्त्र को एक साथ रूपात्मक (फॉरमल) और प्रकार्यात्मक (फंक्शनल) बनाने का प्रयास किया था। कुंतक ने वक्रोक्ति चर्चा

में 'संकेतार्थ' (रिफेरेंट) पर भी विचार किया तथा स्वभावोक्ति और वक्रोक्ति के भेदों पर व्यापक चर्चा की। आधुनिक भाषाविज्ञान की शब्दावली में कहें तो उन्होंने वक्रोक्ति के संक्रियात्मक उपागम (ऑपरेशनल एप्रोच) तथा अतिशयोक्ति के प्रकार्यात्मक उपागम (फंक्शनल एप्रोच) पर अचरज में डालने वाला विमर्श किया है। आधुनिक भाषाविज्ञान में ये यात्रा सस्यूर के 'प्रतीक सिद्धांत' से आगे बढ़ते हुए संकेतक, संकेतित और संकेतार्थ तक पहुँची है।

दंडी ने यह माना था कि लोकयात्रा वाक्-प्रसाद से ही चलती है, यदि शब्दाख्या ज्योति न होती तो संसार अँधेरा ही रहता (संदर्भ : पं. विद्यानिवास मिश्र) पंडित जी ने कहीं यह लिखा है कि मनुष्य ने अपने दो तरह के अँधेरों से मुक्त होने के लिए दो चीज़ों का आविष्कार किया—आग और भाषा। आग का इसलिए कि दूसरों को और अपने आस-पास के अस्तित्व को पहचाना जा सके तथा भाषा का कि अपने अंतर्भावों को अभिव्यक्ति दी जा सके और अज्ञान के अँधेरे से ज्ञान के प्रकाश की ओर प्रस्थान किया जा सके। दंडी ने यह भी घोषित कर दिया था कि काव्य अथवा साहित्य की साधना वस्तुतः शब्दार्थ साधना ही है। 'शब्दार्थ की नित्यता' पर भी दंडी ने खुलकर विचार किया है। इस मंथन से यह तथ्य भी सामने आया कि वागर्थ अथवा शब्दार्थ का संबंध संपृक्त अथवा अभिन्न होता है। दूसरे वर्ग के आचार्य भी संपृक्त शब्दार्थ को ही काव्य मानते हैं। यहाँ यह भी उल्लेखनीय है कि काव्यशास्त्रियों ने सर्वदा अर्थ को ध्यान में रखते हुए ही शब्द को पारिभाषित किया है। एक और खास बात यह है कि भारतीय काव्यशास्त्र में यह भी कहा जा चुका है कि शब्द स्वयं कुछ नहीं होता जिस प्रकार ज्योति का उपयोग दीप्त करने में है, वैसे ही शब्द का उपयोग भी अर्थ को द्योतित करने में है (मम्मट)। और यह भी कि साहित्य में विविध प्रकार के अर्थ की ही प्रधानता होती है। साहित्य में 'तात्पर्यार्थ' (विश्वनाथ) की चर्चा भी भारतीय काव्यशास्त्र में कम उत्तेजक नहीं है कि प्रतीयमान अर्थ पर ही काव्य की स्थिति है। कहना यह है कि हमारे काव्यशास्त्री प्रायः वैयाकरणों के अनुयायी हैं—दोनों ने ही शब्दार्थ का लोक में व्यवहार देखा है और शब्द का स्वरूप निर्धारित किया है।

इसी प्रकार भारतीय काव्यशास्त्र का 'रीति सिद्धांत' भी एक प्रकार का विकसित भाषा केंद्रित काव्य चिंतन है। इसमें भी शब्दार्थ चर्चा केंद्र में है। भरत के नाट्यशास्त्र में 'रीति' से मिलते-जुलते दो शब्दों का प्रयोग किया गया है—वृत्ति और प्रवृत्ति। वृत्ति को यहाँ वाक् व्यापार कहा गया है—रीति का समावेश इसमें हो जाता है पर रीति का घनिष्ठ संबंध प्रवृत्ति से है। रीति को वामन ने नाम भी दिया, पारिभाषित भी किया और व्यवस्थित भी। वे रीतिसिद्धांत के प्रवर्तक संभवतः अपनी सूक्ष्म स्थापनाओं के कारण ही माने जाते हैं। रीति के गुण की चर्चा इस सिद्धांत को और भी विशिष्ट बना देती है। वास्तव में ये गुण आचार्यों ने शब्दार्थ संबंध

के आधार पर ही निर्मित किए हैं और यह माना है कि हर रीति में कुछ न कुछ गुणों का होना अनिवार्य है। आचार्यों की यह मान्यता भी है कि गुणों का इतिहास काव्य-जितना ही पुराना है। भरत ने जिन दस गुणों का उल्लेख किया है वे सभी रीति के अंग है तथा शब्दार्थ से ही संबंधित है—श्लेष, प्रसाद, समता, समाधि, माधुर्य, ओज, पद सौकुमार्य, अर्थ व्याप्ति, उदारता तथा कांति। दंडी ने भी इन दसों को यथावत् स्वीकार किया और वामन ने भी। पर वामन की यह मौलिकता है कि उन्होंने यह भी प्रतिपादित किया है जो दस गुण शब्द के हैं, वे ही अर्थ के भी हैं और दस गुणों को माधुर्य, ओज तथा प्रसाद में समेटकर प्रस्तुत किया। विस्तार में न जाते हुए यह कहना पर्याप्त होगा कि भारतीय काव्यशास्त्र के रीति सिद्धांत का सम्यक् अध्ययन करने से तीन बातें उभरकर सामने आती हैं—(1) रीति गुणाश्रित है (आनंदवर्धन), (2) गुण रीति आश्रित है (उद्भट) तथा (3) गुण और रीति में अभेद है (वामन)। रीति को गुणाश्रित मानने का तात्पर्य है पहले गुण का और बाद में रीति का होना। उदाहरण के लिए पहले माधुर्य, ओज आदि होगा और बाद में इनकी अभिव्यक्ति के लिए सर्जक अपेक्षित पदबंध खोजेगा। इसके विपरीत स्थिति में अर्थात् गुण को रीति आश्रित मानने का अर्थ है—पदबंध की प्रधानता। ऐसी स्थिति में पदबंध का अभ्यासी (व्याकरण का जानकार) ही कवि बनने में समर्थ हो सकता है। ऐसे में कवि प्रतिभा की अपेक्षा अभ्यास का महत्व अधिक हो जाता है। इन दोनों से अलग आचार्य वामन रीति-गुण का अद्वैत संबंध मानते हुए शब्द और अर्थ दोनों को एक ही गुण से जोड़ते हैं। आज भी शैलीविज्ञान जिसे काव्यात्मकता (साहित्यिकता लिटरेरिनेस) कहता है, उसमें भी रीति और गुण एक साथ है, पृथक्-पृथक् नहीं। आज हम इन्हें क्रमशः 'शैली' और 'शैलीय गुण' कहते हैं। इन दोनों संतुलित प्रयोग से उपजी अभिव्यंजना को ही आज हम 'काव्यभाषा' कहते हैं। विशिष्ट पद रचना को काव्य माननेवाली वामन की स्थापना का अपना महत्व है। हम वामन के 'शब्दार्थी सहितौ काव्यम्' पर तो विचार करते हैं पर समुद्रबंध के 'इह विशिष्टौ शब्दार्थौ काव्यम्' की ओर ध्यान नहीं देते जबकि यह जानना जरूरी है कि 'शब्दार्थौ सहितौ' अपने आप में काव्य नहीं हो सकता। कुंतक ने इसीलिए इसे बंध में स्थित (डिस्कोर्स बेस्ड) कहा है और यह भी कि हर कोई बंध, काव्य नहीं, काव्य बनने के लिए उसमें उक्तिवक्रता अपेक्षित है। यदि ध्यान दे तो 'अर्थ विचलन' के जितने स्तरों की चर्चा हमें शैलीविज्ञान में उपलब्ध है, उसके तुलनीय बहुत कुछ भारतीय काव्यशास्त्र में मिलता है।

ध्वनि सिद्धांत का महत्व 'रस' को प्रतिष्ठित करना है जिस पर पक्ष-विपक्ष में खूब चर्चा भी हुई है। पर उसका दूसरा महत्व भी है—काव्यार्थ के प्रसंग में शब्द की नई शक्ति-व्यंजना की खोज जिसके प्रवर्तक आनंदवर्धक हैं। मम्मट और पंडितराज जगन्नाथ भी ध्वनिवादी थे। रस का पूर्ण संबंध नाट्यकृति से था। अतः

विभाव, अनुभाव आदि की सहायता से रसों की निष्पत्ति पर भी विमर्श हुए। शब्द की शक्ति व्यंजना की ओर हमने कम देखा है। यदि देखें तो यह स्पष्ट होता है कि ध्वनि का महत्व 'अर्थमीमांसा' के क्षेत्र में अधिक है। 'सिमिऑटिक्स' ने अपने को इसी ओर मोड़कर पूरे विश्व को चमत्कृत कर रखा है। 'काव्य की आत्मा ध्वनि' मानने वाले आनंदवर्धन ने अपने सूत्र में एक शब्द 'सम्मनात पूर्व' का भी प्रयोग किया है। काणे ने अपनी पुस्तक 'संस्कृत काव्यशास्त्र का इतिहास' में लिखा है कि इस शब्द का अर्थ है–'ग्रंथों का विस्तारपूर्वक विवेचन'। इस बात को आज हमें 'पाठ-विश्लेषण सिद्धांत' से जोड़कर देखने की ज़रूरत है।

भाषिक विमर्श के कई धरातल हमें संस्कृत व्याकरण चिंतन में दीखते हैं जिनका व्यावहारिक स्वरूप भारतीय काव्यशास्त्र में निखरकर सामने आया है। आज आवश्यकता है इस धरोहर को पाश्चात्य अध्ययन के तुलनीय रखकर देखने की। हमारी दिक्कत यह है कि जो चिंतक संस्कृत परंपरा के पुरोधा हैं वे आधुनिक भाषाविज्ञान से अपरिचित हैं और जो आधुनिक भाषाविाान में दीक्षित हैं वे संस्कृत की परंपरा से अनभिज्ञ हैं। यदि दोनों मिलकर विवेचनात्मक शोध करें तो निश्चित ही भारतीय व्याकरण तथा भारतीय काव्यशास्त्र का एक नया और अनूठा विमर्श तैयार हो सकता है जिसका सूत्र सिद्धांत बन सकता है कि अर्थ का अनुभव व्यक्ति अपने अंतःकरण में करता है। और यह विचार स्पष्ट किया जा सकता है कि भारतीय भाषा-दर्शन या शब्द-चिंतन की मूल चिंता है–शब्द का जगत से जो, जैसा और जितना संबंध है उसकी तार-तार करके लोचना करना। और इस लोचना से उत्पन्न उस प्रतीकात्मक प्रविधि को विस्तार दिया जा सकता है जिसमें आचार्यों ने भाषा के लिए जल, ज्योति, दीपक, ब्रह्म का चयन करते हुए शाब्दिक और भाषिक व्यवस्था का विवेचन किया है।

(v) प्रो. रवीन्द्रनाथ श्रीवास्तव : आधुनिक भाषाविज्ञान के सजग प्रहरी

प्रो. रवीन्द्रनाथ श्रीवास्तव को निःसंकोच एक सजग और संपूर्ण भाषावैज्ञानिक कहा जा सकता है। 'शैलीविज्ञान' का उन्होंने प्रवर्तन किया और उनकी पुस्तक आई–'शैली विज्ञान और आलोचना की नई भूमिका' (केंद्रीय हिंदी संस्थान : 1972) और फिर 'संरचनात्मक शैली विज्ञान' (1979)। समाज भाषाविज्ञान का अनुप्रयोग उन्होंने हिंदी भाषा पर किया और प्रो. रमानाथ सहाय के साथ एक गहरी पुस्तक संपादित की 'हिंदी का सामाजिक संदर्भ' (केंद्रीय हिंदी संस्थान : 1976) और उनके निधन के बाद पुस्तक आई–'हिंदी भाषा का समाजशास्त्र' (1994)। 'भाषा शिक्षण' (1978), 'भाषाई अस्मिता और हिंदी' (1992), 'अनुप्रयुक्त भाषाविज्ञान' (सं. 1980), 'अनुवाद : सिद्धांत और समस्याएँ' (1985) भी ऐसी पुस्तकें हैं जो समय की ज़रूरत और तत्संबंधी क्षेत्रों की अद्यनता को हिंदी में ले आने का पॉयनरिंग

काम करती हैं। उनका लेखन इतना गंभीर और विस्तीर्ण है कि उनकी पुस्तकों पर अलग से विचार कर पाना संभव नहीं है। संपूर्णता में देखें तो यह पता चलता है कि वे भाषाविज्ञान की अधुनातन प्रवृत्तियों तथा सैद्धांतिक मान्यताओं के प्रकांड पंडित थे। वे रूस और अमेरिका में प्रशिक्षित थे। सैद्धांतिक और अनुप्रयुक्त भाषाविज्ञान के विविध पक्षों पर उन्होंने निरंतर चिंतन और लेखन किया। विशेष बात यह है कि अपने इस चिंतन से हिंदी भाषा को जोड़ने का कार्य भी बराबर करते रहे। पं. विद्यानिवास मिश्र ने लिखा है–'वे बहुत पढ़ते पर जो लिखते वह पढ़े हुए को किनारे करके लिखते और अधिकतर अपने परीक्षण के बाद लिखते थे। उन्होंने प्रयोगात्मक भाषाविज्ञान को भारत में नई दिशा दी।'

मिश्र जी की यह धारणा एकदम खरी है। प्रो. श्रीवास्तव भाषा और भाषाविज्ञान के क्षेत्र में अद्वितीय मेधा और विपुल कृतित्व के धनी थे। भाषाविज्ञान के नए-नए प्रायोगिक क्षेत्र में उन्होंने कीर्तिमान स्थापित किए। वे केवल सैद्धांतिक भाषा अध्ययन के पक्षधर नहीं थे। वे चाहते थे कि आज के भाषावैज्ञानिक और वैयाकरण सिद्धांतों की अंधी गुहा से निकल कर भाषा अर्जन, भाषा शिक्षण और भाषा प्रयोग की खुली चुनौतियों का भी सामना करें। उनकी इस वृत्ति को ताड़ते हुए ही प्रो. शिवेंद्र किशोर वर्मा ने लिखा है–'वे भारतीय भाषा परिदृश्य के संदर्भ में सिद्धांतों का प्रतिफलन और अनुप्रयोग चाहते थे। उन्होंने स्वयं ऐसा करके दिखाया भी। यह कहने में मुझे कोई संकोच नहीं है कि भाषा प्रयोक्ता की समस्याओं का समाज भाषावैज्ञानिक हल ढूँढ़ने वाले पहले भारतीय भाषाविद् थे।' उनके शैली वैज्ञानिक रूप पर विचार करते हुए पं. विद्यानिवास मिश्र ने भी तह में जाकर ये शब्द कहे हैं - 'वे साहित्य की भाषा को साधारण भाषा का छना या निखरा हुआ रूप नहीं मानते थे। वे उसे मथा हुआ रूप मानते थे और यह भी कि भाषा प्रयोग के अनेक सामाजिक स्तरों की पहचान के बिना न तो भाषा की पूरी पहचान होती है, न साहित्य की।'

प्रो. श्रीवास्तव ने हिंदी भाषा के संदर्भ में समाज, संस्कृति और भाषा तीनों को साथ लेकर चलने की कोशिश की। उनका लक्ष्य था कि शिक्षण के लिए व्याकरण का सर्जनात्मक ढंग से प्रयोग हो, वे चाहते थे कि भाषा-विश्लेषण के माध्यम से साक्षरता कार्यक्रमों की सामग्री तैयार की जाए और उनका लक्ष्य था भाषा को मानकीकरण और शैलीपरक संदर्भ में आधुनिकीकृति करना। भाषावैज्ञानिक के रूप में वे भारतीय और पाश्चात्य–दोनों भाषा-चर्चाओं से टकराने का साहस रखते थे। चॉम्स्की के भाषाविज्ञान, फिलमोर के कारक व्याकरण, कारक केंद्रित भारतीय परंपरा आदि से भाषा के स्वरूप, संरचना और प्रयोग संबंधी जो सूझ मिलती है, इन सबको उन्होंने अपने 'व्याकरण' की संकल्पना में समेटने की कोशिश की, इनकी तार्किक व्याख्या की और जहाँ अनुचित लगा, इनके विरोध में भी गए।

भाषा उनके लिए संकल्पनात्मक और शैलीय दोनों अर्थों में बँधी हुई बहु-व्याकरणिक व्यवस्था थी जिसमें सामाजिक समुदायों को जोड़ने और तोड़ने की दोनों ही शक्तियाँ अंतर्निहित रहती हैं। अतः भाषा के प्रति किसी भी प्रकार का हल्का, उथला और अवैज्ञानिक रुख उनके गंभीर भाषा चिंतक को आहत कर देता था। उनकी इस गंभरीता ने हमें भारतीय बहुभाषिक और बहु सांस्कृतिक पृष्ठभूमि को समझने में भी बड़ी मदद की है। मातृभाषा, प्रथम भाषा तथा बहुभाषिकता की संकल्पना को उन्होंने नई प्रतिमा प्रदान की। उन्होंने भाषिक और संप्रेषणपरक क्षमता को अलग-अलग पहचानते हुए यह विचार रखा कि मातृभाषा माता की भाषा भी हो सकती है, पिता की भी, या किसी अन्य की भी। जिस भाषा में बोलने वाला सहज ढंग से अपनी अनुभूति की अभिव्यक्ति कर सके, वास्तव में वही उसकी अपनी मातृभाषा है।

उनके ऐसे कई भाषावैज्ञानिक निष्कर्ष हैं जो उनके मौलिक चिंतन और गहन अध्ययन का परिणाम और प्रमाण हैं। पाश्चात्य भाषावैज्ञानिक चिंतन को भारत में ले आने के वे हिमायती थे, चाहे वह रूस का हो या अमेरिका का, पर भारतीय भाषाई अस्मिता पर बिना आघात के या बिना कोई समझौता किए। पाश्चात्य चिंतन के साथ चलते हुए भी उनका दृष्टिकोण पूर्णतः भारतीय था। उनकी यह मान्यता महत्वपूर्ण है कि भाषा राष्ट्रीय एकता और सामाजिक चिंतन में महत्वपूर्ण भूमिका निभा सकती है। यूनेस्को (पेरिस) के भाषा सम्मेलन में उन्होंने जोर देकर यह कहा था कि 'भारत एक बहुभाषी राष्ट्र है, जहाँ 1652 मातृभाषाएँ, दो सौ अभिनिर्धारित भाषाएँ, 67 भाषाएँ शिक्षा की माध्यम भाषा के रूप में प्रयुक्त हैं तथा 10 लिपियाँ प्रयोग में हैं। भारतीय बहुभाषिकता के एकाधिक पक्ष हैं और प्रत्येक राष्ट्र को इस समस्या का समाधान अपने ढंग से और अपनी परिस्थितियों के अनुरूप ही ढूँढ़ना होगा। अतः भारत के लिए किसी आयातित मॉडल को अपनाना न तो उचित है, और न ही लाभदायक।' भारत जैसे बहुभाषिक समाज में भाषा-बोली के बीच विभाजन रेखा खींचने वाली अवधारणा को वे खतरनाक मानते थे। उनका कहना था कि पश्चिमी चिंतन की इस धारणा से बचना होगा, नहीं तो हिंदी प्रदेश टूट कर खंड-खंड हो जाएगा।

भारत में आधुनिक भाषाविज्ञान को प्रतिष्ठित करने, हिंदी के पठन-पाठन को व्यावहारिक दिशा देने, साहित्य अध्ययन को शैलीविज्ञान के रूप में नई आलोचना दृष्टि प्रदान करने तथा हिंदी भाषा को अनेक कोणों से देखने का जो कार्य प्रो. श्रीवास्तव ने कर दिखाया वह अतुलनीय भी है और सामयिक भी। उन्होंने इन सभी क्षेत्रों में सामूहिक बौद्धिक चेतना प्रवाहित की और इसके मुख्य स्वर बने रहे। भाषावैज्ञानिक के रूप में उनके इस बहुआयामी व्यक्तित्व का परिचय यह विवरण आपको देगा जिससे प्रो. श्रीवास्तव की विस्तीर्ण मेधा और प्रेरक प्रदेय से

आप परिचित हो सकेंगे।

प्रकाशित पुस्तकें–

मौलिक पुस्तकें हिंदी में–प्रगतिशील आलोचना (1962), शैली विज्ञान और आलोचना की नई भूमिका (1972), भाषा शिक्षण (1978), संरचनात्मक शैली विज्ञान (1979), प्रयोजनमूलक हिंदी व्याकरण (1983), भाषाई अस्मिता और हिंदी (1992), हिंदी भाषा का समाजशास्त्र (1994), हिंदी भाषा संरचना के विविध आयाम (1995), भाषाविज्ञान : सैद्धांतिक चिंतन (1997), अनुप्रयुक्त भाषाविज्ञान (2000), साहित्य का भाषिक चिंतन (2004), 118 लेख।

मौलिक पुस्तकें अंग्रेज़ी में–लिटरेसी (1993), स्टाइलिस्टिक्स (1994), बाई/मल्टी लिंगुआलिज़्म (1994), अप्लाइड लिंगुअस्टिक्स (1998), लैंग्वेज थ्येरी एंड लैंग्वेज स्ट्रक्चर (1998), जेनरेटिव फोनोलॉजी (1999) 140 लेख।

संपादित पुस्तकें हिंदी में–प्रयोजन मूलक हिंदी (1975), हिंदी का सामाजिक संदर्भ (1976), शैली और शैली विज्ञान (1976), हिंदी भाषा : संरचना और प्रयोग (1980), व्यावहारिक हिंदी (1980), अनुप्रयुक्त भाषाविज्ञान (1980), साहित्य अध्ययन की दृष्टियाँ (1980), भाषाशास्त्र के सूत्रधार (1983), अनुवाद : सिद्धांत और समस्याएँ (1985), भाषाविज्ञान परिभाषा कोश (1990), हिंदी के संदर्भ में सैद्धांतिक और अनुप्रयुक्त भाषाविज्ञान (1992)।

संपादित पुस्तकें अंग्रेज़ी में–इवालुएटिंग कम्युनिकेबिलिटी इन विलेज सेटिंग (दो खंड) (1978), पर्सपक्टिव्स इन लैंग्वेज प्लानिंग (1990)।

शायद प्रो. श्रीवास्तव के कृतित्व के बारे में अब कुछ कहना जरूरी नहीं है। यहाँ प्रो. सुरेश कुमार की संवेदना को उद्धरित कर दे रहा हूँ जो उन्होंने अपने 'स्मृति लेख' (2004) में उजागर की है–'ज्ञानधारा की विकासमान प्रवृत्तियों के प्रति निरंतर सजगता, नया ज्ञान प्राप्त करने की उत्कंठा, सूक्ष्म विश्लेषण-क्षमता, भाषा और साहित्य के शास्त्रीय तथा आलोचनात्मक अध्ययनों के साथ सर्जनात्मक लेखन में अभिरुचि जैसी सर्वतोभद्रता, हिंदी, अंग्रेज़ी, रूसी में अभिव्यक्ति क्षमता, निरंतर शैक्षिक कार्यों में संलग्नता ने प्रो. श्रीवास्तव के अकादमिक व्यक्तित्व को विलक्षण आकार प्रदान किया है।

प्रो. श्रीवास्तव एक पूर्ण भाषावैज्ञानिक थे। एक संपूर्ण (समाज) भाषावैज्ञानिक, इस तथ्य से परिचित कराने में यह लेख समर्थ है :

> एक पूर्ण (समाज) भाषावैज्ञानिक
> भाषा समाज अनुबंधित 'वस्तु' है अतः समाजविज्ञान
> के क्षेत्र की वस्तुओं की तरह इसमें पाए जानेवाले
> अभ्यांतर गुणों (प्रभेदक लक्षण) का मूल आधार हमेशा
> सामाजिक सार्थकता होता है।–प्रो. रवीन्द्रनाथ श्रीवास्तव

प्रो. रवीन्द्रनाथ श्रीवास्तव के समस्त अनुप्रयुक्त भाषाविज्ञान से संबद्ध लेखन में भाषा और समाज के अंतस्संबंध का गूढ़ और गहरा विवेचन समाहित है। उनका यह अध्ययन हिंदी में आया, हिंदी भाषा को केंद्रीयता देते हुए; हिंदी भाषा के लिए यह एक अकादमिक पहल थी। उनके पहले और उनके बाद भी हिंदी भाषा की सामाजिकता को इतना बहुआयामी बना कर देखने-परखने वाले बिरले ही मिलेंगे। हिंदी भाषा में ऐसा लिखने वाले तो शायद एक भी नहीं। वे भाषा का 'संप्रेषण के लिए' अध्ययन-विश्लेषण करने के पक्षधर भाषाविज्ञानी थे। अमरीका से पोस्ट-डॉक्टरल रिसर्च करते हुए उनका रूस में पला-पुसा ध्वनिवैज्ञानिक भाषा की सामाजिक भूमिका के प्रति सजग हो गया। उनके समाज भाषाविद् ने उनके प्रखर शैली वैज्ञानिक के विकास में भी बहुविध मदद पहुँचाई।

उनके अनुसार 'भाषा संप्रेषण व्यवस्था का अन्यतम उदाहरण है।' संप्रेषण के व्यापक परिप्रेक्ष्य की व्याख्या करते हुए उन्होंने इसे मूलतः एक 'सामाजिक प्रक्रिया' स्वीकार किया और यह प्रतिपादित किया कि 'सामाजिक प्रक्रिया का परिणाम होने के कारण ही भाषा अपने व्यवहार में विषमरूपी होने के लिए बाध्य है।' मनुष्य को 'सामाजिक पशु' की मान्यता इसीलिए मिली कि वह संप्रेषण की विविध स्थितियों में भाषा का समाज स्वीकृत व्यवहार सिद्ध कर पाता है। प्रो. श्रीवास्तव ने इसी तथ्य को दूसरे शब्दों में इस तरह प्रकट किया है कि "मनुष्य केवल 'वाक् पशु' नहीं है, न हो सकता है क्योंकि वह 'समाज में रहने की नियति' लेकर पैदा होता है। अतः सामाजिक संदर्भों से नियंत्रित भाषा प्रयोग भी उसकी नियति बन जाता है।"

इस प्रकार 'भाषा और समाज' पर विमर्श करने वाली उस समय विश्व पटल पर अवस्थित दो दृष्टियों—भाषा का समाजशास्त्र तथा समाजोन्मुख या (समाज) भाषाविज्ञान की अध्ययनगत प्रवृत्ति एवं भाषागत अवधारणा पर भी उन्होंने भारत में संभवतः पहली बार दृष्टिपात किया। इन दोनों दृष्टियों को हिंदी भाषा के माध्यम से व्यक्त और व्याख्यायित करने के लिए जहाँ एक ओर उन्होंने विश्व भर के समाज भाषाविदों के चिंतन को खँगाल डाला वहीं दूसरी ओर हिंदी में समाज भाषाविज्ञान संबंधी पारिभाषिक शब्दावली का एक समृद्ध भंडार भी तैयार कर दिया। उनकी यह देन अत्यंत महत्वपूर्ण है कि उन्होंने 'समाज भाषाविज्ञान की हिंदी' का 'मेटालैंग्वेज रूप' निर्मित किया।

जैसाकि अभी कहा गया कि उन्होंने हिंदी में पहली बार 'भाषा का समाजशास्त्र' पर विस्तार से चर्चा की। इसमें यह भी जोड़ लें कि इस चर्चा के अंतर्गत ही उन्होंने 'हिंदी भाषा का समाजशास्त्र' भी रच डाला। उनके मतानुसार 'भाषा का समाजशास्त्र, भाषा के उन प्रश्नों को अध्ययन का लक्ष्य बनाता है जिनका संबंध समाज एवं उसके संस्थान से रहता है।' उन्होंने अपने कई लेखों और एक

पूरी पुस्तक 'हिंदी भाषा की सामाजिक अस्मिता' में जो कुछ अत्यंत विस्तार के साथ लिखा है उसमें से 'भाषा का समाजशास्त्र' संबंधी अवधारणा को खोलने वाले उनके विचारों को यदि सार रूप में प्रस्तुत करना हो तो यह कहा जा सकता है कि भाषा की सामाजिक अस्मिता, सामाजिक पद सूचक तथा सामाजिक वर्गों का भाषा के प्रति दृष्टिकोण आदि 'भाषा का समाजशास्त्र' के प्रमुख अध्ययन क्षेत्र हैं। किस भाषा को राजभाषा बनाया जाए, किसे शिक्षा की माध्यम भाषा के रूप में स्वीकृत किया जाए आदि भाषा नीति संबंधी प्रश्नों के साथ ही 'भाषा का समाजशास्त्र' भाषा-नियोजन के कई पक्षों जैसे मानकीकरण और आधुनिकीकरण आदि मुद्दों पर भी विचार करता है।

यह तथ्य यहाँ उल्लेखनीय भी है और प्रो. श्रीवास्तव के भीतर अवस्थित सजग समाज भाषावैज्ञानिक की प्रखरता का प्रमाण भी कि हिंदी भाषा तथा भारतीय भाषा परिवेश के संदर्भ में उन्होंने 'भाषा का समाजशास्त्र' के इन समस्त मुद्दों का मंथन ही नहीं किया बल्कि 'भाषा नियोजन एवं भाषा नीति' के प्रश्न को भारत की भाषाई व्यवस्था के सामने इस तरह घटित करके दिखाया और सिद्ध किया कि 'भाषा केवल विचारों या भावों की अभिव्यक्ति का माध्यम ही नहीं होती, वह सामाजिक आवश्यकताओं की पूर्ति का एक सघन आधार भी होती है।' इस पूरे विमर्श में उन्होंने जगह-जगह यह जतलाया है कि इस आधार की पूर्ति समाज की संरचना के अवयवों को परखते हुए करनी पड़ती है। और यह भी कि इस धरातल पर भाषा अपने को नया भी बनाती है तथा नए-नए भाषिक उपादानों का वरण करते हुए अपनी अभिव्यक्तिपरक क्षमता में इजाफा भी करती है।

समाजोन्मुख भाषाविज्ञान अर्थात् समाज भाषाविज्ञान की ओर भी प्रो. श्रीवास्तव की दृष्टि भारत में सबसे पहले पड़ी। 1976 में उन्होंने केंद्रीय हिंदी संस्थान, आगरा की ओर से एक पुस्तक संपादित की 'हिंदी का सामाजिक संदर्भ'। यह पुस्तक पूर्णतः उनकी सोच और परिकल्पना का मेधावी प्रस्तुतीकरण है। हिंदी जैसी बहुरूपी, बहुप्रयुक्त और बहुसांस्कृतिक भाषा के समस्त समाजभाषिक वैशिष्ट्य को इस पुस्तक में इतनी गहराई के साथ प्रस्तुत किया गया कि हिंदी भाषा के मातृभाषा-भाषी विद्वान अध्येता भी अभिभूत हो उठे। इस पुस्तक की भूमिका—'आधुनिक भाषाविज्ञान का सामाजिक संदर्भ : एक सर्वेक्षण' अपने आप में एक अभूतपूर्व रचनात्मक विमर्श है, मील का पत्थर है। इस भूमिका के प्रारंभ में ही प्रो. श्रीवास्तव ने भाषा को मानव आचरण के व्यापक संदर्भ में देखते हुए उसे एक सामाजिक संस्था के रूप में स्थापित करके विमर्श की सुदृढ़ नींव रख दी है। इस भूमिका की सबसे महत्वपूर्ण स्थापना यह है कि 'भाषा, मनुष्य और मनुष्य के बीच पाई जानेवाली संप्रेषण व्यवस्था है।' इस व्यवस्था की वास्तविकता को प्रो. श्रीवास्तव भारत के भाषाई यथार्थ को केंद्र में रखकर अपने अध्ययन में निरंतर परखते चले

हैं। वे अपने विचारों में इस बात पर दृढ़ दिखाई देते हैं कि 'ज्ञान के क्षेत्र में बदलाव औचक या अचानक नहीं होता, वह अपने पूर्ववर्ती अवस्था के गर्भ में पल रहे बीज का ही परिणाम होता है।' इस नजरिए से ही उन्होंने आधुनिक भाषाविज्ञान के इतिहास में गहरे उतर कर उसके विभिन्न सोपानों पर क्रमशः विमर्श करते हुए भाषावैज्ञानिक अध्ययन की सामाजिकता के उत्थान को ऐतिहासिक परिप्रेक्ष्य में देखा। सस्यूर के प्रतीक-विज्ञान की अवधारणा तथा भाषा संरचना/संघटना के अध्ययन को केंद्र में रखकर आधुनिक भाषाविज्ञान के संकल्पनात्मक युग्मों की जैसी प्रस्तावना उन्होंने तैयार की है, वह उनके जैसे मेधावी और विश्लेषणक भाषाविद् के ही बस का था।

भाषा और वाक्, एककालिक और कालक्रमिक, विन्यासक्रमी और सहचारक्रमी, वस्तु और रूप, संप्रत्यय और अभिव्यक्ति, मुख्यार्थ और संपृक्तार्थ की संकल्पनाओं या पारिभाषिकता की व्याख्या देने के पहले उन्होंने पारिभाषिक शब्दावली के बारे में जो टिप्पणी दी है वह उनकी गहरी शोधपरक दृष्टि का परिचायक है कि 'शब्द पारिभाषिक तभी बनते हैं जब वे सिद्धांत द्वारा बाधिक होकर एक विशेष चिंतन प्रणाली की सार्थक इकाई के रूप में सिद्ध हो जाते हैं और सैद्धांतिक मान्यताएँ स्थिर तभी हो पाती हैं जब चिंतन दृष्टि, पारिभाषिक शब्दावली के सहारे प्रकथन में बँधकर बोधगम्य होने लगती है।' पारिभाषिक शब्दावली की इतनी पूर्ण परिभाषा अन्यत्र दुर्लभ है। यह बात और है कि हम इसे देख नहीं पाते और कुछ पिटी-पिटाई परिभाषाओं का ही चर्वण करते रहते हैं।

सामाजिक संदर्भ में भाषा को व्याख्यायित करने की अपनी वैज्ञानिक (समाजभाषिक) धारणा के चलते ही प्रो. श्रीवास्तव ने 'भाषा' और 'वाक्' को भाषा के ही दो आयाम स्वीकार किया है—'जो समाज में भाषा की संपूर्णता और उसके अखंड रूप को समझने के लिए अलग-अलग रखे गए हैं।' अपने इस कथन को प्रमाणित करने के लिए उन्होंने अपने संपूर्ण लेखन में जगह-जगह सस्यूर की 'भाषा व्यवस्था' और 'भाषा व्यवहार' की संकल्पनाओं का उत्खनन करते हुए इन्हें अलग-अलग कोणों से प्रस्तुत किया है। कुछ बातें प्रो. श्रीवास्तव के समाज-भाषाविद् ने भाषा और वाक् के संदर्भ में बड़े पते की कही हैं, इस ओर भी हमारा ध्यान कम ही जाता है—एक तो यह कि भाषा व्यवहार बहुरूपी और विषमरूपी होता है और 'वैयक्तिक संदर्भों से जुड़े होने के कारण यह भाषा का व्यष्टि रूप है' क्योंकि यह 'कोडीकरण की उस प्रक्रिया से बँधा होता है, जहाँ व्यक्ति, संदर्भ, श्रोता, परिस्थिति आदि का ध्यान रखकर चयन के सिद्धांत के आधार पर किसी वाक्य विशेष या उसके समूह का प्रयोग करता है।' वाक् से संबंधित भाषा के इस पक्ष को श्रीवास्तव ने 'भाषा के अभिव्यक्तिकरण' के रूप में देखा है। भाषा (व्यवस्था) को वे वैयक्तिकता से परे 'समूहगत अनुबंधन' मानते हैं जो 'निर्विशिष्ट होकर

समरूपी होता जाता है।' इस विषय पर गलत बयानी करने वालों को उन्होंने चेताया भी कि 'समरूपी होने का अर्थ समाज-निरपेक्ष होना नहीं है।' क्योंकि भाषा भी 'सामाजिक संस्थान की तरह एक ठोस वास्तविकता है', इतना ही नहीं वह स्वयं में एक 'प्रतीक सिद्ध सामाजिक वस्तु है।' इस प्रकार प्रो. श्रीवास्तव ने फैले हुए भ्रम को दूर करते हुए यह सिद्ध करके दिखाया कि 'लांग की भी अपनी सामाजिक सत्ता है।' उनका तो यहाँ तक मानना है कि 'भाषा का कोई भी अभिव्यक्त रूप या उसकी प्रणाली समाज-निरपेक्ष और मानव तटस्थ नहीं होती। सामाजिक सार्थकता भाषा के हर अभिव्यक्तिकरण का प्रमुख लक्षण है।' और फिर उनकी सर्वाधिक महत्वपूर्ण मान्यता कि 'भाषा और वाक् एक-दूसरे का संदर्भ लेकर ही पारिभाषित किए जा सकते हैं।'

श्रीवास्तव ने भाषा विकास के लिए भाषा विविधता को अनिवार्य मानते हुए ब्लूमफील्ड, हाइम्स, याकोब्सन और सपीर के विचारों को आलोड़ित कर अपने निष्कर्ष दिए हैं कि 'जीवंत भाषा के विकास में उसकी विविधता का बड़ा हाथ होता है।' भाषा-भेद को उन्होंने भाषा की शक्ति माना है। और संरचनात्मक भाषावैज्ञानिकों के विचारों से टकराते हुए उनकी सीमाएँ भी उजागर कीं, वे चाहे त्रुबेस्कोय हों, चाहे हैरिस या चॉम्स्की। चॉम्स्की के 'रचनांतरण नियम' की अमूर्तता पर उनकी यह टिप्पणी इस बात की गवाह है कि एक समाज भाषावैज्ञानिक के रूप में प्रो. श्रीवास्तव की मान्यताएँ कितनी दृढ़ और सामयिक थीं—'यहाँ सवाल रचनांतरण नियमों की अपनी प्रकृति का ही नहीं, वरन् उसके प्रयोग के कारणों का भी है। निश्चय ही कई विकल्पनों में से किसी एक रचनांतरण नियम का चुनाव उन सभी सामाजिक संदर्भों की जानकारी की माँग करता है जो परिस्थिति, वक्ता-श्रोता, विषय वस्तु आदि से सापेक्ष होते हैं।' भाषा की समाज सापेक्षता उसका आंतरिक गुण है--इस तथ्य को प्रो. श्रीवास्तव बार-बार विवेचित और प्रमाणित करते रहे। उन्होंने इस धरातल पर भाषा भेदों के समस्त आयामों को अपने लेखन में समेट कर रख दिया है। इस दिशा में सामाजिक स्तर भेद तथा व्यवहार क्षेत्र की भाषा पर उनके लेखन को देखें तो उनमें राजभाषा, वर्गभाषा, संपर्क भाषा, शैक्षिक भाषा, साहित्यिक भाषा, धार्मिक भाषा, तकनीकी भाषा आदि पर जो
व्यापक विमर्श मिलते हैं वे उनके बहुमुखी समाज भाषावैज्ञानिक का ही चमकीला प्रतिबिंब हैं।

प्रो. श्रीवास्तव ने समाज भाषाविज्ञान का 'भाषा प्रयोग दक्षता का सिद्धांत' जैसा सार्थक नामकरण भी किया है। उनके द्वारा प्रदत्त इस नाम की सही व्याख्या भी हम अभी तक नहीं कर पाए हैं। उनके अनुसार भाषा प्रयोग दक्षता (समाज भाषाविज्ञान) की संकल्पना के केंद्र में भाषा-प्रयोग है अतः 'सही संप्रेषण और उचित बोधन' के लिए यह जरूरी है कि 'भाषा प्रयोग के जिस औचित्य से बाधित भाषिक

नियमों का व्यवहार वक्ता करता है उसकी जानकारी श्रोता को भी हो।' संप्रेषण में सहभागिता का प्रश्न भी संभवतः सबसे पहले प्रो. श्रीवास्तव ने ही उठाया तथा भाषा और संप्रेषण के अंतःसंबंध की विवेचना में सहभागिता की भूमिका उनके समस्त लेखन का आधार है—ध्वनिविज्ञान से लेकर शैलीविज्ञान तक। आश्चर्य नहीं कि इसी आधार पर उन्होंने भाषा को समाज सापेक्ष प्रतीक व्यवस्था भी माना और 'उसकी प्रकृति में ही सामाजिक तत्व अंतर्भुक्त रहते हैं'—यह विवेचित करके दिखाया। भाषा संप्रेषण के लिए है अतः वह स्वयं में प्रयोजनसिद्ध है, अपने इस महत्वपूर्ण सिद्धांत के साथ ही उन्होंने यह भी प्रतिपादित किया कि क्योंकि भाषा प्रयोजनसिद्ध है अतः 'भाषा न केवल विभिन्न शैलियों के समूह के रूप में प्रतिफलित होती है वरन् भाषा-समाज की एक व्यापक संप्रेषण व्यवस्था का अंग भी होती है।' यहीं उन्होंने वाक्यबंध (डिसकोर्स) की बात उठाई और संप्रेषण व्यापार की आधारभूत सार्थक इकाई शाब्दिक घटना (स्पीच ईवेंट) है यह स्पष्ट करके भाषा-अध्ययन, विशेषकर हिंदी भाषा के विश्लेषण को एक नई दिशा दी कि 'जिस प्रकार व्याकरण की आधारभूत संरचनात्मक इकाई वाक्य है उसी प्रकार संप्रेषण व्यवस्था की संरचनात्मक इकाई यह शाब्दिक घटना होती है।

प्रो. श्रीवास्तव का समाज भाषाविद् मात्र एक सिद्धांत प्रतिपादक नहीं है। वह समाज भाषाविज्ञान के सहारे अनुप्रयुक्त भाषाविज्ञान की भिन्न-भिन्न शाखाओं को व्यावहारिक बनाने का महती लक्ष्य लेकर चला है। एक तो अन्य भाषा के रूप में हिंदी शिक्षण को सार्थक एवं व्यावहारिक बनाने का लक्ष्य। हिंदी का सामाजिक संदर्भ की भूमिका के आखिर में उन्होंने लिखा है कि 'इन लेखों के लेखकों का संबंध मुख्यतः अन्य भाषा के रूप में हिंदी शिक्षण-प्रशिक्षण से रहा है, इसलिए यह अध्ययन दूसरी भाषा के रूप में हिंदी पढ़ने-पढ़ाने वालों को नई दृष्टि देगा।' कहना न होगा कि आगे चल कर इसी लक्ष्य को चरम उत्कर्ष देने के लिए उन्होंने 'भाषा शिक्षण' पुस्तक तैयार की। उनका एक लक्ष्य यह भी रहा कि उनके लेखन द्वारा समाज भाषाविज्ञान संबंधी आधारभूत छोटी-बड़ी सभी संकल्पनाएँ स्पष्ट हो सकें ताकि इन्हें आधार बनाकर हिंदी भाषा की संघटनात्मक बहुआयामी संरचना साफ़-साफ़ खोली जा सके। हिंदी भाषा-समाज के संस्थागत अभिलक्षणों पर भरपूर प्रकाश डालना भी प्रो. श्रीवास्तव के लक्ष्यों में से एक था। प्रो. एस. के. वर्मा की मानें तो वे वास्तव में एक लक्ष्यबेधी भाषाविद् थे। क्योंकि अर्जुन की तरह ही उनकी दृष्टि सदैव भाषा (हिंदी भाषा) को एक सही सामाजिक संदर्भ में देखने पर केंद्रित रही।

लक्ष्यवेदी भाषाविद् होने के फलस्वरूप ही उनका हिंदी भाषा-चिंतन भी गहरा और अनूठा है। यहाँ भी उनका समाज भाषाविद् सजग था, कहीं ज़्यादा सजग। 'खड़ी बोली' के विकास को मानकीकरण की प्रक्रिया के संदर्भ में विवेचित करना

उनका अपूर्व देय है। हिंदी भाषा के जनप्रयुक्त रूप को वे सम्मान देते हैं। बोलचाल की भाषा में अधूरेपन, खंडित संरचना, सुरलहरी, अनुतान आदि को आंगिक मुद्रा से आबद्ध करके देखते हुए उन्होंने यह सिद्ध कर दिखाया कि इन माध्यमों से संप्रेषित अर्थ की अभिव्यक्ति 'भाषा के भीतर रहकर' ही व्यक्त होती है। उनके विचार में भाषा के भीतर होने का अर्थ है—'समाज स्वीकृत भाषा व्यवहार के साथ होना।'

भाषा-व्यवहार के लिए भाषा-वैविध्य को जीवंत भाषा की नियति स्वीकारने वाले प्रो.श्रीवास्तव ने हिंदी भाषा के लौकिकीकरण का सर्वेक्षण भक्तिकाल से लेकर आधुनिक काल तक की भाषा-यात्रा को सामने रखते हुए किया है—तुलसी, सूर, कबीर, भारतेंदु, महावीर प्रसाद द्विवेदी, प्रेमचंद, मैथिलीशरण गुप्त, हजारी प्रसाद द्विवेदी के भाषाई अवदान और इनके भाषा-चिंतन पर भी प्रो. श्रीवास्तव ने अपनी पैनी दृष्टि डाली तथा समाज संदर्भित हिंदी के प्रति इन सबके रुझान की गहन व्याख्या भी की। हिंदी भाषा के विकास में साहित्यकारों की समाज भाषिक सोच और प्रयोग पर मुग्ध होते हुए उन्होंने लिखा है कि 'देशकाल, पात्र, प्रयोग, परिस्थिति के अनुसार शब्द विशेष के सही चुनाव से जो सही भाषा-शैली हिंदी की बनती चली गई है वह हिंदी के रचनाकारों के लोक-भाषा के प्रति लगाव के कारण ही संभव हो सका है।' साहित्यिक भाषा के रूप में हिंदी संरचना के बनते-टूटते समीकरणों को परखते हुए उन्होंने भाषा-संस्कार तथा लोक प्रचलित व्यवहार में भाषा की मर्यादा की जो बात उठाई है वह भी हिंदी भाषा की समाजभाषिकी के संदर्भ में कम महत्व की नहीं है। उन्हीं के शब्दों में—'हिंदी की विभिन्न शैलियों का भाषा-संस्कार और लोक मर्यादित प्रयोग से गहरा और सीधा संबंध है।'

हिंदी भाषा को प्रो. श्रीवास्तव एक विकासमान भाषा इसीलिए मानते हैं कि उसमें समय, परिवेश और चेतना को बहुविध स्वर देने की सामर्थ्य है। हिंदी की इसी सामर्थ्य को मानव भाषा की व्यापक संकल्पना के परिप्रेक्ष्य में परखते हुए उन्होंने यह निष्कर्ष दिया है कि 'हिंदी एक जीवंत भाषा है जो एक तरफ लचीली स्थिरता से संयुक्त है तो दूसरी ओर काव्यभाषा की असीम संभावनाओं से संपन्न। वह एक ओर विज्ञान की तर्कभाषा को सिद्ध करती है तो दूसरी ओर बाजार के दबावों को भी अभिव्यक्त कर पाती है।' इस संदर्भ में इलेक्ट्रॉनिक मीडिया में हिंदी भाषा के मानकीकरण को लेकर उनका उदाहरणों से परिपूर्ण आलेख आज भी मील का पत्थर है।

भारतीय बहुभाषिकता पर उनका चिंतन भी कुछ इसी तरह का है—बेजोड़। भारत की बहुभाषिकता को उन्होंने भारतीय भाषा-समाज की विशेष बुनावट के परिप्रेक्ष्य में देखते हुए इसे प्रयोजन सिद्ध भाषा भेद और भाषा व्यवहार को सहज भाव से मान्यता देने की उसकी प्रकृति को माना है। एक स्तर पर बोली, दूसरे

स्तर पर जनपदीय भाषा और तीसरे स्तर पर अंतर्क्षेत्रीय व्यवहार के लिए तीसरी भाषा को अपनाने की हिंदी भाषा-समाज की सहज बहुभाषिक प्रकृति पर उनकी तीक्ष्ण दृष्टि पड़ी है। अपने विमर्श में उन्होंने यह भी प्रमाणित किया है 'भारतीय समाज की सहज संप्रेषण व्यवस्था में बहुभाषिकता कभी भी बाधक नहीं रही है।' बहुभाषिकता से उत्पन्न कोड-मिश्रण और कोड-परिवर्तन की चर्चा करते हुए भाषा के आधुनिकीकरण के प्रश्न को भी वे समाज संदर्भित करके परखते चले हैं। बहुभाषिकता से उत्पन्न उस सामाजिक विद्रूपता की ओर भी उन्होंने संकेत किया है जहाँ हमने अपनी मातृभाषाओं को अभिव्यक्तिपरक संस्कृति की सूचक भाषा के रूप में उभारा है और अंग्रेज़ी को प्रगतिपरक संस्कृति की संवाहक भाषा के रूप में। हिंदी भाषा की संस्कृत और फारसी निष्ठता को उन्होंने हिंदी भाषा-समाज के विघटन का बड़ा कारण मानते हुए क्षेत्रीय भाषाओं और हिंदी के बीच बढ़ते द्विभाषी विभाजन के खतरों की ओर भी संकेत किया, क्षोभ प्रकट किया। यहीं पर उन्होंने भारतीय भाषाओं के वैधानीकरण पर चर्चा करते हुए 'राजभाषा' की परिकल्पना तथा भारत सरकार की राजभाषा नीति को भारत की बहुभाषिक परिस्थिति में समाज को आधुनिक तथा भाषा को प्रयोजनवती बनाने का एक उपक्रम भी साबित किया। इस दृष्टि से उनका आलेख 'भाषा का आधुनिकीकरण और अनुवाद' एक पठनीय दस्तावेज है। अनुवाद-प्रक्रिया में अन्य कई बातों के साथ उन्होंने 'अनुवाद संदेश' में निहित समाज-सांस्कृतिक तत्वों तथा इनसे संबंधित अनुवादनीयता की समस्याओं पर विचार किया है। इसके लिए उन्होंने हिंदी की अभिवादन प्रणालियों के साथ ही उक्तियों-अभिव्यक्तियों का एक संसार रचा है जिसकी सामग्री कफन कहानी तथा अज्ञेय, केदारनाथ सिंह और भारत भूषण अग्रवाल की कविताएँ बनी हैं। उनके अनुसार दो भाषाओं की समाज-सांस्कृतिक संरचना की विशिष्टता ही हर भाषा को 'प्रतीक' के स्तर पर एक-दूसरे से भिन्न करती है तथा भिन्नता की इस सीमा के अनुपात में ही अनुवादनीयता की सीमा निर्धारित होती है। 'प्रतीक सिद्धांत और अनुवाद' नामक अपने लेख में उन्होंने 'कफ़न' में आई समाज-सांस्कृतिक उक्तियों, 'गंगा' की समाज स्वीकृत अर्थ छवियों, 'शिवलिंग' की सांस्कृतिक अर्थवत्ता के स्तरों को गहरे तक देखते हुए अंग्रेज़ी में इनकी अनुवादनीयता की समस्या को रेखांकित किया है।

शैलीविज्ञान प्रो. श्रीवास्तव का सर्वाधिक विवेच्य क्षेत्र है। 'शैली' की सामाजिकता तथा समाज द्वारा इनका 'चयन' उनके विमर्श के मूल में रहे हैं। हिंदी आलोचना पद्धति की सीमा की ओर संकेत करते हुए उन्होंने लिखा है कि–'हमारी साहित्य चिंतन परंपरा ने भाषा-शैली को मात्र साहित्यिक शैली तक ही सीमित रखा' और इस सीमा का अंकन करते हुए कहा कि–'वे यह भूल गए कि साहित्यिक भाषा, बोलचाल की सामान्य जीवंत भाषा का ही एक विशेष रूप होती है।' और

यह सुझाव भी दिया कि 'उसको (साहित्यिक भाषा) समझने के लिए आवश्यक है कि उसे बोलचाल की भाषा के संदर्भ में देखा जाए।' उनके इस पूरे अभिमत में उनका समाज भाषावैज्ञानिक मुखर है। 'शैली और कुछ नहीं, कहने का खास ढंग है' जैसी उक्ति में भी उनका समाज भाषाविद् ही बोल रहा है। कविता में 'पैटर्न' की बात करते हुए भी उन्होंने 'नॉन कैजुअल' वाक्यों पर ध्यान देने तथा कविता में निहित 'भाषा-क्रिया' की समाज सापेक्षता को गंभीरता के साथ विश्लेषित करने पर बल दिया है।

रचना के 'होने' के पीछे भी वे 'समाज के दबाव' तथा 'वस्तु और भाषा' के उस द्वंद्व को कारण मानते हैं जो 'सामाजिक भाषा' के गर्भ से 'कलात्मक अथवा सर्जनात्मक रूप' लेकर उत्पन्न होती है। 'संदर्भ की संघटना' में भी उन्होंने भाषा की सामाजिक वृत्ति के योगदान को ही प्रमुख कारक माना है। 'शाब्दिक सौंदर्य' की बात उठाते हुए भी उन्होंने बार-बार यह दुहराया है कि कवि अपनी कलात्मक चेतना को ठोस आधारभूमि प्रदान करने के लिए उसे 'समाजगत भाषा संस्कारों के सहारे ही एक कोण (ऐंगल) देता है।' और इस तथ्य को प्रमाणित करने के लिए उन्होंने कभी वचन भंगिमा, कभी सर्वनाम प्रयोग, कभी संबोधन तो कभी लिंग-विधान जैसे समाज-शैलीय भाषिक उपकरणों के उदाहरण दिए हैं।

इन सभी संदर्भों में उन्होंने केदारनाथ सिंह, निराला, पंत, मुक्तिबोध, रघुवीर सहाय की काव्य पंक्तियों का जिस तरह विश्लेषण किया है वह वस्तुतः उनके समाज शैली वैज्ञानिक प्रारूप का ही अनुप्रयोगपरक प्रतिफलन है। साहित्य को 'शाब्दिक कला' मानने के जो तर्क उन्होंने प्रस्तुत किए हैं उनमें शैली के प्रकार्यों की चर्चा प्रमुख है–जहाँ एक ओर क्षेत्रीय बोलियों और सामाजिक शैलियों को सर्जनात्मक बनाने की प्रविधि का अवलोकन है तो दूसरी ओर भाषा की सामाजिक भूमिका, प्रकारता और प्रोक्ति के रचनात्मक निर्वहन की पद्धतियों का विवेचन है। सामाजिक शब्द की कलात्मक परिणति पर अपने पूर्ण विश्वास के कारण ही वे यह कह सके कि 'साहित्य ज़मीन की सच्चाई से अधिक आबद्ध होता है' और यह निष्कर्ष दे सके कि 'अतः उसकी भाषा सामाजिक ही होगी।' इस दृष्टि से अंग्रेज़ी में उनका आलेख 'लैंग्वेज, स्टाइल एंड डिसकोर्स' बड़े महत्व का है।

प्रो. श्रीवास्तव की उक्त धारणाओं को व्यावहारिक जामा पहनाने वाला उनका आलेख है–'सूरदास की भाषिक संपदा', जिसका यह वाक्य ध्यान देने योग्य है कि–'सूरदास की भाषा में जो काव्यात्मक शक्ति है वह जीवन से जुड़ी भाषा की समृद्धि से ही संभव हुआ है।' उन्होंने सूर के काव्य में गहरे तक धँसने के बाद यह लिखा है कि सूर की उक्तियों में यशोदा के पुत्र प्रेम, उनकी झल्लाहट और उनके दुलार की अभिव्यक्ति में 'सामाजिक भाषा व्यवहार में लिपटी भाषिक अभिव्यंजना का ही महत्व है।' और सूरदास की भाषा को समग्रता में देखने के

बाद कहा है कि 'सूर की भाषा की भीतरी व्यवस्था इतनी लचीली है कि वह विभिन्न सामाजिक भूमिका के लिए अपना एक नया रूप ले लेती है।' उन्होंने 'विकल्प से चुनाव' करने में भी सूर को विलक्षण पाया है। उनकी यह समीक्षा उनके समाज भाषावैज्ञानिक रूप का उत्कृष्ट उदाहरण है। इस समालोचना की पृष्ठभूमि में उनकी यह धारणा समानांतर ढंग से उजागर होती रहती है कि 'एक बहुभाषी समाज में विकल्प से चयन का एक आयाम स्वयं उस सामाजिक भाषा का भी होता है जिससे भाषिक तत्व लेकर कवि की व्यक्ति शैली का निर्माण होता है।' इस धारणा की दृढ़ता के कारण ही सूर की भाषा की संकरता, उनके तद्भव भाषा प्रयोगों तथा उनकी भाषा की लोकजनित गत्यात्मकता में भी श्रीवास्तव ने 'भाषा प्रयोग के दैनिक जीवन की शैली' का प्राधान्य देखा है। इस तरह का अनूठा आलोचकीय ढाँचा कोई सिद्ध समाज भाषावैज्ञानिक ही निर्मित कर सकता था।

'भारतेंदु युग की भाषाई चेतना' नामक आलेख में तो प्रो. श्रीवास्तव का समाज भाषावैज्ञानिक पंक्ति-पंक्ति में पैठा हुआ है। इस लेख में ग्रियर्सन, गिलक्राइस्ट, श्रीधर पाठक, प्रताप नारायण मिश्र के हवाले से उन्होंने हिंदी भाषा के सामाजिक संदर्भ का भारतेंदु युगीन पूरा परिदृश्य ही खड़ा कर दिया है। ऐसा ही उनका एक आलेख 'भाषा-शैली और आचार्य द्विवेदी' भी है जिसमें आचार्य हजारी प्रसाद द्विवेदी के भाषा-चिंतन को प्रो. श्रीवास्तव ने सस्यूर के समकक्ष देखते हुए भाषा-संप्रेषण तथा हिंदी भाषा की समाज सापेक्षता पर द्विवेदी जी के विचारों को समाज भाषावैज्ञानिक संकल्पनाओं में परखते हुए प्रस्तुत किया है। आलेख की कुछ पंक्तियाँ ही इस 'परख' को समझने के लिए पर्याप्त होंगी–'द्विवेदी जी शब्दों द्वारा व्यक्त भाषा को मनुष्य के सामाजिक संबंधों के प्रतीक के रूप में देखते हैं। वे मानते हैं कि शब्द की न केवल प्रकृति सामाजिक है बल्कि उसका प्रयोजन भी सामाजिक है। प्रयोजन के रूप में वह संप्रेषण का उपकरण है, मनुष्य की सामाजिकता साधन है। द्विवेदी जी के अनुसार सामाजिक या साहित्यिक बनने का रास्ता भाषा का रास्ता है।'

अपने अंतिम कुछ वर्षों में प्रो. श्रीवास्तव ने भारतीय भाषा-चिंतन पर भी काफी पढ़ा-लिखा और यह प्रतिपादित किया कि 'भारतीय भाषा-चिंतन प्रणाली वाचिक होने के कारण सर्वांगीण थी।' इस प्रकार उन्होंने मौखिक भाषा के महत्व की समाज भाषावैज्ञानिक स्वीकृति का ही आधार लिया। 'हमारे आचार्यों की भाषा दृष्टि व्यक्तिपरक न होकर सामाजिक है'–जैसी स्थापना को उन्होंने भारतीय आचार्यों के चिंतन से निचोड़ कर यह निष्कर्ष दिया कि 'हमारे आचार्य यह मानते थे कि भाषा सामाजिक वस्तु भी है और वैयक्तिक व्यवहार भी।'

अंत में और कुछ न कहकर अशोक आर. केलकर के बारे में लिखी गई प्रो. श्रीवास्तव की चंद पंक्तियाँ, जो; जैसा कि अभी आपने देखा, प्रो. श्रीवास्तव

पर भी शब्दशः ठीक बैठती हैं–

> He conjoins culture with language
> and linguistic activities with other
> congnitive disciplines and processes;
> he allows language forms and literaryèaesthetic
> forms to shape each other, and he does
> all these with master mind of a sociolinguist.

संदर्भ

हिंदी का सामाजिक संदर्भ (सं.) 1976 केंद्रीय हिंदी संस्थान, आगरा

भाषा शिक्षण 1992 वाणी : नई दिल्ली

शैलीविज्ञान और आलोचना की नई भूमिका 1972 केंद्रीय हिंदी संस्थान, आगरा

अनुप्रयुक्त भाषाविज्ञान (सं.), 1980, आलेख : नई दिल्ली

अनुप्रयुक्त भाषाविज्ञान : सिद्धांत एवं प्रयोग, 2000, राधाकृष्ण : नई दिल्ली

साहित्य का भाषिक चिंतन, 2004, राधाकृष्ण : नई दिल्ली

संरचनात्मक शैलीविज्ञान, 1979, आलेख : नई दिल्ली

भाषाई अस्मिता और हिंदी, 1992, वाणी : नई दिल्ली

भाषा का समाजशास्त्र, 1992, आलेख : नई दिल्ली

अनुवाद : सिद्धांत और समस्याएँ (सं.), 1985, आलेख : नई दिल्ली

Applied Linguistics, 1994, Kalinga : Delhi

Bi/Multilingualism, 1994, Kalinga : Delhi

Stylistics, 1994, Kalinga : Delhi

Language and text (ed.), 1992, Kalinga : Delhi

Perspectives in language planning (ed.), 1987, Mithila Darshan Pvt. Ltd. Calcutta

(सभी पुस्तकें प्रो. रवीन्द्रनाथ श्रीवास्वत की मौलिक अथवा संपादित पुस्तकें हैं जिनका संदर्भ लेकर ही यह आलेख तैयार किया गया है)

(vi) प्रो. सुरेश कुमार : शैलीविज्ञान के सिद्धांतों का हिंदी भाषा पर अनुप्रयोग

अनुप्रयुक्त भाषाविज्ञान की शाखाओं के रूप में भाषाविज्ञान और अनुवाद विज्ञान की गणना की गई है। अर्थात् 'कुछ और' करने-पाने के लिए सिद्धांतों का अनुप्रयोग करते हुए भाषाविज्ञान को एक व्यावहारिक अथवा उपयोगी शास्त्र का रूप प्रदान

करना। प्रो. सुरेश कुमार ने अनुप्रयुक्त भाषाविज्ञान की उपरोक्त चारों शाखाओं में काम किया है। वे अनुप्रयोग का अनुप्रयोग करने वाले भाषाविद् हैं, अतः विशिष्ट हैं। उन्होंने शैलीविज्ञान के सिद्धांतों का हिंदी के गद्य-पद्य पाठ पर अनुप्रयोग किया और पाठ-विश्लेषण सिद्धांत को अमली जामा पहनाया। अनुवाद सिद्धांत का अनुप्रयोग करते हुए उन्होंने अनूदित पाठ की समीक्षा और मूल्यांकन की कसौटी तय की। भाषा शिक्षण, विशेषकर साहित्य शिक्षण के लिए उन्होंने शैलीवैज्ञानिक सिद्धांतों का अनुप्रयोग करते हुए साहित्य शिक्षण का एक भाषावादी प्रारूप तैयार किया जो साहित्य शिक्षण को 'साहित्य के माध्यम से भाषा शिक्षण' (लैंग्वेज थ्रू लिटरेचर) की प्राक्कल्पना से भी जोड़ता है। समाज भाषाविज्ञान को उन्होंने किसी भी प्रकार के 'भाषावैज्ञानिक अनुप्रयोग' से आबद्ध माना और भाषा, समाज तथा संस्कृति की अटूट शृंखला के रूप में ही भाषा को देखा, समझा और पारिभाषित किया है।

उनका 'शैलीविज्ञान' मात्र साहित्यिक शैलीविज्ञान नहीं है। वैसे भी साहित्य भाषा के गठन और बुनावट का सौंदर्यपक्षीय विश्लेषण शैलीविज्ञान का एक अध्ययन क्षेत्र मात्र है। अभिव्यक्ति के साधन रूप में भाषा जहाँ कहीं भी रूपगत वैशिष्ट्य से बँधकर विशिष्ट बनती है, वे सारे क्षेत्र शैलीविज्ञान की पड़ताल का केंद्र बनते हैं। यही कारण है कि प्रो. सुरेश कुमार का संपूर्ण कार्य शैली विज्ञान के 'भाषा प्रयोग पक्ष' से संबद्ध है और वे भाषा की शैलीगत विशेषताओं का भाषाशास्त्रपरक अनुप्रयोगात्मक निरूपण करने वाले आचार्य हैं। डकन कॉलेज, पुणे, दिल्ली विश्वविद्यालय और आगरा विश्वविद्यालय में प्रशिक्षित प्रो. सुरेश कुमार साहित्य और भाषा दोनों में समान दखल रखते हैं। भाषाविज्ञान के क्षेत्र में ऐसा मणि-कांचन संयोग बहुत कम मिलता है। प्रो. सुरेश कुमार की यह मान्यता है कि एक भाषाविद् के लिए 'साहित्य भाषा' में प्रचुर अध्ययन सामग्री होती है। उनकी प्रारंभिक शिक्षा गुरुकुल काँगड़ी में हुई इसलिए वे संस्कृत साहित्य और साहित्य शास्त्र की भी गहरी समझ रखते हैं। भारतीय और पाश्चात्य भाषा/साहित्य चिंतन पर समान अधिकार रखने वाले भाषाशास्त्री भी 'हिंदी भाषाविज्ञान' जगत में गिनती के ही हैं। हिंदी में शैलीविज्ञान पर उनकी प्रथम पी-एच.डी. है जो बाद में (1978) 'शैलीविज्ञान और प्रेमचंद की भाषा' नाम से पुस्तकाकार प्रकाशित हुई।

प्रो. सुरेश कुमार परंपरा को पूरा मान देते हैं। उन्होंने अपने आधुनिक अध्ययन से आतंकित हुए बिना, गर्व के साथ यह स्वीकार किया है कि "साहित्य की व्याख्या तथा मूल्यांकन की भारतीय परंपरा (संस्कृत) का आरंभ हम भरत से करते हैं जो आनंदवर्धन के 'ध्वन्यालोक' में अपने चरम विकास को प्राप्त हुआ और बाद में भी समृद्ध होता रहा। इन दोनों विद्वानों के चिंतन बीज ही परवर्ती परंपरा में फले-फूले हैं।" इतना ही नहीं, उन्होंने शैलीविज्ञान को भी इसी परंपरा की एक कड़ी सिद्ध

करते हुए यह कहा कि "शैलीविज्ञान इसी परंपरा की पश्चिम में विकसित, नवीनतम और समसामयिक कड़ी है। यहाँ हम उनकी पहली पुस्तक 'शैलीविज्ञान' की मान्यताओं और उसकी सामग्री पर विचार करें तो प्रो. सुरेश कुमार की दृष्टि, दिशा और देय को समझ पाना सहज हो जाएगा।"

उन्होंने यह प्रतिपादित किया है कि अमेरिकी नव्य समीक्षा और फ्रांस की पाठ व्याख्या में साहित्य की संरचनात्मक व्याख्या प्रमुख है और यही इनकी सीमा है। अतः शैलीविज्ञान के स्वरूप को भाषाविज्ञान का अपेक्षित अनुप्रयोग करते हुए समाज भाषाशास्त्र के आधार पर विकसित करने वाली प्रणाली पर उन्होंने बल दिया। उन्हीं के शब्दों में - 'हमारा कहना है कि साहित्य के संदर्भ में शैलीतत्व का अध्ययन भाषा के भाषावैज्ञानिक विश्लेषण की विधि से शुरू हो। इसके साथ ही एक भाषा के साहित्य को उस भाषा के प्रयोक्ताओं के समुदाय के सामाजिक-सांस्कृतिक परिवेश के परिप्रेक्ष्य में देखा जाए।' साहित्य की शैली को भाषा की सामाजिक शैली की सामान्य भूमिका पर देखा जाए, यह प्रो. सुरेश कुमार की सर्वथा नवीन और वैज्ञानिक अवधारणा है। इसलिए कि भाषा मूल रूप से सामाजिक है और साहित्य भी निःसंदेह एक सामाजिक-सांस्कृतिक अभिव्यक्ति है। इस प्रकार साहित्य के विश्लेषण को उन्होंने व्यापक अथवा वास्तविक भाषावैज्ञानिक (समाज भाषावैज्ञानिक) संदर्भ से जोड़ने की अनिवार्यता सिद्ध की, उनकी इस दृष्टि को 'समाज-शैलीविज्ञान' दृष्टिकोण भी कहा जा सकता है।

ये बातें तो कही जाती रही हैं, शैलीविज्ञान की मान्यता के अनुसार कि साहित्य समीक्षा, साहित्य का साहित्यिक वस्तु के रूप में अध्ययन है, इस समीक्षा का मूल तत्व साहित्य का आस्वाद है, यह कला-समीक्षा की शाखा है, यह सौंदर्य शास्त्र के अंतर्गत है, साहित्य एक शाब्दिक कला है। प्रो. सुरेश कुमार ने साहित्य को 'शाब्दिक कला' के साथ एक विशिष्ट 'भाषा व्यवहार' के रूप में भी देखा जिसका आस्वादन एक कलात्मक सौंदर्य वस्तु के रूप में किया जाता है। 'भाषा-व्यवहार' कहने से साहित्य समीक्षा का संबंध भाषा अध्ययन के शास्त्र भाषाविज्ञान से स्वतः आ जुड़ता है। यह संबंध प्रत्यक्ष न होकर परोक्ष होता है, अनुप्रयोगात्मक होता है। उनके चिंतन की स्पष्टता इस पुस्तक के अध्याय विभाजन और उनके क्रम से भी व्यक्त होती है। साहित्य भाषा साहित्येतर भाषा, सामान्य भाषा-साहित्य भाषा, बोली और शैली (जिसमें समाज भाषाविज्ञान समाहित है), शैली और शैलीविज्ञान (दोनों का भारतीय और पाश्चात्य इतिहास भी)। शैली और शैलीविज्ञान पर यह अपने आप में एक पूरी किताब है। संभवतः इस पुस्तक की आधारशिला 'शैली और शैलीविज्ञान' (केंद्रीय हिंदी संस्थान : 1976) में ही रख दी गई थी जिसे प्रो. रवीन्द्रनाथ श्रीवास्तव के साथ उन्होंने सह-संपादित किया था।

'शैलीविज्ञान' पुस्तक का ही अनुप्रयोगात्मक विस्तार है उनकी दो पुस्तकें

'शैलीविज्ञान और प्रेमचंद की भाषा' (1978) जो कथा-पाठ-विश्लेषण की पहल करने वाली किताब है और 'स्टाइलिस्टिक्स एंड लैंग्वेज टीचिंग' (1998) जिसमें पाठ-भाषा विज्ञान, भाषाविज्ञान और साहित्य शिक्षण, कविता का शिक्षण पर व्यापक सैद्धांतिक चर्चा के साथ अज्ञेय की दो कविताओं 'कतकी पूनो' और 'सावन-मेघ' को पढ़ाने की भाषा-केंद्रित प्रविधि भी दी गई है। 'पोयटिक्स ऑफ हिंदी प्रोज' खंड में हजारी प्रसाद द्विवेदी के चर्चित निबंध 'नाखून क्यों बढ़ते हैं' का साहित्य शिक्षण की दृष्टि से विश्लेषण निबंधों की वस्तुवादी व्याख्या करने वाले अध्यापकों और आलोचकों की आँखें खोल सकता है। प्रथम भाषा हिंदी शिक्षण के लिए प्रो. सुरेश कुमार ने समाचार भाषा की बुनावट का शैली वैज्ञानिक विश्लेषण किया है और प्रशासनिक हिंदी का भी। इन दोनों विश्लेषण प्रारूपों का उपयोग द्वितीय भाषा हिंदी शिक्षण के लिए भी किया जा सकता है। इस पुस्तक की भूमिका भी उनके द्वारा संपादित पुस्तक 'स्टाइलिस्टिक्स एंड टेक्स्ट एनालिसिम' (केंद्रीय हिंदी संस्थान : 1987) में बनते हुए देखी जा सकती है। उनकी पुस्तक 'हिंदी इन एडवर्टाइजिंग' (1978) किसी भी भारतीय भाषा के विज्ञापनों के शैली वैज्ञानिक अध्ययन पर पहला मोनोग्राफ है।

'इंडियन बाइलिंगुअलिज़्म' (1977) का संपादन उन्होंने केंद्रीय हिंदी संस्थान के तत्कालीन निदेशक प्रो. गोपाल शर्मा के साथ किया जो संस्थान से ही प्रकाशित हुई। भारतीय बहुभाषिकता को विविध कोणों से देखने वाली यह पहली और अपने में पूर्ण पुस्तक हैं। प्रो. सुरेश कुमार संस्थान की पत्रिका 'गवेषणा' के भी लंबे अर्से तक (1984-1991) संपादक रहे और लिंग्विस्टिक सोसाइटी ऑफ इंडिया की शोध पत्रिका 'इंडियन लिंग्विस्टिक्स' का भी उन्होंने 1991-1996 के दौरान संपादन किया। भाषा (हिंदी भाषा) की सर्जनात्मक शक्ति और उसकी प्रयोजनीयता का प्रो. सुरेश कुमार ने पाठ-विश्लेषण करके दिखाया है। पाठ, शैली, प्रोक्ति और सामाजिक संदर्भ की सैद्धांतिक पीठिका को व्यावहारिक बनाने का महत्वपूर्ण और कठिन कार्य उन्होंने बड़ी ही सहजता से किया है; हिंदी और अंग्रेज़ी दोनों ही भाषाओं में।

(vii) प्रो. शिवेन्द्र किशोर वर्मा और प्रो. राजाराम मेहरोत्रा : भाषा शिक्षण और भाषा का समाजशास्त्र के दो महारथी

इन दोनों ने मूलतः अंग्रेज़ी में लिखा। प्रो. वर्मा सीफेल हैदराबाद में अंग्रेज़ी और अनुप्रयुक्त भाषा विज्ञान के शिक्षक थे। प्रो. मेहरोत्रा बनारस हिंदू विश्वविद्यालय के अंग्रेज़ी विभाग में थे। वर्मा जी पटना के थे और मेहरोत्रा जी काशी के। दोनों ही का पिछले दिनों अवसान हो गया। दोनों ही की ख्याति अंतर्राष्ट्रीय स्तर की थी और दोनों के कार्य में हिंदी भाषा, विश्लेषण की सामग्री बनती रही।

प्रो. वर्मा अंग्रेज़ी भाषा और साहित्य के प्रकांड पंडित थे। व्याकरण, भाषा,

शिक्षण और भाषा-प्रकार्य पर उन्होंने गहरे कार्य किए और विश्व के प्रमुख भाषा विज्ञानियों में अपनी जगह बनाई। ऐडिनबरा विश्वविद्यालय से उन्होंने 'अनुप्रयुक्त भाषाविज्ञान' पर पी-एच.डी. की। उनके शोध निर्देशक थे विख्यात भाषाविद् एम. ए.के.हैलिडे। प्रो. वर्मा की दृष्टि तीक्ष्ण और परिष्कृत थी। उन्होंने व्याकरण चर्चा में भी भाषिक इकाइयों के प्रकार्य पर बात की। उनकी एक पुस्तक का नाम ही है–'सिस्टेमिक ग्रामर : फॉर्म एंड फंक्शन' (1996)। उल्लेखनीय है कि सिस्टेमिक ग्रामर (व्यवस्थापरक व्याकरण) की संकल्पना उनके गुरु हैलिडे की थी जो भाषा को व्यवस्थाओं की व्यवस्था के रूप में देखती है और 'संरचना' से अधिक महत्व 'भाषा-प्रकार्य' और 'भाषा-व्यवहार' को देती है। वर्मा जी ने इस अवधारणा से उद्भूत व्याकरण को 'सिस्टेमिक फंक्शनल ग्रामर' कहा। इस पुस्तक की भूमिका में उन्होंने कहा कि 'भाषा-विश्लेषण (व्याकरण) का काम अर्थ पर विचार करना है ताकि हम यह जान सकें कि अपनी अस्मिता के लिए हम भाषा का प्रयोग कैसे करते हैं। उनका यह मानना था कि भाषा और अर्थ इस तरह से गुंफित होते हैं कि मात्र संरचना-केंद्रित प्रविधि द्वारा भाषा के समस्त आयामों पर प्रकाश डाला ही नहीं जा सकता।

इस प्रकार प्रो. वर्मा ने रूप (फार्म) की प्रचलित भाषावैज्ञानिक अवधारणा पर विचार किया। उन्होंने यह महसूस किया और इस ओर इंगित भी किया कि भाषा में रूप की संकल्पना को समझने-समझाने का माध्यम स्वनिम विज्ञान (फोनोलॉजी) ही एक लंबे अर्से तक बना रहा। उन्होंने यह भी माना कि व्याकरणिक चर्चा में स्वनिमिक विश्लेषण का संकेत जरूरी है पर पूरी तरह स्वन और स्वनिम विज्ञान को ही व्याकरण-चर्चा का केंद्र मानना अधूरी दृष्टि का परिचायक है। उनके अनुसार 'व्याकरण' एक भिन्न प्रकार की विश्लेषण प्रक्रिया और विवरणात्मक पद्धति की माँग करता है। ऐसी प्रक्रिया और पद्धति जो भाषा-संरचना के विविध प्रकार्यों, प्रयोगों और उसके विकल्पों (वेरिएशन) पर भी प्रकाश डाल सके।

प्रो. वर्मा के इस गंभीर विचार के कारण ही उनका व्याकरणिक चिंतन भी भाषा, समाज और संस्कृति के अंतःसंबंधों से निरपेक्ष नहीं है। भाषा की 'सामाजिकी' उनकी तीक्ष्ण भाषा वैज्ञानिक दृष्टि से कहीं भी ओझल नहीं होने पाती। चाहे वे भाषा-विकास की बात कर रहे हों या भाषा-संपर्क की, भाषा-शिक्षण की प्रविधियों पर चर्चा कर रहे हों या भाषा के प्रयोजनमूलक स्वरूप पर, भाषा का व्याकरण लिख रहे हों या कोश की प्रविष्टियाँ तय कर रहे हों, भाषा के समाज-सांस्कृतिक पक्षों तथा भाषा-प्रयोग के नियमों को उन्होंने भाषा-सिद्धांत और भाषा-विवरण की तुलना में अधिक महत्व दिया। अपने इस व्यापक भाषावैज्ञानिक चिंतन में उन्होंने बार-बार हिंदी भाषा और हिंदी भाषा-समाज के दृष्टांत और उदाहरण दिए हैं। वे हिंदी भाषा को सामाजिक यथार्थ से जुड़ी एक वैविध्यपूर्ण और आधुनिक भाषा मानते हैं। इसी

मान्यता और अपनी प्रखर भाषा वैज्ञानिक चेतना के चलते अंग्रेज़ी भाषा में प्रशिक्षित होते हुए भी उन्होंने अंग्रेज़ी भाषा की तुलना में हिंदी को कहीं अधिक प्रकार्यात्मक और प्रयोक्ता-सापेक्ष भाषा सिद्ध किया।

प्रो. वर्मा के भाषा-चिंतन में शब्द की महत्ता, भाषिक इकाइयों में रूपगत परिवर्तन, शब्द-रचना के रूप वैज्ञानिक गठन, वाक्य विज्ञान और वाक्य-संरचना के अध्ययन पर बहुत कुछ है और नव्यता से ओतप्रोत है। उन्होंने सत्व (समाटस), रूप (फार्म) और परिस्थिति (सिचुएशन) के समन्वय द्वारा व्याकरण-लेखन का प्रयास किया। उन्होंने स्वनिम-सत्व, रूप-परिस्थिति, रूप-संदर्भ के द्वंद्व से उत्पन्न भेदों को गहराई के साथ देखा। यही कारण है कि उनके अध्ययन में भाषाई-रूप के साथ भाषेतर-संदर्भों (हावभाव, अंग विक्षेप, संकेत आदि) को अनिवार्य मानकर विश्लेषण का हिस्सा बनाया गया है। भाषा व्याकरण और भाषा विवरण के संबंध में उनकी अन्य मान्यताएँ हैं कि--

- भाषा विवरण को बोधात्मक और पूर्ण होना चाहिए।
- व्याकरण सिद्धांत का लक्ष्य यह बताना है कि भाषाएँ काम कैसे करती हैं?
- भाषा-विवरण प्रयोग के अनुरूप हो।
- भाषा की इकाई, संरचना, वर्ग और व्यवस्था सभी प्रयोग-सापेक्ष होते हैं।
- व्याकरण को बहु-इकाईगत होना चाहिए, जिसमें किसी एक इकाई को किसी दूसरी इकाई की तुलना में विशिष्ट (यूनीक) न माना जाए।
- लघुतम इकाइयों के वर्ग होते हैं, संरचना नहीं और महत्तम इकाई की संरचना होती है वर्ग नहीं।
- लघुतम इकाई (ध्वनि) की संरचना और महत्तम इकाई (वाक्य) का वर्गनिर्धारण प्रकार्य और प्रयोग के आधार पर ही किया जा सकता है।

प्रो. वर्मा की दूसरी महत्वपूर्ण पुस्तक है - 'लैंग्वेज फंक्शंस : रजिस्टरल वेराइटीज (1998), जिसमें उन्होंने 'प्रयुक्ति और शैली' के भेदों पर चर्चा की है। इस अध्ययन में उन्होंने प्रयोजनमूलक भाषा-चिंतन का संक्षिप्त इतिहास भी प्रस्तुत किया है, जिसकी नितांत आवश्यकता थी। खास बात यह भी है कि अपनी इस पुस्तक में उन्होंने हिंदी विज्ञापनों, पाक-विधि की हिंदी, कार्यालय हिंदी के उदाहरणों के माध्यम से अपनी बात कही है। उनकी छः पुस्तकें प्रकाशित हैं और देश-विदेश की शोध-पत्रिकाओं में उनके लेख प्रकाशित हैं। उनके उद्धरणों का उपयोग भाषावैज्ञानिक लेखन में सर्वाधिक हुआ है (खासकर अंग्रेज़ी लेखन में)

प्रो. राजाराम मेहरोत्रा समाज भाषा वैज्ञानिक थे। एक तरह से देखा जाए तो वे समाज भाषाविज्ञान के सिद्धांतों का अनुप्रयोग करने वाले भाषाविद् थे। यह अनुप्रयोग उन्होंने हिंदी भाषा तथा हिंदी भाषा-समाज को केंद्र में रखकर किया।

गंभीर से गंभीर बात को बड़ी ही आसानी से कह देना उनकी लेखन-शैली की विशेषता है। उनकी अंग्रेज़ी शास्त्रीयता से बोझिल नहीं है। अंग्रेज़ी जैसी अति औपचारिक भाषा के सहज रूप को उन्होंने साध्य लिया था। उनके लेखन का आधार विभिन्न भाषावैज्ञानिक सिद्धांत जरूर हैं, वे बार-बार इनके भीतर धँसते भी हैं पर इनसे बँधकर उनका लेखन ठस नहीं हो जाता, बल्कि खिल उठता है। उनका समस्त अध्ययन सामग्री पर आधारित (डाटा बेस्ट) है। डाटा का वर्गीकरण और विश्लेषण भी वे समाज भाषावैज्ञानिक प्रणालियों और तकनीकों को अपनाते हुए ही करते हैं, पर उनका प्रस्तुतीकरण ऐसा होता है कि निष्कर्ष स्वतः बहते चले आते हैं, एक के बाद एक बिना व्यवधान के। 'भाषा का समाजशास्त्र' में वे इतने गहरे डूबे थे कि उनका संपूर्ण अध्ययन सघन नहीं, तरल होकर पारे की तरह गतिमान दिखता है। वे समाज भाषाविज्ञान/भाषा का समाजशास्त्र संबंधी सिद्धांतों के अनुप्रयोग की पहल करने वाले भाषा विज्ञानी थे।

इन सिद्धांतों के अनुप्रयोग द्वारा हिंदी भाषा के व्यावहारिक रूप पर केंद्रित प्रो. मेहरोत्रा की तीन पुस्तकें प्रकाशित हैं–(1) टर्म्स ऑफ किनशिप, मोड्स ऑफ एड्रेस एंड रिफरेंस इन हिंदी : ए स्टडी इन एंथ्रोपोलॉजिकल लिंग्विस्टिक्स (1971), (2) सोशियोलॉजी ऑफ सीक्रेट लैंग्वेज (1977) और (3) सोशियोलिंग्विस्टिक्स इन हिंदी कांटेक्स्ट (1986)। पहली पुस्तक में उन्होंने हिंदी भाषा के नाते-रिश्ते की शब्दावली (किनशिप टर्म्स) का विवेचन किया है। नाते-रिश्ते के शब्दों का वर्गीकरण करते हुए उन्होंने हिंदी की इस शब्दावली के सांस्कृतिक पक्ष पर भी विचार किया है - नदियों को, तुलसी के पौधे को माँ या माता कहना। रिश्तों की पौराणिकता को भी उन्होंने रेखांकित किया है - शिव-पार्वती, राम-सीता (आदर्श पति-पत्नी), राम-लक्ष्मण, राम-भरत, पाँच-पांडव, कृष्ण-बलराम (आदर्श भाई), शिव-गणेश, दशरथ-राम (आदर्श पिता-पुत्र) आदि। इसी तरह लोक संस्कारों में रिश्तों के महत्व पर भी उन्होंने दृष्टि डाली है। बच्चे के छठी व मुंडन पर बुआ की भूमिका, विवाह के समय मातृपूजा में माँ का महत्व, कन्यादान के समय माता-पिता की भूमिका, अंतिम संस्कार में पुत्र की भूमिका आदि। रिश्तों की इस अहमियत को उन्होंने हमारे पर्व-त्यौहारों में भी देखा-दिखाया है। रक्षाबंधन, शिवरात्रि, भाईद्वीज, तीज आदि। इस पुस्तक में हिंदी संबोधनों का भी प्रकार्यात्मक वर्गीकरण और विवेचन है तथा अभिवादनों का भी। दूसरी किताब में बनारस के पंडों और साड़ी व्यवसायियों की 'कूट भाषा' का विवेचन है, जिसके पीछे कूट भाषा अध्ययन की सैद्धांतिक पृष्ठभूमि पर भी प्रो. मेहरोत्रा ने दृष्टिपात किया है। जितना रोचक इस पुस्तक का डाटा है, उतना ही रोचक इसका विश्लेषण है। इस पुस्तक के प्रकाशन के बाद काशी के पंडों ने उनका घर घेर लिया था। काफी समझाने-बुझाने के बाद पंडे शांत हुए। तीसरी पुस्तक में काशी के साड़ी व्यापार में प्रयुक्त हिंदी का विवेचन है।

इसके साथ ही हिंदी में नामों की व्यवस्था पर भी प्रो. मेहरोत्रा ने विचार किया है।

अभिवादनों की समाजभाषिकी पर विचार करते हुए उन्होंने वय, सामाजिक पद (स्टेटस) तथा पारिवारिक संबंधों के आधार पर इनका वर्गीकरण किया तथा इनके प्रयोग की समाज-सांस्कृतिक पृष्ठभूमि पर भी प्रकाश डाला। इसी प्रकार हिंदी की संबोधन शब्दावली को भी उन्होंने यह कह कर देखा कि इनका प्रयोग हिंदी भाषा समुदाय की मूल्यगत, सांस्कृतिक, सामाजिक और आचरणगत विशेषताओं और मान्यताओं को साफ-साफ व्यक्त कर देता है। इस अध्ययन में हिंदी के नाते-रिश्ते के शब्दों के संबोधनवत् प्रयोग को भी खास महत्व दिया गया है। उन्होंने ऐसे प्रयोगों को सामाजिक दृष्टि से अत्यंत अर्थवान पाया। हाइम्स (1964) ने भी कहा था कि 'नाते-रिश्ते की शब्दावली के माध्यम से संबोधन-प्रयोग हिंदी में एक सुपरिभाषित अर्थ क्षेत्र का द्योतक है।' कुछ मिलाकर प्रो. मेहरोत्रा का अध्ययन समाज भाषावैज्ञानिक तथ्यों से भरा हुआ है। हिंदी भाषा के समाज भाषिक संदर्भों को इतने विवेचनात्मक ढंग से अभी तक किसी हिंदी पुस्तक में भी उजागर नहीं किया गया है।

ये दोनों ही भाषाविद् ख्यात नाम हैं। हिंदी के छात्र-अध्यापक इनके कामों से कम ही परिचित हैं। इन्हें अंग्रेज़ी भाषा का मानकर हिंदी वालों ने इनके काम पर ज्यादा ध्यान नहीं दिया है। जबकि हिंदी भाषा और हिंदी भाषा समुदाय इनके विवेचन के केंद्र में रहे हैं। इन दो का कार्य भाषा, समाज और संस्कृति के अटूट संबंधों की सहज व्याख्या है जो यह दर्शाता है कि भाषा यदि समाज को जबान देती है तो समाज भी भाषा को एकाधिक छवियों, रंगों और आकारों में बाँधकर संप्रेषण के एक सशक्त माध्यम के रूप में विकसित करता है। इन दोनों के अध्ययन ने हिंदी भाषी समाज के स्वरूप को तो जीवंत बनाया ही है, इसमें पल-पुस रही हिंदी की जीवंतता को भी वाणी दी है। जिन भाषाविदों के कार्यों पर हमने चर्चा की, वे अपनी-अपनी अध्ययन दृष्टि के प्रतिनिधि हैं। पर इनके अतिरिक्त भी पाश्चात्य भाषाविदों में जोशुआ फिशमैन, विलियम लेकॉफ, जॉन गंपर्ज, रॉबर्ट लेडो, हडसन, विडोसन, कैटफर्ड, जॉन लॉयन्स, स्टीफेन उल्मान, जॉर्ज स्टीनर, एडमंड लीच, बर्नस्टीन, लेविस, फ्रैंक पामर, पिट कार्डर, ब्लूमफील्ड आदि का काम भी उल्लेखनीय है। भारतीय भाषाविदों में पी.बी. पंडित, डी.पी. पटनायक, अशोक रा. केलकर, सूरजभान सिंह, वी.रा.जगन्नाथ, उदय नारायण सिंह, रामस्वरूप चतुर्वेदी, श्यामसुंदर दास आदि के अध्ययन को भी देखना चाहिए। सभी पर एक-एक करके चर्चा संभव भी नहीं है और न अभीष्ट ही। हाँ, आगे यथास्थान इनके कार्यों-विचारों का संकेत तो मिलेगा ही।

प्रो. आर.आर. महरोत्रा ने हिंदी भाषा की सामाजिक भूमिका को जिस तरह विश्लेषित किया है उसे समझने में यह आलेख व्यापक स्कोप देता है—

प्रो. आर.आर. मेहरोत्रा : हिंदी समाज भाषाविज्ञान के उज्ज्वल दीप।

सुदूर दक्षिण में रहते हुए अपनों की खबर घूमते-फिरते ही मुझ तक पहुँच पाती है। जिंदगी की दौड़ में आज हम अपने को ही भूले जा रहे हैं तो भला अपनों की क्या बिसात? विश्वविद्यालय प्रकाशन, वाराणसी की पत्रिका 'वाङ्मय जगत' से मेहरोत्रा जी के निधन की खबर मिली डेढ़ महीने बाद। सन्न रह गया।

पहली बार एक पत्र वाहक की शक्ल में उनसे मिला था। वे बी.एच.यू. के अंग्रेज़ी विभाग में थे। यूनिवर्सिटी परिसर की हैदराबाद कॉलोनी में प्रोफ़ेसर क्वार्टर में रहते थे। गया था दिल्ली विश्वविद्यालय के प्रोफ़ेसर (भाषाविज्ञान) रवीन्द्रनाथ श्रीवास्तव का एक आलेख देने जिसे किसी विदेशी पुस्तक में छपना था और जिसके संपादक मंडल में प्रो. मेहरोत्रा भी थे।

अंग्रेज़ी का प्रोफ़ेसर है तो बड़ा कड़क होगा, अमेरिकी संपर्क में है तो मुँह में पाइप भी लगा हो सकता है, मुँह टेढ़िया के कहीं अंग्रेज़ी झाड़ने लगा तो बड़ी आफत होगी ऐसी ही ऊटपटांग कल्पनाओं के साथ दरवाजे की घंटी बजाई। सिल्क के कुर्ते और झक पायजामे में लिपटे तेज गोरे रंग के सज्जन ने दरवाजा खोला। पान भी मुँह में था, खुशबू बिखेरता। देखते ही बोले, 'आइए, हम हैं राजाराम मेहरोत्रा, का भाई कइसे आना हुआ?' अब तक मेरी कल्पनाओं की उड़ान पर घड़ों पानी पड़ चुका था—अरे ई तो ठेठ बनारसी मनई हैं। तभी उनकी स्नेहसिक्त वाणी फिर गूँजी 'बिराजिए बंधु, का करते हैं?' बताया कि समाज भाषाविज्ञान पर पंडित विद्यानिवास मिश्र के साथ शोध कर रहा हूँ। खिल उठे। विषय पर ढेरों बातें शुरू कर दीं। मैं ललचा गया। अपने सर्वोदयी झोले में से कागज निकाले, एक साक्षात्कार जैसा शुरू हो गया। उनकी बातों की टीप मैंने जगह-जगह पर अपने शोध प्रबंध में दी है। उस समय तक उनकी पहली किताब 'टर्म्स ऑफ किनशिप, मोड्स ऑफ ऐड्रेस एंड रिफरेंस इन हिंदी ए स्टडी इन एंथ्रोपोलॉजिकल लिंग्विस्टिक्स (1981) मोतीलाल बनारसी दास : दिल्ली' आ चुकी थी। एक प्रति उन्होंने हस्ताक्षर करके मुझे दी। छोटी-सी किताब पर अद्भुत।

फिर तो जब-तब भेंट होने लगी। कभी अंग्रेज़ी विभाग में, कभी घर पर। हमेशा उत्फुल्ल, कुछ बताने-सिखाने को आतुर। उनकी यही अदा बार-बार मुझे उनसे मिलने को उकसाती थी। प्रो. मेहरोत्रा का पूरा व्यक्तित्व बनारसी था। वे बनारस को अपने भीतर जीते थे। पक्की महल में उनका पुश्तैनी मकान था। दो-तीन बार वहाँ भी मिलने गया था। बनारस की दरपेंच गलियों के भीतर मणिकर्णिका मुहल्ले में पुराना मकान, जहाँ कॉलबेल नहीं थी, कुंडी खटखटानी पड़ती थी। मेरे शोधकार्य में पंडित जी के बाद बनारस में मेहरोत्रा जी ही थे, जो मुझे थामे रहे, ताकत देते रहे। वह विषय का ही जोर था जिसने हम दोनों को इतना नजदीक ला दिया था। इस निकटता के पीछे न तो प्रो. श्रीवास्तव के साथ मेरे या उनके

रिश्तों का दबाव था और न ही पंडित जी के प्रति आदर-भाव था। वह तगड़ा सूत्र था–समाज-भाषाविज्ञान, जो उनकी रग-रग में बहता था। फिर मैं दिल्ली चला आया, भटकन बढ़ गई। लहर हल्का गई पर पुलक बनी रही। प्रो. मेहरोत्रा ठहरे पलों की यादों में बराबर बसे रहे।

अंग्रेज़ी के अध्यापक जरूर थे वे, पर उनके काम को देखकर बेखौफ यह कहा जा सकता है कि वे ठेठ हिंदी के आदमी थे। यह लेख मैं दिल्ली में लिख रहा हूँ। कल ही प्रो. प्रेमसिंह से भेंट हुई–प्रो. मेहरोत्रा के निधन का समाचार जानकर वे बेहद सँजीदा हो गए। उन्होंने बताया कि राजाराम जी बड़े ही संवेदनशील आदमी थे। अंग्रेज़ी साहित्य में भी उनकी गहरी पैठ थी। 'लिट्रेचर ऑफ फोक' पर उनका काम अत्यंत स्तरीय है तथा अंग्रेज़ी के पुराने साहित्य पर भी उनका चिंतन ठोस था। संवेदनशील व्यक्ति ही अच्छा समाज भाषाविज्ञानी हो सकता है, प्रो. प्रेमसिंह की टिप्पणी थी इसलिए प्रो. श्रीवास्तव और प्रो. मेहरोत्रा दोनों समाजभाषिकी के प्रवक्ता बन सके, भाषा, समाज और संस्कृति के अंतःसंबंधों की गहराई को माप सके। तभी याद आ गई उनसे जुड़ी एक घटना। प्रो. श्रीवास्तव की स्मृति में मैंने हैदराबाद में तीन दिवसीय राष्ट्रीय संगोष्ठी आयोजित की थी। संगोष्ठी के प्रमुख सलाहकार और अंग्रेज़ी तथा विदेशी भाषा संस्थान (सीफेल) के कुलपति प्रो. एस. के.वर्मा से पता चला कि प्रो. मेहरोत्रा उन्हीं दिनों सीफेल में रहेंगे। तब वे नेहू के सम कुलपति थे। मैं गेस्ट हाऊस में मिलने गया। मिले कई साल हो चुके थे, पत्र संपर्क तो था, पर अति क्षीण। मेरी आकृति भी काफी बदल चुकी थी–पहचान भी सकेंगे या नहीं। पर दरवाजा खोलते ही चीन्ह लिया। तपाक् से बोले 'तोहसे मिल के आनंद आ गयल।' दूसरे दिन गोष्ठी में आने को तुरंत राजी हो गए। आए वही सिल्क के कुर्ते और पायजामे में। तब प्रो. बी. रामकृष्ण रेड्डी (निदेशक, भाषा विकास विभाग, तेलुगु विश्वविद्यालय, हैदराबाद) ने उद्घाटन सत्र का संचालन करते हुए कहा था कि इस गोष्ठी में चार वरिष्ठ भाषाविद् ही नहीं, चार वाइसचांसलर भी उपस्थित हैं–प्रो. बी.एच.कृष्णमूर्ति (हैदराबाद विश्वविद्यालय, हैदराबाद), प्रो. एस. के. वर्मा (सीफेल, हैदराबाद), प्रो. डी.पी.पटनायक (भारतीय भाषा संस्थान, मैसूर) और प्रो. आर.आर.मेहरोत्रा (नेहू, शिलांग)। मेहरोत्रा जी ने हिंदी की समाज भाषिकी पर धारा प्रवाह अलिखित वक्तव्य दिया जिसमें उन्होंने प्रो. श्रीवास्तव के देय को विश्वस्तर पर हो रहे समाज भाषिकी तथा भाषा का समाजशास्त्र संबंधी शोधों से जोड़ कर दिखाया था। उनके विस्तीर्ण अध्ययन और रोचक प्रस्तुति ने सभी को मंत्रमुग्ध कर दिया था। उनका वह व्याख्यान मेरे पास टेपबद्ध है।

एक बार मैं बनारस हिंदू यूनिवर्सिटी गया था। वे अवकाश प्राप्त कर चुके थे। शाम को पुराने घर पर मिल आया था। दूसरे दिन हिंदी दिवस के अवसर पर हिंदी विभाग में कार्यक्रम था। मुझे मूल व्याख्यान देना था, वे अध्यक्ष थे। मैं

गद्गद था इस संयोग पर राष्ट्रभाषा और राजभाषा की मेरी संकल्पनात्मक व्याख्या तथा प्रयोजनमूलक हिंदी के क्षेत्र एवं स्वरूप पर मेरे आकलन पर अपने अध्यक्षीय भाषण में उन्होंने तारीफों की झड़ी लगा दी थी। मेरी गद्गदता अब मुखर हो गई थी, आँखें भींग आई थीं। वे खुद भी भाषा नियोजन, भाषानीति और हिंदी पर बोले, एक्सटेंपोर। वे बड़ी अच्छी हिंदी बनारसी लहजे, ठसक और मुहावरे के साथ बोलते थे। गंभीर से गंभीर बात को बड़ी ही आसानी से कह देना, उनकी वाक् शैली की विशेषता थी। लिखते भी वे ऐसा ही पारदर्शी थे। वे समाज भाषाविज्ञान/भाषा समाजशास्त्र संबंधी सिद्धांतों के अनुप्रयोग की पहल करने वाले भाषाविज्ञानी थे। इन सिद्धांतों के अनुप्रयोग द्वारा हिंदी भाषा के व्यावहारिक स्वरूप पर केंद्रित प्रो. मेहरोत्रा की तीन पुस्तकें अंग्रेज़ी में प्रकाशित हैं—(1) टर्म्स ऑफ किनशिप, मोड्स ऑफ एड्रेस एंड रिफरेंस इन हिंदी : ए स्टडी इन एंथ्रोपोलॉजिकल लिंग्विस्टिक्स (1981), दिल्ली : मोतीलाल बनारसी दास, (2) सोशियोलॉजी ऑफ सीक्रेट लैंग्वेज (1988), शिमला : इंडियन इंस्टीट्यूट ऑफ एडवांस्ड स्टडीज तथा (3) सोशियोलिंग्विस्टिक्स इन हिंदी कांटेक्स्ट (1979), एम्सटर्डम : मूतों। यहाँ हमने विवेचन के लिए तीसरी पुस्तक को चुना है। यह पुस्तक लगभग एक सौ पचास पृष्ठों की है और चार खंडों में विभाजित है। प्रत्येक खंड के अलग शीर्षक हैं—

खंड 1—लैंग्वेज ऑफ बाइंग एंड सेलिंग सिल्क गुड्स
खंड 2—हिंदी एड्रेस फार्म्स (ग्रीटिंग्स)
खंड 3—मोड्स ऑफ ग्रीटिंग इन हिंदी : ए सोशियोलिंग्विस्टिक स्टेटमेंट
खंड 4—हिंदी पर्सनल नेम्स एंड निकनेम्स

यह पूरा अध्ययन सामाजिक संदर्भ में भाषा विकल्पन (लैंग्वेज वेरिएशन) की उस सूत्रबद्ध संकल्पना से आबद्ध है कि कौन, किससे, कब, कहाँ और किस विषय पर बोल रहा है। अर्थात् इस पुस्तक के चारों खंडों में हिंदी भाष को प्रयोग क्षेत्र (डोमेन), वाक् परिस्थिति (स्पीच सिचुएशन), संप्रेषण संदर्भ (कांटेक्स्ट ऑफ कम्यूनिकेशन) तथा वक्ता-श्रोता के परस्पर संबंध (सोशल रिलेशनशिप ऑफ द पार्टिसिपेंट्स) के परिप्रेक्ष्य में रखकर इनसे संबंधित ठोस भाषा सामग्री (डाटा) के आलोक में विश्लेषित किया गया है।

पुस्तक का पहला खंड खासतौर पर बनारस में सिल्क के कपड़ों, विशेषकर साड़ियों की बेच-खरीद की भाषा पर आधारित है। प्रो. मेहरोत्रा ने भाषा प्रयोग के इस विशिष्ट परिस्थिति संदर्भ को व्यापारिक परिस्थिति कहा है और भाषाविद् हगेज का हवाला दिया है कि यह (व्यापारिक) परिस्थिति विशुद्ध होती है जिसकी खासियत यह है कि इसमें भिन्न भाषाओं, समूहों, समुदायों और वर्गों के लोग परस्पर संपर्क में आते हैं अतः संप्रेषण की नई-नई युक्तियाँ इस परिस्थिति में जन्म लेती और प्रयुक्त होती दिखाई देती हैं। व्यावसायिक व्यवहार क्षेत्र (डोमेन) की भाषा पर किए

गए विश्वव्यापी अध्ययनों की ओर भी प्रो. मेहरोत्रा ने हमारा ध्यान आकर्षित किया है। उनके अनुसार–द अमरीकन लैंग्वेज के लेखक मेनकेन ने सालों पहले 'लेक्सिकॉन ऑफ ट्रेड जॉर्गन' की पांडुलिपि का उल्लेख किया था जिसकी प्रति 'लाइब्रेरी काँग्रेस ऑफ वाशिंगटन' में उपलब्ध है। 'अमरीकन स्पीच' नामक पत्रिका भी एक अर्से से व्यवसाय तथा हस्तकला से संबंधित विशेष शब्दावली और वृत्ति भाषा (जॉर्गन) प्रकाशित करती आ रही है। इसी पत्रिका में फिट्ज पैट्रिक (1950) ने तंबाकू व्यवसाय के शब्दों, पदबंधों, अंग विक्षेपों और मुद्राओं का विस्तार के साथ रोचक परिचय दिया है। व्यवसाय केंद्रित भाषा अध्ययन के क्षेत्र में ऐलिएसन (1958) के सिगार बनाने वालों की भाषा के विश्लेषण, मिलर्स (1930) की फर्नीचर व्यवसायियों द्वारा प्रयुक्त कोड भाषा की व्याख्या, गेलर्स (1934) के जूता बेचने वालों की भाषा के विवेचन तथा टर्नर (1966) द्वारा आस्ट्रेलिया के पशुपालकों और न्यूजीलैंड के दुग्ध कृषकों की भाषा पर किए गए कार्यों को प्रो. मेहरोत्रा ने इस दिशा में किए गए अति महत्वपूर्ण शोध माना है। इन कार्यों ने उन्हें प्रेरित और प्रोत्साहित किया। उन्होंने यह भी संकेत दिया है कि भारत में अनेक प्रकार की व्यापारिक मंडियाँ भिन्न भाषा क्षेत्रों में स्थित हैं। इन सब के अपने कोड और उपकोड हैं, पर इस तरह के भाषा विकल्पों के अध्ययन की ओर अभी तक भारतीय भाषावैज्ञानिकों का ध्यान नहीं गया है। पुस्तक का पहला खंड इसी कमी को (एक सीमा तक) पूरा करने का प्रयास है।

इस खंड की सामग्री उन परिसीमित (रेस्ट्रिक्टेड) पर विशिष्ट (स्पेसिफिक) भाषा पर आधारित है जिसका प्रयोग सिल्क वस्तुओं की खरीद-फरोख्त के लिए निर्धारित स्थान 'सट्टी' में परिस्थिति विशेष से बँध कर किया जाता है। सट्टी, अर्थात् भाषा प्रयोग के स्थान (लोकेशन) का विवरण प्रो. मेहरोत्रा ने अत्यंत आत्मीयता के साथ दिया है। इस विवरण में उनका बनारसीपन तो मुखर है ही, उनका समाज भाषाविद् भी सजग है। विशेष भाषारूप के प्रयोग में लोकेशन का महत्व सर्वोपरि होता है, यह समाज भाषाविज्ञान की मान्यता है। सबसे पहले उन्होंने लोकेशन की सेटिंग की बात की है कि बनारस की यह सट्टी गोलघर और कुंजीटोला के इलाकों में शाम 5 से 7 बजे के बीच लगती है। ये दोनों ही इलाके नगर के केंद्र में स्थित हैं। इसके बाद वे इस लोकेशन के सहभागियों की चर्चा करते हैं कि–इस सट्टी में दो समूह व्यावसायिक गतिविधियों को अंजाम देते हैं–एक बेचने वाला और दूसरा खरीदने वाला। खास बात यह है कि बेचने वाले प्रमुखतः स्थानीय मुस्लिम समुदाय के लोग होते हैं जबकि खरीदने वाले तथा इस धंधे में संलग्न दलाल प्रमुखतः हिंदू हैं। फिर उन्होंने सट्टी का नक्शा खींचा है कि यह एक थोक बाजार है जहाँ खरीदने वाले किसी भूमि तल की दूकान पर या ऊपरी मंजिल के कक्ष में बैठते हैं जिन्हें स्थानीय और सिल्क व्यापार की भाषा में 'कोठीदार' कहा जाता है। सट्टी

(लोकेशन), उसके सहभागियों (पार्टिसिपेंट्स) तथा उसकी बनावट (स्पेसिफिकेशन) के साथ ही प्रो. मेहरोत्रा ने नाडेल (1958) के प्रकार्यपरक भूमिका (फंक्शनली रिलेटेड रोल) वाले सिद्धांत को बनारस की इस सट्टी में सक्रिय पाया है जहाँ मुस्लिम विक्रेता (बुनकर) अपनी अलग पहचान और भूमिका के लिए खास वस्त्र पहनते हैं–लुंगी, शर्ट/कुर्ता और नावदार सफेद टोपी। उनके हाथ में टिन या दफ्ती का लंबा बक्सा होता है जिसमें साड़ियाँ रखी होती हैं।

सट्टी में लेन-देन के दृश्य का जीवंत खाका खींचते हुए प्रो. मेहरोत्रा ने इस 'सर्राउंडिंग' में हिंदी के खास प्रयोगों, विशेष शब्दावली, बाजार अभिव्यक्तियों, जेस्चर्स और पॉस्चर्स का भी रोचक विवरण दिया है। उनके अनुसार–सट्टी का नियंत्रण खरीददार (कोठीदार) करता है जिसके इर्द-गिर्द कुछ थोक व्यापारी बैठे होते हैं। विक्रेता (बुनकरं और साड़ी निर्माता) बड़ी संख्या में–वहीं (दुकान पर) आते हैं। वे एक-दूसरे से होड़ में रहते हैं कि उनका नंबर पहले आ जाए और वे अपना सामान (माल) सट्टी नियंत्रक को दिखा सकें। एक सरसरी निगाह माल पर डाल कर और उसे यहाँ-वहाँ छूकर सट्टी वाला बुनकर से दाम पूछता है। शुरू में जो दाम बताया जाता है जाहिर है वह काफी ज्यादा होता है। यह बात जानते और भाँपते हुए दुकानदार बहुत ही कम दाम तय करता है जो स्वाभाविक है, बुनकर को मान्य नहीं होता। वह दुकान से उतरने का अभिनय करता है कि जो दाम वह बोल चुका है उससे कम पर न देगा–वह 'एक दाम' बोल चुका है। इसी समय खरीददार धीरे-धीरे दाम बढ़ाना शुरू करता है और उसकी हर पेशकश पर विक्रेता 'नहीं नहीं' करता चलता है। मोलभाव की इस प्रक्रिया में दुकानदार माल की कुछ वास्तविक और कुछ काल्पनिक कमियाँ गिनाता चलता है, 'साड़ी में नुक्स है, माल स्टैंडर्ड नहीं है, साड़ी में लगे तार आदि मामूली हैं, जिस तरह का माल है वैसे माल की माँग बहुत कम हो गई है' आदि। और इसके जवाब में बुनकर माल की खासियत बताता है, कच्चे माल का दाम बढ़ते जाने का रोना रोता है, मजदूरी बढ़ जाने की बात करता है आदि। जब क्रेता को लगता है कि उसने अपने तईं अधिकतम दाम बोल दिया है तो वह विक्रेता को साड़ी वापस कर देता है। विक्रेता जब यह देख लेता है कि अब दाम में एक रुपया भी बढ़ने की संभावना नहीं है तो वह बेचने को राजी हो जाता है।

स्थान, परिस्थिति और सहभागियों के समन्वय से गुँथे सट्टी के इन क्रियाकलापों में भाषा प्रयोग स्वभावतः अपनी विशिष्ट प्रकृति के साथ उद्घाटित होता रहता है। इस प्रकार सट्टी में एक विशेष प्रकार का संप्रेषण 'सेटअप' दिखाई देने लगता है। प्रो. मेहरोत्रा ने इस संप्रेषण क्रिया को आधुनिक समाज भाषावैज्ञानिकों के विचारों से टकराते हुए प्रकट किया है। उदाहरण के लिए वे अपनी तीक्ष्ण दृष्टि से यह देख पाए हैं कि कभी-कभी मोलभाव की प्रक्रिया में क्रेता, विक्रेता और दलाल

एक-दूसरे पर इस तरह चिल्लाते, झल्लाते और गरजते हैं कि लगता है, झगड़ा हो रहा है। कभी-कभी सब एक साथ झाँव-झाँव करते दिखाई देते हैं कि कुछ समझ में नहीं आता कि क्या चल रहा है। पर व्यापारिक गतिविधि उस समय भी चल रही होती है। यहीं वे शेगलॉक (1982) की उस मान्यता से टकराते हैं जो लेन-देन अथवा बाजार परिस्थिति में वाक् के क्रमबद्ध होने की बात स्वीकारती है और वार्तालाप को अ-ब जहाँ, 'अ' और 'ब' वार्तालाप करते हैं—एक के बाद एक। जबकि बनारस की सट्टी में यह तथ्य उभरकर दिखाई देता है कि वहाँ एक ही समय में कई वार्तालाप चल रहे होते हैं। वार्तालाप की इस अक्रमबद्ध (अराजक) पद्धति का मूल कारण प्रो. मेहरोत्रा ने सट्टी के अत्यल्प समय (मात्र दो घंटे) को माना है। यही कारण है कि यहाँ सभी गतिविधियाँ तेज गति से चलती हैं। लोगों का आना जाना, उठना बैठना, चिल्लाना, कभी दबना, कभी दबाना, कभी सरेंडर कर देना और बाजार की हर स्थिति को साधे रहना सब कुछ तेजी से घटता है और इस तीव्र घटनाक्रम में जन्म लेती है विशेष प्रकार की व्यावसायिक भाषा, प्रो. मेहरोत्रा ने जिसका विस्तृत विवेचन किया है, और जिसे यहाँ संक्षेप में दिया जा रहा है।

1. संक्षिप्त भाषा : तेज गति से चलने वाले बाजार के विशेष वार्तालाप में खरीदने वालों की भाषा के नमूने देकर प्रो. मेहरोत्रा ने यह दिखाया है कि वे कितनी जल्दी में होते हैं। यह जल्दी, अकुलाहट और तुरत-फुरत काम निबटाने की उत्कंठा ही 'संक्षिप्त भाषा' को जन्म देती है—

'ना ना ना' = नहीं, यह दाम बहुत अधिक है, नहीं खरीदा जाएगा।

'यह नहीं' = यह साड़ी एकदम नहीं चलेगी। दूसरी दिखाओ।

'एकदम नहीं' = तुम जो दाम बोल रहे हो वह एकदम अस्वीकार्य है।

'हटाओ' = इस साड़ी को हटाओ। इससे ज्यादा दाम नहीं दिया जाएगा।

'जल्दी हटाओ' = इस साड़ी को जल्दी हटाओ। दूसरे विक्रेता को माल दिखाने दो।

'फटाफट' = जल्दी-जल्दी माल दिखाओ।

'देर नहीं' = जल्दी से निर्णय करो। जो दाम हमने बोला है, उस पर बेचना है कि नहीं?

'एक-एक करके' = एक-एक करके माल दिखाओ।

'ठहरो' = जल्दी मत करो। ये दिखा लें तब तुम दिखाना।

'घबड़ाओ नहीं' = उतावले मत होओ। तुम्हारी बारी भी जल्द ही आएगी।

(टिप्पणी—ध्यान दिया जाए कि व्याख्यानात्मक अभिव्यक्ति एक वाक्य प्रकथन तक सीमित नहीं रह पाती)

2. समय की कमी और उसके दबाव से सट्टी में वक्ता-श्रोता (क्रेता-विक्रेता)

के संवाद की वाक्य रचना के भी कई पैटर्न बनते दिखाई देते हैं जिनमें संक्षिप्तता के साथ ही खास अभिव्यक्तियाँ भी प्रयुक्त होती हैं। वाक् अथवा वाक् संदर्भ (वार्तालाप) की यह बनी-बनाई (सेट) अभिरचना (पैटर्न) उस विचार के नजदीक है जिसे गॉफमैन (1951) ने कामकाज के समय की बातचीत में समय की कमी के कारण बनते देखा था। सट्टी के दो घंटों के दरमियान समय सबसे ज्यादा मूल्यवान होता है, जहाँ समय गँवाने का अर्थ है पैसा गँवाना। अतः दोनों पक्ष संवाद की विशेष संरचना ईजाद कर लेते हैं और परिस्थिति के अनुसार इन्हीं सेट पैटन्र्स का प्रयोग करते हैं–

क्रेता	:	क्या दाम?
विक्रेता	:	दो सौ पचास।
क्रेता	:	बेचोगे कितने की?
विक्रेता	:	जो माल दिलावे।
क्रेता	:	डेढ़ सौ की होगी?
विक्रेता	:	नहीं भैया।
क्रेता	:	और पाँच रुपया?
विक्रेता	:	नहीं।
क्रेता	:	एक सौ साठ लगा दें?
विक्रेता	:	नहीं।
क्रेता	:	चलो हटाओ।

3. सट्टी में प्रयुक्त भाषा के एक समाज सांस्कृतिक पक्ष की ओर भी प्रो. मेहरोत्रा ने संकेत किया है। उनके विचार से सिल्क व्यापारियों की भाषा का उल्लेखनीय तथ्य है उसका 'सामाजिक संतुलन'। इस संतुलन के कारण दोनों समुदाय अपनी भाषा का अनुकूलन करते चलते हैं और हिंदू-मुस्लिम समुदायों के बीच की भाषाई दीवार इस बाजार में ढह जाती है। इस प्रकार भाषा के प्रति समुदाय की निष्ठा, व्यापार के प्रति उसकी निष्ठा के सामने क्षीण पड़ जाती है। यहीं पर उन्होंने गंपर्ज (1981) की वह टिप्पणी उद्धृत की है जिसमें यह कहा गया है कि भारत जैसे वैविध्यपूर्ण देश में बाजार एक तटस्थ मिलन स्थल है जहाँ जाति, संप्रदाय और समूह की भावना सामाजिक संप्रेषण की जरूरत के सामने फीकी पड़ जाती है। यह टिप्पणी बनारस के सिल्क उद्योग की भाषा के संदर्भ में सटीक है जहाँ दोनों समुदाय अपनी समाज-सांस्कृतिक अस्मिता को दरकिनार करते हुए खालिस क्रेता-विक्रेता में बदल जाते हैं, दोनों अपने-अपने वाक्य साँचों में एक-दूसरे से शब्द और अभिव्यक्तियाँ उधार लेने में तनिक भी नहीं हिचकते। इस भाषाई संतुलन अथवा बाजार में तटस्थ भाषा प्रयोग के जो उदाहरण प्रो. मेहरोत्रा ने दिए हैं, उनमें से कुछ पर नजर डालें–

1. मुस्लिम बुनकर (विक्रेता) : चार सौ की साड़ी है भइया जी, ई रेजा ओसे निबल है, अभी तो आपकी दया से भगवान का साया है।

2. हिंदू कोठीदार(क्रेता) : बाद मुद्दत के आए हो सैदा करे, तीन सौ की नहीं होगी तो फिर बिसमिल्ला कैसा होगा, खुदा के वास्ते गलत दाम न बोलो।

4. भाषा के क्षेत्रीय विकल्पवत प्रयोगों तथा कोशीय अर्थ से भिन्न अर्थ देनेवाले वाग्मितापरक (र्‌हेटोरिक) प्रयोगों की ओर भी प्रो. मेहरोत्रा ने संकेत किया है। भाषा-प्रयोग के ये भाषिक स्वरूप दोनों समुदाय के लिए समान कोड का काम करते हैं। एक प्रकार से ये प्रयोग सट्टी की भाषा की अपनी वाग्मिताएँ हैं जिनकी व्यावसायिक गतिविधि में विशेष और महत्वपूर्ण भूमिका होती है—

'इसका दाम तुम बहुत ऊँचा बता रहे हो' = ज्यादा, अधिक।

'बाजार बहुत नरम है आजकल' = बाजार में बिक्री कम हो रही है।

'सट्टी आज ठंडी है' = लेन-देन कम हो रहा है।

'बाजार त्यौहारी है' = बाजार में खरीद-फरोख्त ज्यादा हो रही हैं।

'यह नंबर एक है या नंबर दो' = शुद्ध, उत्तम/मिलावटी, बनावटी।

'यह साड़ी नहीं समझ में आई' = अच्छी नहीं है।

'तुम्हारी साड़ी लग गई' = ले ली गई।

क्रेता की ओर से वस्तु के वास्तविक या काल्पनिक दोषों को बताने वाले प्रयोग मोलभाव की पूरी प्रक्रिया को आधार देते चलते हैं—

'रेजा में मट्टी है'—बुनावट ठीक नहीं है।

'साड़ी में गंदा है'—तार सच्चे नहीं हैं।

'कपड़ा झिल्लड़ है'—पतला है।

'रंग कच्चा है'—छूटने या उतरने वाला रंग है।

प्रो. मेहरोत्रा के अनुसार रंग शब्दों का प्रयोग सट्टी में खूब होता है। बनारस का यह सिल्क बाजार रंग शब्दावली में अत्यंत समृद्ध है। उन्होंने यह भी उल्लेखनीय माना है कि सट्टी के दोनों सहभागी अर्थात् हिंदू और मुसलमान व्यापारी आधारभूत रंग शब्दावली (बेसिक कलर टर्म्स) जैसे लाल, पीला, हरा, नीला आदि का बहुत कम प्रयोग करते हैं। इनके स्थान पर वे इन रंगों के शेड्स से संबद्ध शब्दावली का अधिक प्रयोग करते हैं। बाजार में प्रचलित ये रंग मात्र रंग शब्द नहीं है बल्कि वस्तु के साथ जुड़ कर ये सौंदर्यपरक अभिव्यक्ति में ढल जाते हैं और सिल्क वस्त्रों की कलात्मकता, उनकी बुनावट तथा उनकी रंग छटा को व्यक्त करने वाले सघन प्रयोग बन जाते हैं, जैसे—आसमानी, मोरपंखी, गुलाबी, चंदन, धूप-छाँह, बासंती, गंगा-जमुनी, शरबती, काही, सुरमई, बादामी, धानी, दूधिया, सिलेटी, रानी नारंगी, अंगूरी, फालसई, प्याजी, बैंगनी, जोगिया आदि।

बहस के बीच भाषा प्रयोग : लेन-देन या खरीद-फरोख्त के समय

क्रेता-विक्रेता के बीच जो मोलभाव अथवा तरह-तरह की संप्रेषणपरक उक्तियों का प्रयोग होता है, वही वास्तव में इस बाजार का वैशिष्ट्य है। इसे प्रो. मेहरोत्रा ने एकाधिक संप्रेषण प्रकारों में बाँट कर देखा है–

(i) शर्त रखना : अगर तार पावडर हो तो रेजा काट दो, अगर यह एक्को पइसा कम में कहीं मिल जाए तो दाम नहीं लेंगे, पूरे बाजार में जँचवा ल्यौ माल।

(ii) कसम खाना : कसमिए कहते हैं, अब ऐसे बड़ा कोई सबूत नहीं, अपनी कसम, ऐसे ऊपर की दुई सौ में बेचा रहा, कसम खा के आए हो, कम नहीं दोगे।

(iii) बढ़ा-चढ़ा कर कहना : दो सौ रुपया इस साड़ी की खाली दिखाई है।

(iv) मोलभाव करना : क्या कपड़ा बनाए हो?

कहाँ ख्याल है तोरा?

क्या बात करते हो?

(v) उलट चोट : इसका तुम डेढ़ सौ माँग रहे हो, सवा सौ की हमसे लोगे?

(vi) लोप : कम से कम समय में ज्यादा से ज्यादा व्यावसायिक गतिविधियाँ पूरी करना सट्टी की मजबूरी है। अतः वार्तालाप में संक्षिप्तीकरण इस बाजार भाषा की विशेषता है। संक्षिप्तीकरण की इस प्रक्रिया में कई भाषा तत्वों का लोप हो जाता है। लोप से संप्रेषण में कोई बाधा नहीं पड़ती। लोक से निर्मित यह भाषा कोड भी दोनों समूहों के लिए 'समान कोड' होता है। प्रो. मेहरोत्रा ने 'सट्टी' से इसके उदाहरण दिए हैं–

(vii) 'सौ रुपये गौरी शंकर' (सौ रुपये की साड़ी गौरी शंकर के खाते में लिखो) 'एक सौ पचीस, अभी पैसा' (एक सौ पचीस रुपये में दो, पैसा अभी मिलेगा) (आ) 'तेरा आखिरी क्या है' (आखिरी दाम) 'दो तक देना कि नहीं?' (दो सौ)

(viii) व्याकरण : व्याकरण के स्तर पर सिल्क व्यवसाय में विचलन के अनेक प्रयोग मिलते हैं। छोटे से वाक्य या उक्ति के सहारे अपनी बात को अभीष्ट बल के साथ रखने में यह युक्ति बहुत कारगर होती है। बल के लिए ही भाषिक इकाइयों का क्रम-विचलन होता है जिसके भिन्न रूपों का प्रचुर डाटा प्रो. मेहरोत्रा ने अपने इस अध्ययन में दिया है–

(क) संज्ञात वाक्य : बिगड़ गया है रेजा/कितना हो जाएगा एक दाम?/ऐबेली है साड़ी

(ख) सर्व-नामांत वाक्य : जॉर्जेट है क्या यह?/किसका है यह?/लिवाल है नहीं कोई।

(ग) विशेषणांत वाक्य : पटोला चाहता है सस्ता।

(घ) क्रिया विशेषणांत वाक्य : दो सौ बीस मिलेगा अभी/डेढ़ सौ की लेते हैं बराबर/इससे बेसी बेचना हो तो मत आना यहाँ/हटाओ तुम यहाँ से गठरी पहले/कारीगर का नाम लिखो कागज़ पर।

पुस्तक का पहला खंड एक निर्धारित व्यवहार क्षेत्र में हिंदी भाषा के एक विशिष्ट कोड के विश्लेषण से संबंधित है। इसमें प्रो. मेहरोत्रा ने परिस्थिति, संदर्भ, लोकेशन और वक्ता-श्रोता के रिश्तों के आधार पर 'व्यावसायिक कोड' की व्याख्या की है। यथास्थान उन्होंने 'बाजार भाषा' से संबंधित कार्यों और विचारों पर भी टिप्पणी की है जो विकसित देशों में समाज भाषावैज्ञानिक चिंतन के अंतर्गत महत्वपूर्ण माने गए हैं। पुस्तक के दूसरे खंड में प्रो. मेहरोत्रा ने 'हिंदी अभिवादनों की समाज भाषिकी' पर विचार किया है। वय, सामाजिक पद (स्टेटस) तथा पारिवारिक संबंधों के आधार पर उन्होंने हिंदी अभिवादनों को वर्गीकृत करते हुए इनके प्रयोग की समाज-सांस्कृतिक पृष्ठभूमि पर भी प्रकाश डाला है। उनके द्वारा निर्धारित वर्गीकरण इस प्रकार हैं–

1. नमस्ते-नमस्ते
2. नमस्ते-नमस्ते-नमस्ते
3. आइए
   पधारिए
   तशरीफ लाइए
   कहिए कैसे आना हुआ?
   आपने कैसे तकलीफ की?/कष्ट किया?
4. कैसे हो?
   क्या हाल है?
   क्या हाल-चाल है?
   सब कुशल तो है?
   क्या रंग है?
   अच्छे हैं?
   कैसे कट रही है?
5. प्रसन्न रहो/खुश रहो
   चिरंजीव हो
   मस्त रहो
   सौभाग्यवती रहो
   तुम्हारा सुहाग बना रहे

इनके सूक्ष्म विश्लेषण को प्रो. मेहरोत्रा ने नृतत्वशास्त्रीय आयाम पर भी परखा है। हिंदी भाषी क्षेत्र में परिवार की संरचना, समाज की बनावट, लोक-संस्कृति का प्रभाव तो इस अध्ययन का आधार बने ही हैं, हिंदी भाषी समूहों का मनोविज्ञान, उनकी धार्मिक आस्था तथा आपसी रिश्तों के औपचारिक-अनौपचारिक ढाँचे भी हिंदी अभिवादनों के माध्यम से परत-दर-परत खुलते चले गए हैं। पुस्तक के तीसरे

खंड में प्रो. मेहरोत्रा ने 'हिंदी की संबोधन शब्दावली' को उन अनेक स्तरों पर देखा है जिनके कारण हिंदी में संबोधन प्रयोग हिंदी भाषा समुदाय की मूल्यगत, सांस्कृतिक, सामाजिक और आचरणगत विशेषताओं और मान्यताओं को साफ-साफ व्यक्त कर देता है। सामान्य हिंदी संबोधनों को कोटिबद्ध करने तथा उनका सामाजिक वैशिष्ट्य प्रतिपादित करने के अलावा इस अध्ययन में हिंदी के नाते-रिश्ते के शब्दों के संबोधनवत् प्रयोग को खास महत्व देते हुए अतिरिक्त विस्तार के साथ विश्लेषित किया गया है। एक जागरूक समाज भाषाविद् की दृष्टि से उनका यह एप्रोच समयानुकूल और सर्वोचित भी था क्योंकि इस पुस्तक की योजना और रचना के समय तक समाज भाषाविज्ञान दैनंदिन जीवन के भाषा-प्रयोगों की गहराई से देखने की ओर अग्रसर हो चुका था। उसकी यह मान्यता जड़ पकड़ चुकी थी कि रोज़ के जीवन का सहज भाषा प्रयोग अपने भीतर भाषा-समाज और भाषा-प्रयोक्ता के अनेकानेक भेदों (स्ट्रेटिफिकेशन) को समाहित किए रहता है। भाषा में निहित समाज-सांस्कृतिक तत्वों की अवस्थिति को अनिवार्य और सहज (नेचुरल) मानने वाली इस विचारधारा ने अपने अध्ययनों में नाते-रिश्ते की शब्दावली के संबोधन रूप में प्रयोग का अत्यंत अर्थवान पाया था। हिंदी भाषा में इस प्रकार के प्रयोगों की बहुलता है। इनके अनेक स्तर भी हैं तथा इनकी संरचना और प्रयोग के समाज प्रदत्त नियम भी हैं। संभवतः इसीलिए हाइम्स (1964) ने कहा था—'नाते-रिश्ते की शब्दावली के माध्यम से संबोधन-प्रयोग हिंदी में एक सुपरिभाषित अर्थ क्षेत्र का द्योतक है।' हाइम्स निश्चय ही यहाँ 'सामाजिक अर्थ' की बात कर रहा है। प्रो. मेहरोत्रा ने इस विवेचन में पहले हिंदी की नाते-रिश्ते की शब्दावली की एक सूची दी है—माता-पिता, भाई-बहन, बहू-बेटा, भाभी-भैया, दादा-दादी, नाना-नानी, ताया-ताई, चाचा-चाची, बुआ-फूफा, मामा-मामी, मौसा-मौसी आदि। इनके पारिवारिक पद को व्याख्यायित किया है, तथा इनके परस्पर संबंधों को सामाजिक पद (सोशल स्टेटस) के अनुसार उच्च पद (+ पद), समान पद (+ पद) तथा निम्न पद (- पद) में बाँटा है। इसके बाद उन्होंने अपरिचितों द्वारा इनके संबोध्य रूप के प्रयोग का विश्लेषण परिस्थिति के संदर्भ में किया है—जैसे बाबूजी, माँ जी, बहिन जी आदि। इस संबोधनवत् प्रयोग में उन्होंने बेटा, बेटी को भी सम्मिलित किया है। उनके अनुसार + पद वाले नाते-रिश्तों के शब्दों का संबोधन के रूप में प्रयोग करते समय हिंदी में आदरार्थक 'जी' जोड़ा जाता है। नाते-रिश्ते की शब्दावली के संबोधन के रूप में प्रयोग की कई सरणियाँ प्रो. मेहरोत्रा ने दी हैं और हिंदी भाषी समाज की विशिष्ट प्रकृति के संदर्भ में इनका विवेचन किया है—

(1) नाम के साथ : राम चाचा, लाली बहन, कमला बहन, रीता चाची, दिनेश मामा आदि।

(2) संबंधों के साथ : सरला की माँ, बबलू के बाबू, रीता की मौसी आदि।

(3) वय के साथ : बड़े मामा, मँझले भैया, छोटे चाचा आदि।

(4) आस्था के साथ : तुलसी माता, दुर्गा माँ, शीतला माता, धरती माता, गऊ माता, गंगा माई आदि।

इनके अतिरिक्त प्रो. मेहरोत्रा ने नामों के संबोधन के तीन रूपों की चर्चा भी संबोधित-संबोध्य (एड्रेसर-एड्रेसी) के सामाजिक संबंधों से जोड़ कर की है—

(1) पहला नाम : मदन, नंदलाल, संजय

(2) संक्षिप्त नाम (एब्रीविएटेड नेम) : मद्दी, नंदू, संजू

(3) पुकारने का नाम (निक नेम) : पप्पू, गुड्डू, बच्चन

आदरार्थक 'जी' का प्रयोग हिंदी में नाम, पद और व्यवसाय तीनों के साथ होता है—जैसे सुरेश जी, लीला जी, निदेशक जी, मंत्री जी, पुजारी जी, वैद्य जी, मास्टर जी, नेता जी आदि। संबोधनों को आदरार्थकता देने के लिए 'हिंदी' में 'जी' के अतिरिक्त जिन भाषिक तत्वों का संयोजन किया जाता है उनकी ओर भी इस विश्लेषण में संकेत किया गया है जैसे—बाबू, सेठ, ठाकुर, महतो, महाराज, लाला, साहब, पंडित, गुरु आदि। प्रो. मेहरोत्रा ने 'क्रोध के मनोभाव से जुड़े हिंदी संबोधन पर भी संक्षिप्त विचार किया है जिसका डाटा उन्होंने हिंदी की प्रसिद्ध कहानियों, एकांकियों और उपन्यासों से एकत्रित किया है—सत्यानासी, कुतिया, निर्लज्ज, कलमुँहे, पापी, साहब के बच्चे, भांजे की दुम, उल्लू के पट्ठे आदि।

'राम-राम' को प्रो. मेहरोत्रा ने अभिवादन के अंतर्गत तो रखा ही है, इसके भिन्न प्रयोग भी हिंदी में उन्होंने दिखाए हैं—

काशी बहन, राम-राम, राम-राम पंडित जी—अभिवादन

खाली बैठे रहते हो, कुछ राम-राम किया करो।

राम-राम, इस सड़क पर कितनी बदबू फैली है।

राम-राम, यह तो बहुत अफसोस की बात है।

राम-राम, जवान लड़की के ऊपर हाथ उठाते शर्म नहीं आती?

राम-राम करके इतना पैसा जुटाया और अब लड़की ही चल बसी।

राम-राम कहो, फिर कहाँ मिलेगी इतनी अच्छी नौकरी तुम्हें?

चौथे खंड में हिंदी की नाम व्यवस्था पर समाज-सांस्कृतिक दृष्टि से विचार किया गया है। नाम-व्यवस्था के भी अनेक प्रकारों की चर्चा प्रो. मेहरोत्रा ने की है और इनके माध्यम से हिंदी भाषी समाज की संरचना, उसकी सोच तथा उसकी मूल्यपरक अवधारणाओं पर टिप्पणी की है। हिंदी भाषी समाज में व्यक्ति की शारीरिक बनावट (फिजिकल कैरेक्टरिस्टिक्स) के आधार पर भी नामकरण किए जाते हैं, जैसे—कल्लू, कनछेदी, टेढ्ढू, ननकू, छांगुर, छग्गु इत्यादि। व्यक्ति के व्यवहार अथवा मानसिक लक्षणों पर आधारित नामकरण भी हिंदी में मिलते हैं, जैसे—नखड्डू, भोंदू, बुद्धू, शांति, चंचल आदि। आर्थिक आधार वाले नामों की भी हिंदी में कमी नहीं

है—करोड़ी मल, दमड़ी दास, फकीरचंद, गरीबदास, भूपति आदि। प्रो. मेहरोत्रा ने स्त्री नामों में देवियों तथा नदियों के नामों की लोकप्रियता पर चर्चा करते हुए सीता, पार्वती, सरस्वती, दुर्गा, सावित्री, लक्ष्मी और गंगा, जमुना, कृष्णा, कावेरी, नर्मदा को सर्वाधिक चयनित प्राथमिकता वाले स्त्रीनाम माना है। पुरुष नामों में उन्होंने तीर्थस्थलों के नामों की प्रधानता देखी है, जैसे—काशीनाथ, बनारसी दास, वृंदावन लाल, बद्री नारायण, कैलाशनाथ, द्वारिका प्रसाद, गया प्रसाद, हृषिकेश आदि। पुरुष नामों में उन्होंने शिव के नाम पर्यायों को सर्वाधिक प्रचलित माना है—शंकर, महेश्वर, हर, भोला, शंभू, महादेव, मृत्युंजय, त्रिलोचन, उमानाथ, भैरवनाथ, नीलकंठ आदि। उनके अनुसार पुरुष नामों में राम, हनुमान और विष्णु भी लोकप्रिय हैं। देवी-देवताओं, नदियों के कुछ नाम स्त्री और पुरुष दोनों के लिए स्वीकार्य है—रमाकांत-रमा, सीताराम-सीता, उमाशंकर-उमा, श्यामाचरण-श्यामा, दुर्गाप्रसाद-दुर्गा, नर्मदाप्रसाद-नर्मदा आदि। प्रसाद, दीन, बक्श, सेवक, नाथ, लाल, नारायण, दास, चंद, राय आदि को प्रो. मेहरोत्रा ने मूल पुरुष नामों के साथ जुड़नेवाले प्रमुख तत्व के रूप में देखा है। इसी प्रकार देवी, वती, मयी आदि को स्त्री नामों के साथ जुड़ने वाले प्रमुख उपपद माना है। हिंदी भाषी में क्षत्रियों के लिए कुछ विशिष्ट पुरुष नामों का उल्लेख भी इस अध्ययन में किया गया है—समर बहादुर, जंग बहादुर, संग्राम सिंह, इंद्रजीत सिंह, अतिबल सिंह, प्रबल प्रताप सिंह, अखंड प्रताप सिंह, निर्भय सिंह आदि ये नाम क्षत्रिय समुदाय के समाज प्रदत्त गुणों यथा वीरता, युद्धप्रियता और निडरता को दर्शाते हैं। इसी प्रकार दलित समुदाय के पुरुष नामों के साथ मूल नाम के अंत में या दोनों ओर 'राम' लगाने की पद्धति प्रचलित है, जैसे—लालचंद राम, रामजीत राम, रामजी राम, राम लगन राम आदि। क्षत्रिय तथा अन्य अक्खड़ जातियों में पदनामों को भी पुरुष नामों के रूप में अपनाने की परिपाटी हिंदी क्षेत्र में दिखाई देती है, जैसे—सूबेदार सिंह, दरोगा सिंह, तहसीलदार सिंह, कप्तान सिंह, फौजदार सिंह आदि। साथ ही प्रो. मेहरोत्रा ने दमड़ी, कतवारू, पनारू जैसे नामों पर भी चर्चा की है, जो सामाजिक ढाँचे में व्यक्ति के महत्वहीन होने का अर्थ देते हैं। पशु-पक्षियों के नामों को अपनाने की प्रवृत्ति भी हिंदी भाषी समाज में दिखाई देती है—तोताराम, मुसई, झींगुर, मैना, कोकिला। एक रोचक नाम प्रकार यहाँ हिंदू-मुस्लिम सांस्कृतिक मेल का भी है इकबाल नारायण, खुशहाल चंद, नवाबराय, उल्फत चंद जैसे हिंदू नाम मिलते हैं। प्रो. मेहरोत्रा ने नाम परिवर्तन की भी चर्चा की है और धर्म, फिल्म और साहित्य में प्राप्त इन परिवर्तित नामों पर बड़े रोचक ढंग से विचार किया है—श्रद्धानंद, सहजानंद, अखिलानंद, सत्यानंद आदि इन महात्माओं के असली नाम नहीं हैं। फिल्म अभिनेता मनोज कुमार, दिलीप कुमार, सुनील दत्त, संजीव कुमार, जीतेंद्र आदि भी बदले हुए नाम हैं। साहित्य में रसखान, हरिऔध, रत्नाकर, भारतेंदु, निराला, वियोगी, हरि, 'पेन-नेम' हैं, जो इन व्यक्तियों

के मूल-नाम से कहीं अधिक प्रचलित और प्रसिद्ध हैं।

यह पूरी पुस्तक इसी प्रकार के समाज भाषावैज्ञानिक तथ्यों से भरी हुई है। हिंदी भाषा के समाज भाषिक संदर्भों को इतने विवेचनात्मक ढंग से अभी तक किसी हिंदी पुस्तक में भी उजागर नहीं किया गया है। प्रो. मेहरोत्रा समाज भाषावैज्ञानिक सिद्धांतों और विश्लेषण तकनीक दोनों को संतुलित ढंग से लेकर इस अध्ययन में आगे बढ़े हैं। उनके लेखन में सहजता है और विश्लेषता में स्पष्टता। भाषा या प्रस्तुतीकरण की सहजता को उन्होंने अपने भाषावैज्ञानिक लेखन में निरूपक भाषा के स्तर पर भी साधे रखा है। यह भी कहा जा सकता है कि बोधगम्यता और संप्रेषकता उनके लेखन की कसौटी है।

इन सारे संदर्भों ने मिलकर प्रो. मेहरोत्रा के भाषा अध्ययन को नृतत्वशास्त्रीय आयाम दे दिया है। इनके इस अध्ययन में हिंदी भाषा-समाज की बुनावट का रेशा-रेशा हिंदी भाषा के संप्रेषणपरक विकल्पनों के विश्लेषण द्वारा व्यक्त हुआ है। सामाजिक संप्रेषण में भाषा प्रयोग की समाज नियंत्रित पद्धति का सूक्ष्म विवेचन यहाँ स्वतः प्रकट है। पूर्वी क्षेत्र का हिंदी समाज, काशी का व्यावसायिक समाज तथा हिंदी भाषा का क्षेत्रीय स्वरूप इस अध्ययन के पोर-पोर से निःसृत और प्रवाहित है।

यह कहने में कोई संकोच नहीं कि प्रो. मेहरोत्रा के इस प्रकार के अध्ययनों ने भारत में समाजभाषिकी चिंतन की सुदृढ़ आधारशिला रखी थी। हिंदी भाषा और हिंदी भाषा समुदाय उनके विवेचन के केंद्र में रहे हैं। उनका कार्य भाषा, समाज और संस्कृति के अटूट संबंधों की सहज व्याख्या है जो यह दर्शाता है कि भाषा यदि समाज को जबान देती है तो समाज भी भाषा को एकाधिक छवियों, रंगों और आकारों में बाँध कर संप्रेषण के एक सशक्त माध्यम के रूप में ढालता है। उन्होंने हिंदी भाषी समाज के स्वरूप को तो जीवंत बनाया ही है, इसमें पल-पुस रही हिंदी भाषा की जीवंतता को भी वाणी दी है। प्रो. राजाराम मेहरोत्रा जैसे सजग, लोक संपृक्त और संस्कृति चेता भाषाविद् के चले जाने का दुख इसीलिए और भी सालने वाला है। कौन और कब भर पाएगा उनकी जगह को, कहना कठिन है।

(viii) डॉ. भोलानाथ तिवारी : सुगम भाषाविज्ञान के लोकप्रिय प्रणेता

तिवारी जी ने भाषाविज्ञान को लोकप्रिय बनाया। पाश्चात्य देशों में भाषावैज्ञानिक लेखन को 'पापुलर सिरीज़' के अंतर्गत प्रकाशित करने की परंपरा रही है। हिंदी प्रकाशन जगत ऐसा तो कुछ न कर सका लेकिन भोलानाथ तिवारी ने अपनी लेखनी से ऐसा कर दिखाया। उन्होंने कभी भी अपने को 'विद्वान' दिखाने की कोशिश नहीं की, अपने लेखन में वे हमेशा विद्यार्थी को सामने रखते थे अतः उनकी पुस्तकों की भाषा पारदर्शी बनी और अंत तक वैसी ही बनी रही।

तिवारी जी ने सैद्धांतिक और अनुप्रयुक्त भाषाविज्ञान के सभी पक्षों पर पुस्तकें लिखीं, संपादित और सह-संपादित कीं। भाषाविज्ञान के विविध अंग-प्रत्यंग इनके लेखन में क्रमशः समाविष्ट होते चले गए। तिवारी जी भाषाविज्ञान के लिए पूरी तरह समर्पित थे। भाषा-अध्ययन के नए से नए विषय पर वे लिखे बिना रह नहीं पाते थे। यह या इस तरह का 'पैशन' उनकी शक्ति थी। शैली विज्ञान, कोश विज्ञान, अनुवाद विज्ञान, प्रोक्ति विश्लेषण, आधुनिक भाषाविज्ञान, भाषा शिक्षण, व्यतिरेकी भाषाविज्ञान पर उनकी एकाधिक पुस्तकें इस बात की गवाह हैं। भाषाविज्ञान को उन्होंने उस समय पूरी निष्ठा, आस्था और तन्मयता के साथ अपनाया जब इस क्षेत्र में, कम-से-कम हिंदी में आधुनिक भाषाविदों का पदार्पण नहीं हुआ था।

वे भाषाविज्ञान के किसी संप्रदाय (स्कूल) से बँधे न थे। इस शास्त्र के प्रत्येक क्षेत्र से उनका गहरा संबंध था। उनका यह प्रयत्न जीवनपर्यंत उनके साथ था कि हिंदी का पाठक भाषाविज्ञान की प्रचलित मान्यताओं और सिद्धांतों से अपरिचित न रह जाए। पाठकों ने भी उनकी पुस्तकों को खूब मान दिया। उनकी कुछ पुस्तकों के तो बीस-बीस संस्करण तक उनके जीवनकाल में ही प्रकाशित हो चुके थे। संस्करणों और सामग्री दोनों ही दृष्टियों से उनकी तीन पुस्तकों का उल्लेख आवश्यक है—भाषाविज्ञान (1951), हिंदी भाषा (1962) और आधुनिक भाषाविज्ञान (1978)। पहली पुस्तक उनकी ख्याति का आधार बनी। समय-समय पर वे इस पुस्तक में आधुनिक अथवा नई संकल्पनाओं को जोड़ते रहे। प्रोक्ति विज्ञान और शब्दविज्ञान पर सामग्री उन्होंने बाद में दी। प्रोक्ति संबंधी चर्चा को उन्होंने अत्यंत सरल ढंग से पाश्चात्य भाषा-चिंतकों और संप्रदायों की विश्लेषण प्रविधि का परिचय और हिंदी भाषा के उदाहरण देते हुए लिखा है। 'प्रोक्ति-चिंतन' पर हिंदी में यह संभवतः पहली रचना है। 'शब्द' को तिवारी जी भारतीय दृष्टि से देखने के पक्षधर थे अतः इसके महत्व को पहचानते थे। उनकी यह मान्यता थी कि ध्वनि और रूप के बीच में रखकर शब्द-चर्चा अलग से होनी चाहिए क्योंकि शब्द भाषा की सार्थकता को सिद्ध और प्रमाणित करने वाली इकाई है। शब्द विज्ञान को भाषाविज्ञान की स्वतंत्र शाखा के रूप में मान्यता दिलाने का उन्होंने भरसक प्रयास किया। 'भाषाविज्ञान' पुस्तक में अलग से शब्दविज्ञान नामक एक अध्याय जोड़ने के अतिरिक्त शब्द की सामर्थ्य पर उन्होंने कई पुस्तकें लिखीं—शब्दविज्ञान, शब्दों का जीवन, शब्दों का अध्ययन। तिवारी जी ने शब्द-प्रयोग की महत्ता स्थापित करते हुए एक सफल कोशकार के रूप में भी अपनी भाषाई चेतना और प्रतिभा का परिचय दिया। उनके एकभाषी एवं द्विभाषी कोश अत्यंत उपयोगी हैं। बृहत् पर्यायवाची कोश, बृहत् हिंदी लोकोक्ति कोश, हिंदी उच्चारण कोश, उद्धरण कोश, हिंदी मुहावरा कोश, हिंदी कथा कोश उनकी अमरता के लिए पर्याप्त हैं। तुलसी शब्दसागर तथा भाषाविज्ञान कोश के माध्यम से उन्होंने नई पहल की। उनके व्यावहारिक हिंदी-अंग्रेज़ी कोश तथा

व्यावहारिक हिंदी कोश जैसे दो कोश हिंदी भाषा के व्यावहारिक विस्तार को उसकी बोलियों तथा शैलियों के संदर्भ में प्रमाणित करते हैं। मानक हिंदी के कोशों के बीच व्यावहारिक कोशों का निर्माण तिवारी जी की दूरदृष्टि का स्वतः प्रमाण है।

'हिंदी भाषा' भी भोलानाथ तिवारी की अत्यंत लोकप्रिय पुस्तक है। इसका प्रवेश खंड जिसमें भारोपीय परिवार की प्रमुख शाखाओं से लेकर हिंदी के विकास तक का संक्षिप्त परिचय दिया गया है। यह पूरी पुस्तक का आलोड़ित नवनीत है। पुस्तक की मूल प्रकृति ऐतिहासिक है जिसमें संपूर्ण हिंदी भाषी क्षेत्र में बोलचाल के लिए प्रयुक्त लगभग तीन सौ भाषा-बोली रूपों का परिचय दिया गया है। हिंदी भाषा के व्यावहारिक मानक रूपों को समझने, हिंदी की बोलियों का हिंदी के विकास में योगदान रेखांकित करने तथा बोली मिश्रित हिंदी की व्यावहारिक उपादेयता को रेखांकित करने में इस पुस्तक ने पहल की। प्रच्छन्न रूप से यह अध्ययन हिंदी भाषा समुदाय तथा उसके विस्तीर्ण भाषाई कोश (वर्बल रिपर्तायर) का परिचय देनेवाला उपयोगी संग्रह है। पुस्तक में हिंदी की ध्वनि, शब्द, रूप, वाक्य, अर्थ, लिपि व्यवस्था पर अत्यंत संप्रेषणीय ढंग से उपयुक्त उदाहरणों के साथ विचार किया गया है। हिंदी की विभिन्न ध्वनियों और रूपों का ऐतिहासिक विवेचन इस पुस्तक की अपनी विशेषता है। 'देवनागरी लिपि' पर इस पुस्तक में विस्तृत सामग्री है तथा हिंदी भाषा पर अन्य भाषाओं के प्रभाव पर भी एक उत्तम अंश है। इस पुस्तक की विपुल सामग्री को एकत्र करने में तिवारी जी का श्रम हर कहीं परिलक्षित होता है। बाद में हिंदी जैसी बहुआयामी और बहुप्रयुक्त भाषा की संरचना को भाषा-विश्लेषण की वैज्ञानिक पद्धति से हिंदी जगत के सामने लाना उन्हें आवश्यक लगा। तब 'हिंदी भाषा की संरचना' सिरीज़ की योजना बना कर उन्होंने अपनी 'टीम वर्क' की क्षमता प्रमाणित की। हिंदी भाषा की ध्वनि संरचना और इसी तरह शब्द संरचना, रूप संरचना, वाक्य संरचना, अर्थ संरचना, लिपि संरचना और संधि संरचना पर पुस्तकें संपादित करके प्रकाशित कीं। सिरीज़ की इन पुस्तकों में देश के मूर्धन्य भाषाविदों के लेख संगृहीत हैं। पुराने लेखों को भी तिवारी जी ने विषयवार जुटा कर इनमें सम्मिलित किया। इस सिरीज़ का संपादन करके तिवारी जी ने हिंदी भाषा की संरचनात्मक विशेषताओं के हर महत्वपूर्ण और दबे-ढंके पक्ष को उद्घाटित करने का बेमिसाल काम कर दिखाया।

'आधुनिक भाषाविज्ञान' उनकी नया जानने और हिंदी में भाषाविज्ञान के अधुनातन चिंतन को पहुँचाने का उपक्रम है। आधुनिक भाषाविज्ञान की महत्वपूर्ण उपलब्धियों का विवरण तिवारी जी ने अपनी इस पुस्तक में दिया है। इसके द्वारा उन्होंने हिंदी पाठकों को अपने समय में प्रचलित भाषाविज्ञान के प्रायः सभी संप्रदायों की आधारभूत मान्यताओं से परिचित कराया। इस पुस्तक के संबंध में आधुनिक भाषाविज्ञान के मूर्धन्य अध्येता प्रो. रवीन्द्रनाथ श्रीवास्तव की यह टिप्पणी बहुत कुछ

कह देती है–'लगभग एक दर्जन संप्रदायों को एक जगह समेटने वाली कोई एक पुस्तक अंग्रेज़ी में भी प्रकाशित नहीं है। मुझे स्मरण है कि मेरे सुझाव पर उन्होंने एक 'टीम वर्क' के रूप में इस पुस्तक के संपादन का प्रयत्न किया था। लेकिन अपेक्षित सहयोग के अभाव में अंत में हारकर उन्हें अकेले ही सभी प्रारूपों पर लिखना पड़ा। यह पुस्तक उनकी कर्मठता का प्रतीक स्तंभ है। हिंदी में भाषाविज्ञान पर काम करने वालों को इस पुस्तक के दो लाभ मिले। एक तो भाषाविज्ञान की गत्यात्मक दिशा की उन्हें एक झाँकी मिल सकी और दूसरा, भाषावैज्ञानिक विभिन्न प्रारूपों की संकल्पनात्मक अवधारणा के अनुरूप उन्हें डॉ. तिवारी द्वारा गढ़े पारिभाषिक शब्दों की एक विस्तृत सूची मिल गई। इस पुस्तक की नवीन विषयवस्तु को उन्होंने सर्वसमावेशी रूप देते हुए सहज और पारदर्शी शैली में प्रस्तुत किया है।' इस पुस्तक का एक आलेख 'ब्लूमफील्ड और संरचनात्मक भाषाविज्ञान' डॉ. तिवारी की गहन अध्ययनशीलता और विषय की समझ को रेखांकित करने के लिए काफी है।

भाषाविज्ञान के अनुप्रयुक्त पक्ष पर डॉ. तिवारी का काम भी कम महत्व का नहीं है। बाद के वर्षों में उन्होंने इस क्षेत्र में भरपूर कार्य किया। उनका कोशकार रूप तो श्रेष्ठ माना ही गया है 'कोशविज्ञान' नामक उनकी पुस्तक हिंदी में इस विषय पर लेखन की पहल करने वाली है। अनुप्रयुक्त भाषाविज्ञान की एक शाखा के रूप में कोश कला की महत्ता इस पुस्तक ने प्रतिपादित की। इसी तरह अनुवाद के महत्व को भी तिवारी जी ने बहुत पहले समझ लिया था। अनुवाद सिद्धांत और अनुवाद व्यवहार दोनों पक्षों पर जो सामग्री उन्होंने हिंदी में दी है उसने आगे के कार्यों में मार्गदर्शक का काम किया, इस बात में कोई संदेह नहीं। अनुवाद सिद्धांत के सभी पक्षों को उभार देनेवाली उनकी दो पुस्तकें अनुवाद विज्ञान (1980) और अनुवाद कला (1988) आज भी अनुवाद संबंधी अध्ययनों में अनिवार्य संदर्भ बनती हैं। अपने व्यावहारिक अनुप्रयोग के अभाव में अनुवाद सिद्धांत मात्र एक शास्त्र बन कर रह जाएगा, इस वास्तविकता से वे परिचित भी थे और जागरूक भी। अनुवाद एक क्रिया और कौशल है तथा भारत जैसे बहुभाषिक देश में इसकी उपादेयता केवल साहित्यिक अनुवाद तक सीमित नहीं, साहित्येतर अनुवाद की आवश्यकता से अधिक विस्तृत हुई है। कार्यालयी अनुवाद, बैंकों में अनुवाद, वैज्ञानिक साहित्य का अनुवाद, पत्रकारिता और अनुवाद, काव्यानुवाद के स्वरूप, प्रक्रिया और समस्याओं पर छोटी-बड़ी पुस्तकों का उन्होंने सह-लेखन किया। 1978 से 1987 की अवधि में प्रकाशित इन पुस्तकों ने प्रयुक्तिपरक अनुवाद चिंतन को दिशा प्रदान की।

'आलोचना की नई भूमिका' (रवीन्द्रनाथ श्रीवास्तव) के नाम से शैलीविज्ञान की प्रतिस्थापना की गई थी। तिवारी जी ने अभिव्यक्तिविज्ञान (1974) शैलीविज्ञान

(1978), व्यावहारिक शैलीविज्ञान (1983) तथा यूनानी शैलीविज्ञान (1986) पुस्तकें तैयार कीं। भाषाशिक्षण के संदर्भ में उनकी पुस्तक 'व्यतिरेकी भाषाविज्ञान' का भी अपना महत्व है। अनुप्रयुक्त भाषाविज्ञान के इस क्षेत्र में उन्होंने प्रो. रवीन्द्रनाथ श्रीवास्तव तथा प्रो. कैलाशचंद्र भाटिया के साथ कई विचारोत्तेजक पुस्तकें भी प्रकाशित की जिनमें हिंदी भाषा शिक्षण, हिंदी का शैक्षिक व्याकरण, हिंदी भाषा : संरचना और प्रयोग उल्लेखनीय हैं। हिंदी भाषा के सामयिक विस्तार को देखते हुए डॉ. तिवारी ने 'राजभाषा हिंदी', 'भाषा और संस्कृति', 'हिंदी भाषा का अंतर्राष्ट्रीय परिप्रेक्ष्य' पुस्तकें भी लिखीं।

हिंदी भाषाविज्ञान को गति, दिशा और संप्रेषणीय रूप देने वालों में तिवारी जी अकेले दिखाई देते हैं। वे हिंदी भाषा के व्याख्याता और अनुप्रयुक्त भाषाविज्ञान के प्रणेता के रूप में विख्यात रहे। उनकी इन दोनों ही क्षेत्रों में प्रकाशित लगभग पचास पुस्तकों को देख कर यह आश्चर्य होता है कि एक ही व्यक्ति ज्ञान-गंगा की इतनी सारी धाराओं में अपने को कैसे बहा सका। यही कहा जा सकता है कि भाषाविज्ञान उनके जीवन में रच-बस गया था। वे भाषाविज्ञान का पर्याय बन चुके थे। उनका लेखन यह बताता है कि वे पूर्णतः विद्याव्यसनी थे। आज भी उनके लेखन से टकराए बिना कोई भी भाषावैज्ञानिक निष्कर्ष दे पाना आसान नहीं है। वे हिंदी भाषाविज्ञान के प्रज्ञा पुरुष थे।

(ix) डॉ. कैलाशचंद्र भाटिया : परंपरा और आधुनिकता का अनूठा मेल

हिंदी भाषावैज्ञानिकों में से अधिकतर भाषा-सैद्धांतिकी के विमर्श में ही उलझे रहे हैं। भाषा-सिद्धांत का महत्व अपनी जगह मान्य है परंतु यह बात अधिक महत्वपूर्ण मानी गई है कि भाषा सिद्धांतों का अनुप्रयोग भाषा के व्यावहारिक स्वरूप के वर्गीकरण और विश्लेषण के लिए किया जाए। इस अनुप्रयोग द्वारा इन भाषाई समस्याओं का पता लगाया जाए और उनका समाधान भी ढूँढ़ा जाए जो भाषा से इतर विषय क्षेत्रों के अनुभव से संबंध होते हैं।

प्रो. कैलाशचंद्र भाटिया ने अपने को भाषा-सिद्धांतों के खंडन-मंडन में न उलझाकर इन सिद्धांतों एवं प्रणालियों के अनुप्रयोग पर अपनी दृष्टि केंद्रित की। यह अपेक्षाकृत एक कठिन कार्य था—सिद्धांतों का प्रतिपादन अथवा उनकी ऐतिहासिक व्याख्या प्रस्तुत करना ही भाषाविद् अपना उद्देश्य समझते हैं। भाषा सिद्धांतों की गहराई को समझ कर उनका अनुप्रयोग करने वाले विरले ही मिलते हैं। डॉ. भाटिया ऐसे ही विरले भाषाविज्ञानी हैं। भाषा के समाजशास्त्र, भाषा की सामाजिक प्रकृति एवं प्रयोजन, भाषा के शैलीय गठन, भाषा शिक्षण में भाषिक इकाइयों के अधिक्रम, अनुवाद करने तथा कोश निर्माण में भाषावैज्ञानिक सिद्धांतों का प्रतिफलन जितनी खूबी से और सोदाहरण भाटिया जी के लेखन में आकार

लेता दिखाई देता है उससे दो बातें प्रकट होती हैं। एक तो यह कि वे भाषा-सिद्धांत के नए-पुराने पक्षों से पूर्ण परिचित हैं और दूसरा यह कि इन सिद्धांतों का अनुप्रयोग वे हिंदी भाषा की संरचना पर इतनी सफलता के साथ इसलिए कर सके हैं कि हिंदी भाषा के संरचनात्मक स्तरों से उनका परिचय बहुत गहरा है।

प्रो. भाटिया हिंदी भाषा की प्रयोजनीयता को महत्व देते हैं। उनके लिए भाषा एक सामाजिक वस्तु है अतः सामाजिक उपादेयता की दृष्टि से उसके अध्ययन को दिशा मिलनी चाहिए। ऐसी साफ-सुथरी दिशा उन्होंने हिंदी भाषा के अध्ययन को दी, अकेले दम पर, जिसके लिए हिंदी जगत उनका सदैव ऋणी रहेगा। प्रो. भाटिया को 'हिंदी भाषा' की संप्रेषणपरक परतें खोलनी थीं इसलिए वे पाश्चात्य भाषावैज्ञानिकों के चिंतन से आक्रांत कभी नहीं होते। इसके विपरीत वे उन भारतीय भाषावैज्ञानिकों को अपने अध्ययन का आधार बनाते हैं जिन्होंने हिंदी भाषा के लिए काम किया, हिंदी की व्याख्या की। उनके लेखन में इसीलिए एक ओर बाबूराम सक्सेना, धीरेन्द्र वर्मा, उदय नारायण तिवारी, सुनीति कुमार चटर्जी, हरदेव बाहरी का उल्लेख मिलता है तो दूसरी ओर रवीन्द्रनाथ श्रीवास्तव, सूरजभान सिंह, रमानाथ सहाय, सुरेश कुमार का। इस अर्थ में वे भारतीय भाषा-चिंतकों को महत्व देनेवाले अध्येता हैं अन्यथा हिंदी भाषाविज्ञान का अधिकांश पाश्चात्य भाषा-चिंतकों के विचारों से आतंकित दिखाई देता है।

उनकी प्रारंभिक पुस्तकों 'ब्रजभाषा और खड़ी बोली का तुलनात्मक अध्ययन' (1962) तथा 'भाषा भूगोल' (1973) में भाषा-तुलना तथा भाषाओं की क्षेत्रीयता जैसे पक्षों को समेटा गया है। पहली पुस्तक में दोनों भाषाओं की संरचना का अलग-अलग विश्लेषण करके उनकी तुलना की गई है। दोनों भाषाओं की ऐतिहासिक व्याख्या भी इस तुलना का आधार बनी है और दोनों के प्रयोग-क्षेत्र की समाज-सांस्कृतिक विशेषता भी। दूसरी पुस्तक भाषा के भौगोलिक क्षेत्र की विशेषताओं पर केंद्रित है। भाषा की क्षेत्रीयता में भिन्नता के कारण एक ही भाषा किस तरह भिन्न-भिन्न अभिव्यक्ति प्रकारों में बँट जाती है, यह आधुनिक भाषाविज्ञान का बाद में प्रमुख अध्ययन क्षेत्र बना। बोलीविज्ञान डॉ. भाटिया की इन दोनों पुस्तकों का आधार विषय है।

डॉ. भाटिया ने दूसरी भाषा के रूप में हिंदी-शिक्षण को समर्थ और ठोस बनाने के लिए जो कार्य किए हैं उनका कोई सानी नहीं। इस क्षेत्र में बहुत कम लोग प्रवेश करते हैं। कई तो मातृभाषा और द्वितीय भाषा शिक्षण का भेद तक नहीं समझ पाते। हिंदीतर भाषा-भाषी जब हिंदी सीखते हैं तो उनका उद्देश्य और ज़रूरतें मातृभाषा-भाषी हिंदी शिक्षार्थी से नितांत भिन्न होती हैं। डॉ. भाटिया के इन कार्यों को देखने से यह स्पष्ट हो जाता है कि भाषा-1 तथा भाषा-2 सीखना एक बात नहीं है। जब बालक अपनी मातृभाषा सीखता है तो उसके मस्तिष्क में कोई और

भाषा नहीं होती अतः वह सरलता से भाषा-1 सीख लेता है। दूसरे मातृभाषा सीखते समय भाषा-1 का पूरा परिवेश सीखने वाले के इर्द-गिर्द फैला होता है जिसमें रह कर वह भाषा का अर्जन या अधिगम करता है। जबकि भाषा-2 सीखते समय भाषा-1 का प्रभाव शिक्षार्थी के मस्तिष्क पर पड़ा होता है तथा भाषा-1 के परिवेश में उसे भाषा-2 का अधिगम करना पड़ता है। डॉ. भाटिया द्वितीय भाषा के रूप में हिंदी शिक्षण की मूलभूत समस्याओं से अवगत हैं। उन्होंने भाषा के साथ-साथ संस्कृत शिक्षण के उद्देश्य को भी हिंदी भाषा-2 शिक्षण में हमेशा आगे रखा। उनकी बेसिक हिंदी रीडर (2 भाग), हिंदी भाषा शिक्षण सामग्री, मानक हिंदी व्याकरण, मानक हिंदी व्याकरण और रचना पुस्तकें इसी तरह का काम हैं और इनके साथ ही एक पुस्तक है 'हिंदी भाषा शिक्षण' (1990)।

शब्द-चर्चा डॉ. भाटिया का प्रिय क्षेत्र रहा है। उनकी यह चर्चा भी अन्य भाषा के रूप में हिंदी सीखने वालों को केंद्र में रख कर की गई है। शब्द श्री (1964), अंग्रेज़ी हिंदी शब्दों का ठीक प्रयोग (1991), हिंदी शब्द सामर्थ्य (2001) तथा अंग्रेज़ी-हिंदी अभिव्यक्ति कोश (1986) उनके कुछ ऐसे कार्य हैं जो 'शब्द' और 'अभिव्यक्ति' पर गहरी पकड़ को भाषा व्यवहार के लिए अनिवार्य सिद्ध करते हैं। 'शब्द' के संदर्भ में डॉ. भाटिया की मान्यता है कि "शब्दों की दुनिया ही निराली है। ...अब तक शब्द के जन्म या उसकी व्युत्पत्ति पर ही ध्यान केंद्रित किया गया। मेरा यह मानना है कि किसी 'शब्द' का अर्थ प्रयोग और संदर्भ से निश्चित होता है। ...प्रायः व्याकरण की पुस्तकों में शब्द के विविध रूपों पर कुछ पृष्ठ दे दिए जाते हैं; जैसे—पर्याय, विलोम, युग्म, पुनरुक्ति, अनेकार्थक आदि।" हिंदी की शब्द संपदा को भाटिया जी ने सर्वथा नए ढंग से देखते हुए संक्षिप्तीकरण, शब्द परिवार, एक मूलभूत धातु से अनेक शब्दों के निर्माण, सहप्रयोग और शब्दार्थ, अंकों की सहायता से शब्द ज्ञान पर जो सामग्री दी है वह शब्द और रूप दोनों के अनेकानेक सामाजिक प्रयोगों को सामने लाने वाली है। इस दृष्टि से उनकी पुस्तक 'हिंदी शब्द सामर्थ्य' अन्य भाषा के रूप में (द्वितीय और विदेशी दोनों) हिंदी सीखने वालों के लिए ही नहीं, हिंदी के मातृभाषा भाषी प्रयोक्ता के लिए भी अत्यंत उपादेय सिद्ध होती है।

भाषा-प्रयोग संबंधी विचारधारा के उन्नयन ने भाषा-विश्लेषण की प्रक्रिया में भी बदलाव ला दिया अतः 'नियम' का स्थान 'प्रयोग' ने ले लिया। शब्द की जगह पदबंध अथवा प्रयोग के महत्व को समझ कर तथा भाषा-प्रयोग में स्थितियों और संदर्भों की केंद्रीयता को जान कर डॉ. भाटिया ने 'अंग्रेज़ी-हिंदी अभिव्यक्ति कोश' का निर्माण किया। भाषा की विशिष्ट शैली 'प्रयुक्ति' (विषय क्षेत्र द्वारा नियंत्रित) के संदर्भ में पारिभाषिक अथवा तकनीकी उक्तियों का यह संग्रह पूरी तरह भाषा के व्यावहारिक पक्ष से संबद्ध है। पंद्रह-सोलह हजार अभिव्यक्तियों का यह द्विभाषी

कोश राजभाषा हिंदी के प्रगामी प्रयोग को संभव बनाने वाले राजभाषा कर्मियों के लिए किसी खजाने से कम नहीं।

आधुनिक और आजाद भारत में 'राजभाषा हिंदी' के निर्माण, विकास और प्रयोग के हर पक्ष पर डॉ.भाटिया की दृष्टि बराबर टिकी रही है। इस क्षेत्र पर उनकी एकाधिक पुस्तकें इस बात का प्रमाण हैं—राजभाषा का स्वरूप और विकास (1963), संक्षेपण और विस्तारण (1965), कामकाजी हिंदी (1967), व्यावहारिक हिंदी (1969), प्रशासन में राजभाषा हिंदी (1991), राजभाषा हिंदी (1990), प्रयोजनमूलक हिंदी : स्वरूप और विकास (2005)। प्रयोजनमूलक हिंदी के स्वरूप पर भाटिया जी उस समय से काम करते आ रहे थे जब 'प्रयोजनमूलक हिंदी पर वैचारिक विमर्श (केंद्रीय हिंदी संस्थान, आगरा : 1973) शुरू भी नहीं हुआ था। इनमें वे समय-समय पर प्रकार्यात्मक हिंदी के विकास क्रम में उभरते भाषा रूपों (प्रयुक्तियों) को भी समेटते हुए चले हैं। अपनी इस जागरूकता के चलते ही उन्होंने जनसंचार की हिंदी, सूचना प्रौद्योगिकी और हिंदी, विज्ञापन की हिंदी, सूचना क्रांति में हिंदी पर बात की, इनका परिचय दिया। यहाँ डॉ. भाटिया की एक खासियत के बारे में कहना जरूरी है कि उनका समस्त लेखन 'डाटा बेस्ड' है। सामग्री चयन, सामग्री वर्गीकरण, सामग्री विश्लेषण तथा सामग्री के प्रस्तुतीकरण की दृष्टि से उनके कार्य को अतुलनीय कहा जा सकता है। अपने सामग्री- आधारित भाषाचिंतन के लिए डॉ. भाटिया हमेशा याद किए जाएँगे।

राजभाषा हिंदी के निर्माण और विकास में अनुवाद की भूमिका प्रमुख रही है। वैसे तो प्रयोजनमूलक हिंदी से संबंधित पुस्तकों में उन्होंने हिंदी भाषा के आधुनिकीकरण में अनुवाद के योगदान की चर्चा की है तथा हिंदी की पारिभाषिक शब्दावली के निर्माण में अनुवाद की प्रक्रिया पर विचार किया है। इन पुस्तकों में प्रयुक्तिपरक अनुवाद (जैसे वैज्ञानिक एवं तकनीकी साहित्यिक, बैंकिंग, विधि, हिंदी पत्रकारिता, प्रशासनिक) की प्रक्रिया, प्रारूप और समस्याओं पर चर्चा की गई है। इस दिशा में उनकी पुस्तक 'अनुवाद : स्वरूप और प्रक्रिया' (2004) अनुवाद को 'कला' के स्थान पर एक 'कौशल' मानते हुए प्रकाशित हुई है। इस पुस्तक में अनुवाद और कंप्यूटर विज्ञान तथा अनुवाद मूल्यांकन सर्वथा नवीन अवधारणाओं से संबद्ध भाग हैं। इनसे डॉ. भाटिया की नए के प्रति ललक का पला चलता है।

डॉ. भाटिया हिंदी भाषावैज्ञानिकों में ऊपरी पायदान पर अवस्थित भाषा अध्येता हैं। हिंदी भाषा इनके लिए सर्वोपरि है। हिंदी भाषा के पुराने पुरोधा (श्यामसुंदर दास, बाबूराम सक्सेना, रामचंद्र वर्मा, धीरेन्द्र वर्मा) इन्हें प्रेरणा देते हैं। आधुनिक भाषाविज्ञान की संकल्पनाएँ इन्हें आंदोलित करती हैं। इन संकल्पनाओं (जैसे भाषा का आधुनिकीकरण, प्रयुक्ति, अनुवाद समीक्षा आदि) को ये हिंदी भाषा की प्रयोजनीयता पर घटा कर देखते हैं। डॉ. भाटिया इस अर्थ में हिंदी के हितचिंतक

भाषा अध्येता हैं। उनका महत्व इसलिए और भी बढ़ जाता है कि हिंदी भाषा की शक्ति और सामर्थ्य को प्रचुर सामग्री का साक्ष्य देकर प्रमाणित करने वाले हिंदी भाषावैज्ञानिक दिनों-दिन कम होते जा रहे हैं।

(x) डॉ. हरदेव बाहरी : हिंदी भाषा की अस्मिता के संवाहक

भाषा अध्ययन की गहनता को सरलता के साथ अभिव्यक्त कर पाना अत्यंत कठिन होता है। जटिल विचारों या सिद्धांतों को और भी जटिल बना कर पेश करना हिंदी में भाषावैज्ञानिक लेखन की सामान्य प्रकृति रही है। सरल लेखन विषय और उससे संबंधित अवधारणाओं को पचा कर ही किया जा सकता है। हिंदी भाषा का सौभाग्य है कि उसे समय-समय पर हिंदी में संप्रेषणीय भाषावैज्ञानिक लेखन करने वाले भाषा-चिंतक मिलते रहे हैं। इसी परंपरा के भाषाविद् और कोशकार थे—डॉ. हरदेव बाहरी। कुरुक्षेत्र और इलाहाबाद विश्वविद्यालय के हिंदी विभाग में भाषाविज्ञान का अध्यापन करते हुए उनकी सोच और विश्लेषण की शैली अत्यंत सजग और सहज हो गई थी। इसका प्रमाण उनकी पुस्तक 'हिंदी भाषा का उद्‌भव और विकास' (1965) है जिसे या जिसमें व्यक्त विचारों को इस आलेख के केंद्र में रखा गया है।

इस पुस्तक के 'दो शब्द' से ही उनकी लेखकीय ईमानदारी, विषय की उनके मन में स्पष्ट रूपरेखा और उनकी दो-टूक शैली का आभास मिलने लगता है। उनकी ईमानदारी यह है कि पुस्तक की रचना पर गंभीरता का आवरण डाल कर उन्होंने अपने को गहन-गंभीर भाषा-चिंतक न कह कर या बड़े-बड़े दावे न करते हुए साफ़ शब्दों में स्वीकार किया कि 'बी.ए. और एम.ए. के विद्यार्थियों के लिए यह पुस्तक उपादेय होनी चाहिए क्योंकि इसमें उनके पाठ्‌यक्रम का विशेष ध्यान रखा गया है। भारत के बीस-बाईस विश्वविद्यालयों द्वारा निर्धारित पाठ्‌यक्रमों को देखकर हिंदी के भाषावैज्ञानिक अध्ययन से संबंधित सारी ज्ञातव्य बातें इसमें रख दी गई हैं।'

यह डॉ. बाहरी की अकादमिक उदारता है। अन्यथा उनके शब्दों में एक 'पाठ्‌यपुस्तक' के रूप में लिखी गई यह किताब इसके पहले और बाद में लिखी गई 'हिंदी भाषा' पर केंद्रित पुस्तकों से वैचारिक मौलिकता एवं स्तरीयता, विश्लेषण दक्षता, विवेचनीयता तथा आँकड़ों-उदाहरणों की सटीकता आदि स्तरों पर किसी भी तरह उन्नीस नहीं है। ऐसा नहीं है कि डॉ. बाहरी अपनी इस पुस्तक के महत्व से परिचित न हों 'इस पुस्तक की विषयवस्तु आपको कहीं एक जगह नहीं मिलेगी' (दो शब्द) लिखते समय उन्हें मालूम है कि एक सामान्य आकार की पुस्तक में जितनी विपुल सामग्री उन्होंने भर दी है वह उपादेय है, पर उन्हें यह नहीं मालूम कि इसे प्रस्तुत करने की, वर्गीकरण विश्लेषण की जो पद्धति उन्होंने अपनाई है वह कितनी वैज्ञानिक और पाठक के लिए बोधगम्य बन सकी है। इस पुस्तक

का कलेवर बहुत बड़ा नहीं है (मात्र 292 पृष्ठ) परंतु सामग्री भरपूर है और वह भी डॉ. बाहरी के 'दीर्घकालीन और व्यापक अध्ययन द्वारा संकलित एवं निजी चिंतन-मनन से उद्भूत, दोनों तरह की' (दो शब्द) उनके अध्ययन और चिंतन-मनन ने हिंदी भाषा के वैचारिक-सैद्धांतिक स्तर के जटिल मंतव्यों को आत्मसात् करके या पचा कर बड़े ही सरल शब्दों में व्यक्त किया है। भाषावैज्ञानिक लेखन को सहज ही नहीं, रोचक बनाने की डॉ. बाहरी की शैली अनुकरणीय है, उन्हीं के शब्दों में 'चेष्टा की गई है कि थोड़े शब्दों में, किंतु सरल और सुबोध रीति से, बहुत कुछ कहा जा सके' (दो शब्द)।

यह पुस्तक दस वर्गीकृत और क्रमबद्ध खंडों (प्रकरणों) में विभाजित है। पहले खंड को डॉ. बाहरी ने 'उद्भव' शीर्षक दिया है। इसमें हिंदी भाषा की ऐतिहासिक पृष्ठभूमि प्रस्तुत करते हुए उसके उद्भव की कथा कही गई है। पृष्ठ : 1-91 तक फैले इस खंड में भाषा परिवारों, भारतीय आर्यभाषा, आधुनिक भारतीय आर्यभाषाओं तथा हिंदी की बोलियों पर स्पष्ट दृष्टिपात करते हुए डॉ. बाहरी ने उदाहरण सहित विवेचन किया है। इस खंड में उनके कुछ निष्कर्ष भाषाविज्ञान के विद्यार्थियों के लिए जानकारी पूर्ण है कि विश्व की चौदह प्रमुख भाषाओं में से नौ भाषाएँ आर्य परिवार की हैं, संसार की भाषाओं में हिंदी का तीसरा स्थान है, वैदिक सबसे प्राचीन है जो इस परिवार की समस्त भाषाओं की जननी है, ध्वनि विकास के क्रम से यह भी मत दृढ़ होता है कि प्राचीन ईरानी का विकास द्वैदिक भाषा से हुआ है—नीलोत्पल-नीलोफ़र, ताप-ताब, स्वतः-खुद, द्वार-दर। हिंदी भाषा के प्रयोग विस्तार से किस तरह हिंदी विश्व की दूसरी सबसे बड़ी भाषा बन सकती है, इस पर उनकी टिप्पणी है कि 'यदि भारत में राष्ट्रीय चेतना जागृत हो सके और प्रादेशिक भाषाएँ स्थानीय कामकाज में और हिंदी अखिल भारतीय कार्यों में व्यवहृत होने लगे तो यह संसार की दूसरी बड़ी भाषा हो जाएगी।'

पुस्तक के दूसरे खंड 'विकास' के अंतर्गत हिंदी की ध्वनि पद्धति (ध्वनिविकास), शब्द-भंडार (शब्द विकास), अर्थ विज्ञान (अर्थ विकास), पद-रचना या व्याकरण (व्याकरणिक विकास) का ऐतिहासिक, तुलनात्मक तथा विवरणात्मक अध्ययन प्रस्तुत किया गया है। इस खंड में डॉ. बाहरी ने बहस के कई मुद्दे उठाए हैं, कुछ प्रचलित भ्रांतियों को भी तोड़ा है और अपने तर्कों को उदाहरणों के साथ प्रमाणित भी किया है। उनके अनुसार 'कुरु-पांचाल की जनभाषा की विषमता में एकता और विविधता में समरूपता लाकर पाणिनि ने इसे स्थिर और संस्कृत किया। पाणिनि ने वैदिक को 'देववाणी' और इसको 'भाषा' कहा है।' इस बात को आगे बढ़ाते हुए डॉ. बाहरी ने प्रतिपादित किया है कि उस काल में संस्कृत बोलचाल की भाषा थी और इसके परम विकास की अवस्था तब जान पड़ी जब यह बोलचाल की भाषा नहीं रह गई। वे यह भी कहते हैं कि बौद्धों-जैनों ने जनभाषाओं को प्रश्रय

दिया पर संस्कृत को मान्यता प्राप्त रही, विशेषतः ज्ञान-विज्ञान के क्षेत्र में। डॉ. बाहरी का यह निष्कर्ष उल्लेखनीय है कि 'वैदिक काल में जो जनभाषाएँ थीं उन्हीं में से एक ने साहित्य में स्थान प्राप्त किया। इसमें तत्कालीन जनभाषाओं (प्राकृतों) का सामान्य रूप भी है और वैदिक का सरलीकृत उत्तराधिकार भी।' प्राकृत के सामान्य लक्षणों से हिंदी की बोलियों की ओर जाते हुए नियमों की सरलता की चर्चा डॉ. बाहरी ने अनेक उदाहरणों के साथ की है, जैसे—माई-मातृ, गिद्ध-गृध्र, सीस-शीर्ष, ठिय-स्थित, बरिस-वर्ष, कहण-कथन, गहिर-गंभीर, बहिर-बधिर आदि।

इस खंड में डॉ. बाहरी ने अपभ्रंश को 'अपभ्रष्ट' भाषा नहीं बल्कि 'आभीरों की भाषा' मान कर देखा है और राजस्थानी को उसकी जेठी बेटी प्रमाणित करते हुए कहा है कि 'साहित्यिक भाषा बनने के बाद इसी ने देश के बड़े भाग में मान्यता प्राप्त की और इस नाते इतर प्रदेशों की प्राकृतों को प्रभावित किया, सबसे अधिक शौरसेनी को।' इसीलिए डॉ. बाहरी अपभ्रंश को हिंदी और प्राकृत के बीच की स्थिति मानने से इनकार करते हुए यह कहते हैं कि 'अपभ्रंश के जो लक्षण बताए गए हैं वे सब अपभ्रंश के अपने नहीं हैं, अधिकतर शौरसेनी और महाराष्ट्री के हैं, इस आधार पर उनका यह निष्कर्ष है कि 'अपभ्रंश को ब्रजभाषा और राजस्थानी की पूर्व स्थिति तो माना जा सकता है किंतु उसे सारे हिंदी प्रदेश की बोलियों की जननी नहीं माना जा सकता।'

पुस्तक के तीसरे खंड 'आधुनिक भारतीय आर्य भाषा' में हिंदी भाषा से संबंधित कई महत्वपूर्ण बातें डॉ. बाहरी ने कही हैं। उनके अनुसार हिंदी और हिंदवी का अर्थ एक ही है जिसे मध्ययुग में सूर, तुलसी ने 'भाषा' या 'भाखा' कहा या अट्ठारहवीं शताब्दी में मुसलमानों ने 'रेख्ता हिंदी' और बाद में 'उर्दू'। डॉ. बाहरी ने यह माना है कि फोर्ट विलियम कॉलेज (स्थापित 1800 ई.) ने हिंदी को हिंदुओं और उर्दू को मुसलमानों की भाषा कहना अपनी साम्राज्यवादी नीति का अंग समझा। डॉ. बाहरी के शब्दों में—'सांप्रदायिकता को उभारने के लिए संस्कृति और संस्कृति की माध्यम भाषा की दुहाई आवश्यक थी। इस चाल में वे बहुत कुछ सफल भी हुए।' डॉ. बाहरी ने हिंदी भाषा की परिभाषा उसके व्यापक संदर्भ में दी, खड़ी बोली के पर्याय के रूप में हिंदी को परिभाषित करने वाले सीमित संदर्भ पर उनकी टिप्पणी भाषा विवेचन की वैज्ञानिक दृष्टि का परिचायक है 'जो लोग हिंदी के इतिहास को खड़ी बोली के भाषा-पद पर आरूढ़ होने से प्रारंभ करना चाहते हैं वे भाषाविज्ञान के मूल सिद्धांत से अनभिज्ञ हैं। डिंगल हिंदी ही थी, ब्रजभाषा भी हिंदी थी, खड़ी बोली हिंदी है और कल खड़ी बोली का ह्रास हो जाने पर मध्य देश की कोई बोली उठकर भाषा की पदवी पर प्रतिष्ठित की जाएगी तो उसे भी हिंदी ही कहा जाएगा।'

'हिंदी की बोलियाँ' नामक चौथे खंड में हिंदी की अधीनस्थ बोलियों की चर्चा करते हुए डॉ. बाहरी ने वर्गीकृत ढंग से बड़े अच्छे उदाहरण दिए हैं। जिन बोलियों

का साहित्य प्रकाशित है, उनके अनुच्छेद देकर अभीष्ट उदहारण देने से बोली रूपों की प्रामाणिकता भी स्थापित हुई है। उदाहरण के लिए अवधी पर बात करते समय उन्होंने नखत, सिआर, अउरत, बेटवा, बिटिया, रजिस्टरवा, पिंसिलिया, मालिन, मौसिया, बदे (के लिए), क (का), तोर, तोहार, ओकर, आपन, नीक, भए, रहे, देखब, पावा, भवा, रहिन आदि को संज्ञा, विशेषण, क्रिया, रूप-रचना के वर्गों में बाँट कर इस तरह विवेचित किया है कि हर बोली का संरचनात्मक वैशिष्ट्य एकदम स्पष्ट होकर पाठक तक पहुँचता है। इसी प्रकार चौथे खंड 'ध्वनि विकास' का लेखन भी उन्होंने वर्गीकृत करते हुए किया है जिसमें समीकरण पर की स्थितियों का ब्यौरा देने से ध्वनि नियम और ध्वनि परिवर्तन की दिशाओं पर अच्छा प्रकाश पड़ता है, जैसे—ज्येष्ठ-जेट्ठ-जेठ, प्रिय-पिय-पी, बिल्व-बेल, कर्तव्य-करतब। व्यंजन सान्निध्य के आधार पर भी डॉ. बाहरी ने प्रकरण-5 (ध्वनि विकास) और प्रकरण-8 (व्याकरणिक विकास) से संबंधित उदाहरण सूची (पृष्ठ 185-206 : 21 पृष्ठ की) परिशिष्ट के रूप में अंत में दी है। यह परिशिष्ट हिंदी भाषा अध्येता के लिए अत्यंत उपयोगी है और 'दो शब्द' में इस पर डॉ. बाहरी की भी टिप्पणी है कि 'नौवें प्रकरण का अपना महत्व हो सकता है।'

खंड-6 'शब्द भंडार' में परंपरागत शब्द निर्मिति पर विचार के साथ (जो कि हिंदी भाषा पर केंद्रित सभी पुस्तकों में किया जाता है) यजुर्वेदी और ऐतरेय ब्राह्मण में प्रयुक्त उन शब्दों की लंबी सूची डॉ. बाहरी ने 'वैदिक शब्द भंडार से हिंदी को प्राप्त रिक्थ' के अंतर्गत देते हुए लिखा है कि 'वेद में इस प्रकार के हजारों शब्द हैं जो आज अक्षुण्ण रूप में हिंदी, कम से कम साहित्यिक हिंदी की निधि हैं। संसार की किसी भी भाषा में तीन-चार हजार वर्ष से चले आते हुए शब्द अविकृत रूप में इतनी बड़ी संख्या में नहीं मिलेंगे।' शब्दों के ह्रास अथवा विकास की प्रक्रिया को सामाजिक आवश्यकता से परिचालित मानते हुए डॉ. बाहरी ने शाब्दिक प्रतीक तैयार करने के लिए भाषा द्वारा अपनाए जाने वाले जिन चार साधनों का उल्लेख किया है वे उनकी वैज्ञानिक दृष्टि का परिचायक हैं। उन्हीं के शब्दों में वे चार साधन हैं—

(1) पुराने शब्दों का पुनरुद्धार करके, (2) किसी ज्ञात भाषा में उसी पदार्थ, विचार या व्यापार के प्रतीक शब्द से प्रेरणा पाकर (प्रायः अनुवाद के रूप में) अपनी भाषा के तत्वों के संयोजन से नए शब्द का निर्माण करके, (3) वस्तु या व्यापार के शब्द रस, रूप, गंध आदि द्वारा सुझाए हुए तात्कालिक ऐच्छिक ध्वनि प्रतिबिंबों (अनुकरणात्मक शब्दों) का संयोजन करके और (4) किसी अन्य भाषा से उधार लेकर।

हिंदी शब्दावली के माध्यम से डॉ. बाहरी ने हिंदी की लोकोन्मुखी प्रवृत्ति और सामासिक प्रकृति पर भी प्रकाश डाला है। अपनी इस बात को प्रमाणित करने के

लिए उन्होंने लिखा है कि 'हिंदी के प्रायः सभी सर्वनाम तद्भव हैं। क्रियापद भी प्रायः सभी तद्भव हैं। विशेषणों के लिए हिंदी को संस्कृत का मुँह ताकना पड़ा है। तद्भव विशेषण हिंदी में कम हैं।' उन्होंने यह भी ध्यान दिलाते हुए कहा है कि विदेशी (आगत) शब्दों को अपनाने और उन्हें आत्मसात् करने की दृष्टि से भी हिंदी भाषा का कोई सानी नहीं है, 'संसार की बहुत कम भाषाएँ हैं जिनके विदेशी शब्द-तत्व क्रिया विशेषण, क्रियापद, समुच्चय बोधक, विस्मय बोधक सभी तरह के हों। हिंदी ऐसी ही एक भाषा है जिसने फारसी का काफी कुछ पचा लिया है।' इस प्रकरण में डॉ. बाहरी ने हिंदी के 'देशी' शब्द भंडार को भिन्न कुलों की भाषाओं के, प्राकृतों के, अनुकरण वाले, प्रतिध्वनि वाले, गढ़े गए शब्दों के संदर्भ देकर पुष्ट-सिद्ध किया है और निर्णय दिया है कि 'संस्कृति और समाज के विकास के साथ भाषा का शब्द भंडार विकसित होता है।' हिंदी की इसी ग्रहणवादी प्रकृति को उभारते हुए उन्होंने उपसर्गों, प्रत्ययों तथा समासों की चर्चा लंबी सूची देकर की है।

सातवें 'अर्थ विकास' प्रकरण में अर्थ विस्तार, अर्थ संकोच, अर्थ प्रसार तथा अन्य प्रक्रियाओं से हिंदी भाषा के अर्थीय (सिमेंटिक) पक्षों पर प्रकाश डाला गया है। खंड-8 'व्याकरणिक विकास' में हिंदी भाषा की संरचना को इतनी सरलता से विवेचित किया गया है कि डॉ. बाहरी की प्रतिभा के आगे नतमस्तक होना पड़ता है। इसमें वचन, लिंग, विभक्ति रूप, क्रियापद, नाम धातु, सकर्मक, संयुक्त, प्रेरणार्थक, काल रचना पर अलग-अलग विचार करते हुए, उपयुक्त उदाहरण और तर्क देते हुए जिस तरह विचार किया गया है उसे समझ और आत्मसात् कर पाना हिंदीतर भाषा-भाषी हिंदी भाषा के उच्चस्तरीय अध्ययन से जुड़े विद्यार्थियों के लिए भी बड़ा ही आसान होगा। इस खंड का परिशिष्ट (प्रकरण-9 में) भी छात्रों को दृष्टि में रखते हुए ही डॉ. बाहरी ने तैयार किया है।

नौवें प्रकरण (प्रकरण-5 और 8 के परिशिष्ट) के बाद दसवें प्रकरण में डॉ. बाहरी ने 'हिंदी के रूप' पर विचार किया है। यह खंड हिंदी भाषा की वैविध्यपूर्ण प्रकृति के साथ ही हिंदी भाषा के साथ संबद्ध विडंबनाओं पर भी खुल कर बात करता है। आज हम हिंदी भाषा के जिस 'यथार्थ' की बात करते हैं उसे डॉ. बाहरी ने अपनी दृष्टि से भिन्न आयामों पर देखते हुए सामने रखा है। यहाँ डॉ. बाहरी की प्रखर वैचारिकता और ओजस्वी अभिव्यंजना का परिचय भी हमें मिलता है। शायद इसीलिए 'दो शब्द' में उन्होंने इस पुस्तक के पाठकों से यह सिफारिश की है कि 'हिंदी के नाना रूपों (प्रकरण-10) की चर्चा अवश्य पढ़ लीजिएगा' हिंदी भाषा के स्वरूप और संपर्क भाषा के रूप में उसकी भूमिका और विस्तार पर डॉ. बाहरी की लंबी चर्चा के आधार पर उनके कुछ महत्वपूर्ण वैचारिक बिंदु रेखांकित किए जा सकते हैं–

1. सांस्कृतिक चेतना के कारण क्षेत्रीय बोलियों का स्थान सामान्य भाषा ले लेती है।
2. हिंदी किसी की बोली नहीं है, किसी की मातृभाषा नहीं है। हिंदी एक सामान्य भाषा है। इसका ढाँचा सभी बोलियों के तत्वों से बना है।
3. हिंदी जितनी ही अधिक जनता की भाषा बनेगी, उतने ही अधिक तत्वों को सँजोकर अपने रूप और कलेवर का विकास करेगी, इसीलिए न तो नाना बोलियों को और न विविध भाषाओं को इससे किसी तरह का खतरा है। यह तो उनके जीवन से जीवन पा रही है।
4. सामान्य भाषा का राष्ट्रभाषा के रूप में विकास राष्ट्रीय भावना के विकास का प्रतीक है। हिंदी ने बराबर राष्ट्र को संगठित करने का कार्य किया है।
5. हिंदी बनी-बनाई संसर्ग भाषा है, भारतीय संघ की संपर्क भाषा है।
6. दक्षिण के तीर्थस्थानों पर हिंदी का व्यवहार होता है। भारतीय भाषाओं का सांस्कृतिक शब्द भंडार एक है। सेवा, व्यापार, यातायात और शिक्षा के कारण हिंदी का व्यवहार बढ़ा है।
7. दक्षिण भारत हिंदी प्रचार सभा, मद्रास की परीक्षाओं में इस समय तक 80 लाख विद्यार्थी बैठ चुके हैं।
8. 'मेरे लिए हिंदी का प्रश्न स्वराज्य का प्रश्न है' यह गाँधी जी का कहना था। उनके अलावा भी दक्षिण के तथा अन्य हिंदीतर हिंदी समर्थकों ने हिंदी भाषा के प्रचार-प्रसार में अमूल्य योगदान दिया है। (इनमें से प्रमुख हिंदी समर्थकों की चर्चा डॉ. बाहरी ने विस्तार से की है।)

'राजभाषा' पद के लिए हिंदी को अनुप्रयुक्त या अविकसित बता कर भ्रामक प्रचार करने वालों की प्रवृत्ति को डॉ. बाहरी ने 'अंग्रेज़ीवादियों की हठधर्मिता' कहा है और इनके उन दावों को खोखला साबित किया है कि–अंग्रेज़ी विश्व ज्ञान की खिड़की है, देशी भाषाओं के अपनाने से भारत के टुकड़े-टुकड़े हो जाएँगे, अंग्रेज़ी की सहायता के बिना भारतीय भाषाओं का विकास संभव नहीं है आदि। ऐसे विचार रखने वालों की सोच को डॉ. बाहरी ने रवीन्द्रनाथ टैगोर की इस पंक्ति का उद्धरण देकर व्यक्त किया है–'हमने अपनी आँखें खोकर चश्मे लगा लिए हैं।'

राजभाषा हिंदी के स्थान पर अंग्रेज़ी के बने रहने की स्थिति को डॉ. बाहरी ने माना कि शिक्षा और राजकार्य की भाषा का प्रश्न एक ही है। इस संदर्भ में उनके विचार बड़े ही स्पष्ट हैं कि 'जब तक अंग्रेज़ी के साथ सत्ता, प्रतिष्ठा, नौकरी और पैसा जुड़ा हुआ है तब तक लोगों से अपेक्षा करना कि वे अपने बच्चों को अंग्रेज़ी न पढ़ाएँ, मूर्खता होगी। और जब तक अंग्रेज़ी के मानस पुत्र सत्तारूढ़ रहेंगे, तब तक अंग्रेज़ी शिक्षा प्रचारित रहेगी, अनिवार्य भी कर दी जाएगी, एवं राजभाषा

बने रहने का दावा भी करती रहेगी।'

दसवें प्रकरण में डॉ. बाहरी ने हिंदी की सामासिक प्रकृति, उसकी सहअस्तित्व वादी प्रवृत्ति, उपनिवेशवादी भाषा नीति, हिंदी के सरलीकरण आदि चर्चित मुद्दों पर अपने विचार रखे हैं। इनमें से सभी को तो यहाँ उद्धरित नहीं किया जा सकता पर एक-एक उदाहरण हम यहाँ दे रहे हैं जिन्हें देखने से इन पर डॉ. बाहरी के चिंतन का भी और इन्हें छात्रों के लिए महत्वपूर्ण मानते हुए इनके औचित्य का भी अनुमान किया जा सकता है—

• हिंदी की सामासिक प्रकृति : 'हिंदी की उदारता है कि उसने सैकड़ों ऐसे शब्दों को मान दिया और खपा लिया है, वरना उर्दू में एक भी संस्कृत शब्द मान्य नहीं हो पाया। हिंदी साहित्य के आदिकल से, विशेषतः 13वीं शताब्दी से हमें विदेशी शब्द मिलने लगते हैं। चारणों, संतों, सूफियों और यहाँ तक कि राम भक्तों के काव्य में भी इनका प्रचुर प्रयोग मिलता है। खड़ी बोली के उत्थान के साथ इनका अनुपात और भी बढ़ा।'

• भाषाई सह-अस्तित्व : 'मध्यकाल के अंत तक राजा-प्रजा किसी का भी यह आग्रह नहीं रहा कि अमुक भाषा शिक्षा का माध्यम हो अथवा अमुक भाषा में शासन कार्य चलाया जाए। लोग अपनी भाषा में लिखते थे। मुसलमान बड़े प्रेम से संस्कृत सीखते थे और हिंदी में कविता लिखते थे। हिंदू अरबी-फारसी सीखते थे। बड़े लोग फ़ारसी में लिखते-पढ़ते थे। जनसाधारण हिंदी में सब तरह का काम चलाते थे।'

• उपनिवेशवादी भाषा नीति : 'भाषाशोध की बीमारी हमारे देश में यूरोप से आई। यूरोपीय जातियों में अंग्रेज़ सबसे अधिक सांप्रदायिक और साम्राज्यवादी जाति है। उसने भाषा और संस्कृति में भेद नीति का बीज बोकर यहाँ की नाना जातियों को आपस में लड़ाया। गिलक्रिस्ट और ग्रियर्सन आदि अंग्रेज़ विद्वानों के हाथ में पड़ कर भाषाविज्ञान उपनिवेशवाद, साम्राज्यवाद और कूटनीति का उपकरण बन गया।

'मैकाले ने भारतीय भाषाओं को दीन-हीन और दरिद्र कह कर अंग्रेज़ी का वर्चस्व बढ़ाया। उनका मंतव्य यह था कि आगे चल कर एक ऐसा वर्ग तैयार होगा जो रंग और रक्त से तो हिंदुस्तानी होगा किंतु जिसकी रुचि, मति, बुद्धि और भाषा अंग्रेज़ी होगी। भारत में ऐसा वर्ग तैयार हुआ जो भारतीय होते हुए भी अभारतीय रहा है। इसीलिए गाँधी जी ने हिंदी के प्रचार को राष्ट्र के रचनात्मक कार्यों में सम्मिलित किया था और हिंदी विदेशी शासन की समाप्ति का एक शस्त्र बनी थी।'

• हिंदी का सरलीकरण : 'हम यह समझ नहीं पाए कि सरलीकरण का अर्थ क्या है। विषय, स्थिति, वातावरण और पात्र के अनुसार भाषा को सरल या कठिन

होना ही पड़ता है। सरलीकरण की माँग के पीछे भी कूटनीति है। वरना हिंदी तो सरल है ही, इसकी लिपि, इसका उच्चारण इसका शब्द भंडार और इसका व्याकरण सरलतम है।'

इन विचारों के माध्यम से डॉ. बाहरी ने हिंदी भाषा से संबद्ध समस्याओं के समाधान प्रस्तुत किए हैं। हर प्रकरण के बाद 'संक्षेप' देकर उन्होंने उस प्रकरण में उठाए गए मूल बिंदुओं को क्रमशः रखा है। पूरा अध्याय पढ़ने के बाद ये बिंदु पाठ को समझने में सहायक बनते हैं। पुस्तक के अंत में डॉ. बाहरी ने एक 'निर्देशिका' दी है जिसमें उन पारिभाषिक शब्दों की व्याख्या की गई है जिन्हें समझने में विद्यार्थियों को कठिनाई हो सकती है। पृष्ठ 286-292 (सात पृष्ठ) तक फैली इस सूची में अक्षर, अल्पप्राण, तिर्यक, कर्मधारय, पुरुष, भाववाचक, मध्यम पुरुष, संधि, सहायक क्रिया आदि की उदाहरण सहित व्याख्या की गई है।

इसके अतिरिक्त पुस्तक में अनेक चित्रों को भी स्थान दिया गया है। डॉ. बाहरी ने पाठकों से आग्रह किया है कि 'ब्लॉक-चित्रों की ओर भी आपका ध्यान आकर्षित करना चाहता हूँ। 'पृष्ठ ग्यारह पर' 'भारत-ईरानी उपपरिवार' का वृक्षाकार चित्र, पृष्ठ 101 पर 'प्राचीन आर्यभाषा की व्यंजन ध्वनियों का चार्ट पृष्ठ 260 पर भारतीय लिपियों के विकास का वृक्षाकार चित्र उल्लेखनीय है।'

पुस्तक को डॉ. बाहरी ने हर प्रकार से पुष्ट करने का प्रयत्न किया है। निश्चित ही इसके लिए उन्हें अतिरिक्त श्रम करना पड़ा होगा, पर वे हिंदी भाषाविज्ञान के विद्यार्थी को एक संपूर्ण पुस्तक देना चाहते थे और अपने अध्यापकीय अनुभव से उन्होंने इसे रूपाकार दिया 'वर्षों से हिंदी भाषा पर सोचता-सुचवाता, पढ़ता-पढ़ाता आ रहा हूँ। उसका एक बड़ा अंश सहयोगियों के आग्रह से लेखबद्ध कर दिया है।'

अन्य कई किताबों की आड़ में डॉ. बाहरी की इस पुस्तक को पाठ्यक्रमों में वह सम्मान नहीं मिल सका है, जिसकी यह अधिकारिणी है। कई लोग उन्हें मात्र कोशकार के रूप में ही देखते-जानते हैं। उनके भाषाई चिंतन संबंधी लेखों-पुस्तकों की ओर अब हमें ध्यान देना चाहिए। हिंदुस्तानी अकादमी की पत्रिका 'हिंदुस्तानी' के संपादक के रूप में उनका अवदान भी प्रकाश में आना चाहिए।

अनुप्रयुक्त भाषाविज्ञान

अभी तक की चर्चा से यह स्पष्ट होता दिखाई देता है कि भाषाविज्ञान मानव विज्ञानों में सर्वाधिक व्यापक एवं विकसित शास्त्र है। भाषाविज्ञान की जिस व्यापकता और बहुआयामिकता पर अभी तक हमने विचार किया उसे ही इंगित करते हुए फ्राइड (1970) ने भाषाविज्ञान को अन्य समाजविज्ञानों की तुलना में तीन दृष्टियों से विकसित माना है—

(1) अपनी सैद्धांतिक पृष्ठभूमि और संरचनात्मक विश्लेषण की वैज्ञानिकता की दृष्टि से, (2) अपने कार्य एवं प्रयोजन की दृष्टि से तथा (3) अन्य शास्त्रों से अपने अटूट संबंध की दृष्टि से। पहली दृष्टि भाषाविज्ञान की सैद्धांतिकता और वैज्ञानिकता को महत्व देती है तो शेष दो उसमें निहित अनुप्रयोग की संभावना को।

आज यह सिद्ध हो चुका है कि भाषाविज्ञान मात्र अपने अध्ययन की वैज्ञानिकता अथवा अपनी वैज्ञानिक विश्लेषण प्रक्रिया के कारण ही विश्वव्यापी ज्ञान-क्षेत्र के रूप में मान्य एवं लोकप्रिय नहीं बना है, बल्कि अपने प्रभावशाली अनुप्रयोग के कारण भी उसकी मान्यता और लोकप्रियता में वृद्धि हुई है। अनुप्रयोग से जुड़कर भाषा-संबंधी उसके अध्ययन एवं शोध का रेंज बहुत बढ़ गया है। भाषावैज्ञानिक सिद्धांतों के व्यावहारिक (प्रैक्टिकल) अनुप्रयोग के एकाधिक प्रकार और आयाम आज हमारे सामने हैं जो अपनी प्रकृति में वैविध्यपूर्ण और उपयोगी हैं। अपने अनुप्रयोग के प्रत्येक स्तर पर अनुप्रयुक्त भाषाविज्ञान भाषावैज्ञानिक को यह चुनौती देता है कि वह अपने भाषा संबंधी ज्ञान एवं कौशल का उपयोग उन अंतर्निहित ढाँचों को सामने लाने के लिए करे जिन्हें वक्ता या लेखक निर्मित करता है तथा इन्हें भाषा के सामान्य और विशिष्ट प्रयोक्ता के लाभार्थ प्रस्तुत करे।

इस चुनौती को मूर्त रूप देते हुए भाषाविज्ञान ने आज अपने क्षेत्र को स्वायत्त बना लिया है। ज्ञान के अन्य क्षेत्रों के अंतर्संबंधों के आधार पर उसकी कुछ अन्य शाखाएँ भी विकसित हुई हैं, यथा—समाज भाषाविज्ञान, मनोभाषाविज्ञान, नृतत्व भाषाविज्ञान आदि। इसके अतिरिक्त शिक्षाशास्त्र, संचार आभियांत्रिकी, कंप्यूटर विज्ञान, साहित्यालोचन आदि में भी भाषाविज्ञान के अनुप्रयोग से नई दिशाएँ खुली

हैं। इन क्षेत्रों में काम करने वाले भाषा के भिन्न अंगों का अध्ययन करते हैं। संक्षेप में कहें तो यह स्पष्ट होते ही कि कुछ ऐसे निश्चित क्षेत्र हैं जिनमें भाषावैज्ञानिक सिद्धांतों का अनुप्रयोग संभव है और जिसके द्वारा विषय-क्षेत्र को व्यावहारिक बनाया जा सकता है, भाषापरक शोध एवं भाषा शिक्षण के क्षेत्र में क्रांतिकारी परिवर्तन आया।

इतनी चर्चा के बाद-अनुप्रयुक्त भाषाविज्ञान के विषय में जिज्ञासा और प्रश्नों का उठना स्वाभाविक है कि अनुप्रयुक्त भाषाविज्ञान क्या है? कोई क्या अनुप्रयोग करता है जब भाषाविज्ञान का अनुप्रयोग करता है? भाषाविज्ञान का अनुप्रयोग कब होता है? आदि। भाषाविज्ञान अथवा आधुनिक भाषाविज्ञान में यह संकल्पना चौथे दशक में आई। आधुनिक भाषाविज्ञान के व्यावहारिक अनुप्रयोग का प्रयत्न इसका पहला लक्ष्य था और दूसरा यह स्थापित करना था कि भाषाविज्ञान एक अनुप्रयुक्त विज्ञान हो सकता है और जो भिन्न ज्ञान-क्षेत्रों को एक साथ ला सकता है। इस संकल्पना ने अनुप्रयुक्त भाषाविज्ञान की प्रकृति, स्वरूप और प्रयोग को इस प्रकार देखा—

1. अनुप्रयुक्त भाषाविज्ञान उपभोक्ता सापेक्ष होता है।
2. यह उपभोक्ता की आवश्यकताओं द्वारा नियंत्रित लक्ष्य का परिणाम होता है।
3. इसका क्षेत्र भाषा के उपभोक्ता की आवश्यकता द्वारा निर्धारित होता है।
4. इसका क्षेत्र उस तथ्य पर प्रकाश डालता है कि भाषा से हम क्या काम ले सकते हैं।
5. यह अपने सिद्धांत और प्रणाली के आधार पर भाषा से संबंधित ज्ञान के अन्य क्षेत्रों के लिए संक्रियात्मक (ऑपरेशनल) दक्षता का रास्ता खोलता है।

इस आधार पर सपोर्टा (1960) द्वारा दी गई अनुप्रयुक्त भाषाविज्ञान की यह परिभाषा सर्वथा उचित है—'अनुप्रयुक्त भाषाविज्ञान, भाषाविज्ञान की वह शाखा है जिसका मुख्य लक्ष्य भाषावैज्ञानिक सिद्धांतों एवं प्रणाली के अनुप्रयोग द्वारा उन भाषाई समस्याओं का पता लगाना और उनका समाधान ढूँढ़ना है जो भाषा से इतर विषय-क्षेत्रों के अनुभव से संबद्ध होती हैं' अभी हाल तक यह माना जाता था कि भाषाविज्ञान का किसी भी रूप में अनुप्रयोग संभव नहीं है। यह मान्यता भी दृढ़ थी कि एक विषय के रूप में भाषाविज्ञान अपनी ही सीमा में सिमटा हुआ ज्ञान-क्षेत्र है। अब यह स्थिति बदली ही नहीं हैं बल्कि अनुमानों के एकदम विपरीत भी चली गई है क्योंकि अब यह सिद्ध हो चुका है कि भाषाविज्ञान के कई विशिष्ट एवं व्यावहारिक अनुप्रयोग हैं जो मानव समुदाय के बड़े भाग को प्रभावित करते हैं।

आज भी जब भाषावैज्ञानिक सिद्धांतों के अनुप्रयोग की उपादेयता स्वतः सिद्ध हैं, कई लोग ऐसे हैं या हो सकते हैं जो 'सैद्धांतिक' या 'शुद्ध' भाषाविज्ञान के क्षेत्र में कार्य कर रहे हैं। इसका कारण वे संभावनाएँ हैं जहाँ एक निर्धारित सिद्धांत

को उससे भी अच्छे या परिवर्धित सिद्धांत द्वारा प्रतिस्थापित किया जा सकता है। भाषा संबंधी नए तथ्य सामने लाए जा सकते हैं और नया संश्लेष निर्मित किया जा सकता है। इसमें तो कोई संदेह ही नहीं कि सैद्धांतिक अध्ययन के लिए अनुप्रयोग फीड बैक का कार्य करते हैं, क्योंकि सिद्धांतों की परख निरंतर उन विचारों के आधार पर होती रहती है जो अनुप्रयोग के दौरान सामने आते हैं। यह एक सच्चाई है कि यदि किसी सिद्धांत को स्थिर होने का अवसर दिया जाए तो धीमे-धीमे उसकी उपादेयता भी समादृत होने लगती है। एक बात और भी है कि अनुप्रयोग के पहले कोई सिद्धांत अल्पसंख्यक लोगों की ही रुचि का विषय होता है, अर्थात् मात्र भाषाविदों की रुचि का। जबकि उसका अनुप्रयोग उसे व्यापक बना देता है।

इस बात को प्रमाणित करने के लिए 'मशीनी अनुवाद' के क्षेत्र को देखा जा सकता है। पिछले कुछ वर्षों में भाषावैज्ञानिक अनुप्रयोग को प्रमुखता से अपनाने वाले क्षेत्र के रूप में यह उभरा है। 'मशीनी अनुवाद' के साथ भाषावैज्ञानिकों के अलावा भी अन्य कई लोग जुड़े हैं। ये सभी किसी-न-किसी ज्ञान क्षेत्र के विशेषज्ञ हैं, चाहे वे गणित के हों, कंप्यूटर प्रोग्रामर हों वैय्याकरण हों या अन्य। कोश विज्ञान, अनुवाद, शैली विज्ञान, भाषा शिक्षण भी वे अन्य क्षेत्र हैं जो भाषावैज्ञानिक अनुप्रयोग से संबद्ध हैं। विभिन्न क्षेत्रों में अनुप्रयोग ने यह सिद्ध कर दिया है कि भाषाविज्ञान में अनुप्रयोग की अकूत क्षमता है।

जैसा कि हमने पहले भी संकेत किया कि अनुप्रयोग, सिद्धांत को कुछ-न-कुछ प्रदान करता है, अतः अनुप्रयोग के आयामों को दृढ़ करने के लिए 'शुद्ध' भाषाविज्ञान संबंधी शोध एवं अध्ययन को रोकने की नहीं, उसे और विकसित करने तथा बहु उपयोगी बनाने की आवश्यकता है। यहाँ हमें यह नहीं भुलाना चाहिए कि अपने अनुप्रयुक्त संदर्भ में भाषाविज्ञान की उपादेयता सिद्ध करने में उन भाषाविदों के गंभीर कार्य का योगदान सर्वोपरि है जो भाषा सिद्धांत के विस्तार के लिए कटिबद्ध थे। भाषावैज्ञानिक सिद्धांत अन्य वैज्ञानिक सिद्धांतों के ही समान हैं, इस अर्थ में कि ये उन अनुप्रयोगों से जुड़ जाते हैं जिन्हें वे लोग कभी नहीं देख पाए जिन्होंने इन सिद्धांतों की खोज की।

आगे हम क्रमशः भाषावैज्ञानिक अनुप्रयोग वाले क्षेत्रों अथवा अनुप्रयुक्त भाषाविज्ञान की प्रमुख शाखाओं पर विचार करेंगे—भाषा शिक्षण, समाज भाषाविज्ञान, शैली, शैली और प्रयुक्ति शैलीविज्ञान, अनुवाद, प्राकृति, भाषा संसाधन, कोश विज्ञान। इन सब ने आज अपना-अपना इतिहास बना लिया है।

(क) अनुप्रयुक्त भाषाविज्ञान और भाषा शिक्षण

भाषाओं के शिक्षण का क्षेत्र भाषाविज्ञान के उन अनुप्रयोगात्मक क्षेत्रों में से एक है जिसके साथ सर्वाधिक लोग संबद्ध हैं। भाषा विश्लेषक, सामग्री निर्माता, भाषा

शिक्षक आदि। चाहे वह मातृभाषा शिक्षण हो या अन्य भाषा (द्वितीय/विदेशी) शिक्षण, भाषाविज्ञान के अनुप्रयोग के बिना पूरा नहीं किया जा सकता। शैक्षिक व्याकरण, शिक्षण सामग्री, शिक्षण प्रणाली, शिक्षण तकनीक आदि सभी में भाषा वैज्ञानिक अनुप्रयोग की अनिवार्यता आज स्वतः सिद्ध है। भाषाविज्ञान, भाषा का बेहतर विवरण प्रस्तुत करता है अतः भाषावैज्ञानिक सिद्धांतों का उपयोग हर उस परिस्थिति में संभव है जिसमें भाषा सिखाई जा रही है।

भाषा शिक्षण में भाषाविज्ञान की भूमिका भाषा शिक्षकों को यह बताना नहीं है कि वे भाषा किस तरह पढ़ाएँ। भाषा शिक्षक, भाषाविज्ञान नहीं पढ़ाता, वह एक ऐसी चीज (भाषा) पढ़ाता है जो भाषावैज्ञानिक अध्ययन की 'अध्ययन वस्तु' है। इस बात में कोई संदेह नहीं कि भाषा शिक्षक को अच्छे से अच्छा भाषा विवरण चाहिए, भाषाविज्ञान उसे यह विवरण उपलब्ध कराता है। इस प्रकार भाषा शिक्षक भाषावैज्ञानिक सिद्धांतों तथा उनके आधार पर प्राप्त भाषा-विवरणों का उपभोक्ता होता है। वह भाषा की प्रकृति और उसके प्रयोग के विषय में प्रदत्त विवरणों का उपयोग भाषा शिक्षण-कार्यक्रम की योजना बनाने के लिए करता है। उपभोक्ता इस अर्थ में कि वह यह निश्चित करने में समर्थ हो कि उसके प्रयोजन की दृष्टि से कौन-सा सैद्धांतिक दृष्टिकोण (एप्रोच) उपयोगी है और कौन-सा नहीं। भाषा शिक्षक की यह भूमिका द्वितीय विश्वयुद्ध के दौरान और भी स्पष्ट हुई क्योंकि उस समय अन्य भाषाएँ सीखने-सिखाने की स्थिति एक जरूरत बन चुकी थी। इतना ही नहीं, मातृभाषा-भाषी जैसी दक्षता भाषा, में प्राप्त करना-कराना भी राजनैतिक लक्ष्यों की पूर्ति के लिए जरूरी था। इसीलिए विदेशी भाषा शिक्षण को बेहतर बनाने के उपायों में उस समय अनुप्रयुक्त भाषाविज्ञान ने सबसे अधिक ध्यान आकर्षित किया। उस समय यह भी कहा गया कि जो भाषा शिक्षक अनुप्रयुक्त भाषाविज्ञान में प्रशिक्षित नहीं है, वह सफल और प्रभावशाली भाषा शिक्षण नहीं कर सकता। आज भी अन्य भाषा के क्षेत्र में यह मान्यता बरकरार है।

भाषा शिक्षण के लक्ष्यों की प्राप्ति में शिक्षक के बाद दो अन्य घटक महत्वपूर्ण माने गए हैं—पाठ्यपुस्तक और पाठ्यसामग्री। इनके साथ ही पाठ्यपुस्तक-लेखन अथवा शिक्षण-सामग्री-निर्माता की भूमिका को भी परिभाषित किया गया। यह स्पष्ट किया गया कि भाषाविज्ञान द्वारा प्रदत्त विवरण भाषा शिक्षण की पाठ्यपुस्तकें नहीं बन सकतीं। यह भी बल देकर कहा गया कि पाठ्यपुस्तकें भाषा विवरणों पर केंद्रित और आधारित हो सकती हैं, फिर भी पाठ्यपुस्तक लेखन करना या भाषा शिक्षण की सामग्री बनाना एक विशेषीकृत क्षेत्र है। इन दोनों कार्यों में अनुप्रयुक्त भाषाविज्ञान की प्रणाली की जानकारी के अभाव में वह असफल हो जाएगा जिन्हें वह शिक्षण-सामग्री में समाहित करना चाहता है या जिनका अनुप्रयोग करना चाहता है। अतः यह कहा जा सकता है कि भाषा शिक्षक, पाठ्यपुस्तक लेखक तथा

शिक्षण-सामग्री निर्माता, इन तीनों के लिए भाषावैज्ञानिक अनुप्रयोग अभीष्ट ही नहीं अनिवार्य भी है।

सामान्य भाषाविज्ञान भाषा के उन अनेक क्रियाकलापों को अपने भीतर नहीं समेटता जो वास्तव में भाषावैज्ञानिक अनुप्रयोग का परिणाम है, जैसे समाज भाषाविज्ञान और शैलीविज्ञान, जबकि भाषा शिक्षण इन्हें अपने भीतर समेट कर ही भाषा अधिगम को संप्रेषणपरक बनाता है। यह तो स्पष्ट ही है कि भाषा शिक्षण की प्रक्रिया में भाषाविज्ञान के अनुप्रयोग का एक प्रमुख योगदान अध्येय भाषा का सर्वोचित विवरण उपलब्ध कराना है, चाहे वह शिक्षार्थी की अपनी मातृभाषा का हो या पढ़ाई जाने वाली द्वितीय भाषा अथवा विदेशी भाषा का। अन्य भाषा शिक्षण (द्वितीय/विदेशी) में इस योगदान की एक संभावना और भी है–अन्य भाषा की मातृभाषा से तुलना। विवरण और तुलना इन दोनों अनुप्रयोगों से संबद्ध विषय अपनी प्रकृति में विवरणात्मक और तुलनात्मक होते हैं, अतः इन्हें विवरणात्मक, तुलनात्मक या व्यतिरेकी भाषाविज्ञान कहा जाता है।

तुलनात्मक अथवा व्यतिरेकी विश्लेषण में सामान्यतः भाषा-1 और भाषा-2 की संरचनात्मक इकाइयों के तुलनीय अध्ययन की परिपाटी ही प्रचलित थी। पर आज भाषा शिक्षण ने समाज भाषाविज्ञान तथा शैली विज्ञान की भूमिका एवं उपादेयता को भी पहचान लिया है। अब यह स्पष्ट हो चुका है कि कोई भी भाषा विवरण समाज संदर्भित हुए बिना अधूरा है। यह भी अब माना जा चुका है कि किसी भी भाषा का समाज-व्यवहृत विवरण इस दृष्टि से ही विशिष्ट बनता है कि वह सामाजिक विकल्प/विकल्पों (ऑल्टरनेंट्स) से किस सीमा तक संबंद्ध है। इन विकल्पों की पहचान करने, इन्हें पारिभाषित करने तथा शिक्षण सामग्री और प्रक्रिया में इन्हें स्थान देने के लिए 'भाषा शिक्षण' में समाज भाषाविज्ञान का योगदान अनिवार्य है। यह तो हम सभी जानते हैं कि भाषा न तो निःसंगता में जन्म लेती है और न ही निःसंगता में उसका प्रयोग होता है। भाषा समाज के समाज-सांस्कृतिक तथ्य भाषा में प्रकृतितः अंतर्भुक्त होते हैं।

इसी तरह शैलीविज्ञान साहित्य की संकल्पना को अर्थवान तथा साहित्य को भाषाई क्रियाकलाप का ही गठित रूप मानता है। साहित्यिक भाषा, सामान्य भाषा, काव्य भाषा तथा प्रयुक्तिपरक भाषा का भेद अब पहचाना जा चुका है। और यह भी कि एक ही भाषा की एकाधिक अभिव्यंजन शैलियाँ होती हैं जैसे–हिंदी-उर्दू-हिंदुस्तानी। एक ही भाषा की क्षेत्रीय, सामाजिक और प्रयोजनमूलक शैलियाँ भी पाई जाती हैं। फिर अभिव्यंजक शैलियाँ (साहित्यिक) तो होती ही हैं–विवरणात्मक, व्यंग्यात्मक, विवेचनात्मक आदि भी होती है। हर लेखक की अपनी शैली होती है तथा रचना की बुनावट में भी अनेक शैलीय घटक (चयन, विचलन, समानांतरता आदि) अपनी-अपनी भूमिका निभाते हैं। इनके अतिरिक्त साहित्य में आचरण, नीति, मूल्य

आदि से संबंधित तत्व भी रचना में अर्थवत्ता भरते हैं। साहित्य-शिक्षण का तात्पर्य अध्येय भाषा समाज तथा उसकी संस्कृति के शिक्षण से भी है। इन सबके अध्ययन-विश्लेषण की तकनीक शैली विज्ञान हमें प्रदान करता है। अतः साहित्य शिक्षण के लिए शैली वैज्ञानिक अनुप्रयोग को अनदेखा नहीं किया जा सकता।

संक्षेप में कहें तो आज भाषा शिक्षण, भाषावैज्ञानिक अनुप्रयोग की दृष्टि से सबसे संपन्न क्षेत्र है। शायद इसीलिए आज अनुप्रयुक्त भाषाविज्ञान और भाषा शिक्षण को पर्यायवाची संकल्पना के रूप में भी देखा जाने लगा है। भाषा शिक्षण की अनुप्रयोगपरक संबद्धता ने ही भाषा शिक्षण के व्यावहारिक स्वरूप का ढाँचा ही बदल डाला। सबसे पहले तो इसका केंद्रक बदल गया—शिक्षक और शिक्षण—सामग्री की केंद्रीयता हटकर शिक्षार्थी पर आ टिकी। व्याकरण शिक्षण का स्थान भाषा के 'वास्तविक प्रयोग' ने ले लिया। वाक्य के स्थान पर 'प्रोक्ति' को महत्व मिला। और इन सबके परिणामस्वरूप परंपरागत शिक्षण विधियों—व्याकरण विधि, अनुवाद विधि और व्याकरण-अनुवाद विधि की जगह 'प्रत्यक्ष विधि' को मान्यता मिली और 'संप्रेषणपरक भाषा शिक्षण' का महत्व बढ़ा। भाषा शिक्षण के अधुनातन संदर्भ ने भाषिक विश्लेषण की परंपरागत सीमा को भी विस्तीर्ण किया। भाषा शिक्षण के लिए भाषा विश्लेषण जरूरी है, पर अब यह मात्र मानक भाषा के इकाईगत विश्लेषण तक ही सीमित नहीं रह गया है। संप्रति इसमें भाषा के सामाजिक संदर्भों, शैलीय विभेदों तथा प्रकार्यात्मक भाषा रूपों का स्थान अधिक महत्वपूर्ण हो गया है।

कुल मिलाकर भाषा शिक्षण अब उपभोक्ता सापेक्ष बन चुका है इसीलिए वह मानकर चलता है कि संपूर्ण भाषा न तो शिक्षण योग्य होती है और न ही उपयुक्त। अतः आज भाषा शिक्षण की प्रक्रिया में भाषा रूपों का सीमांकन करते हुए भाषा बोली प्रयुक्ति में से उन मदों (आइटम्स) का चयन किया जाता है, जिन्हें पढ़ाया जाना है। इस प्रक्रिया के सभी स्तरों पर शिक्षणीयता (टीचेबिलिटी) तथा कक्षा की आवश्यकताओं (नीड्स) के अनुरूप मदों को अनुस्तरित किया जाता है, वे मद जो शिक्षार्थी के भाषा व्यवहार को संपन्न बना सकें, न कि उसके भाषा ज्ञान को। हम यह भी कह सकते हैं कि भाषा शिक्षण के संदर्भ में अब भाषा को स्थिर या एकरूप मानकर चलने वाली मान्यता पीछे छूट गई है और जीवंत भाषा के व्यावहारिक विकल्पनों का महत्व स्थापित हुआ है।

(ख) भाषा का समाजशास्त्र

समाज भाषाविज्ञान यह मानता है कि भाषा और समाज के बीच गहरा और अटूट संबंध होता है। दोनों का सीधा संबंध मनुष्य से होता है अतः भाषा अध्ययन में दोनों एक-दूसरे के संदर्भ बन जाते हैं। भाषा हम कहाँ सीखते हैं? कहाँ इसका

प्रयोग करते हैं? इन दोनों प्रश्नों का उत्तर एक ही होगा 'समाज में'। इसीलिए भाषा-विश्लेषण के लिए समाज भाषाविज्ञान परिवेश को सर्वाधिक महत्व देता है। समाज भाषावैज्ञानिक दृष्टि से परिवेश का अर्थ है—जिस समाज में हम रहते हैं उसकी व्यवस्था, उसके जीवन-मूल्य, उसकी संस्कृति और उसके लोग। इन सभी के अनुरूप या कहें अपनी सामाजिक संरचना के अनुरूप ही कोई भाषा अपना व्यावहारिक (समाज संदर्भित) रूप या आकार ग्रहण करती है। समाज भाषाविज्ञान की यह दृढ़ मान्यता है कि किसी भाषा की व्यावहारिक संरचना को देखकर हम उस भाषा समाज की संरचना का भी अनुमान कर सकते हैं।

यह बात हम आरंभ की चर्चा में जान चुके हैं कि किसी भी भाषा के दो पक्ष होते हैं। पहले पक्ष को सस्यूर ने 'लांग' और चॉम्स्की ने 'भाषा क्षमता' कहा है। इसी प्रकार दूसरे पक्ष को सस्यूर ने 'पारोल' और चॉम्स्की ने 'भाषा व्यवहार' की संज्ञा दी है। पहले पक्ष का संबंध भाषा की बनावट या संरचना के साथ रहता है और दूसरे का उसके प्रयोजन और प्रकार्य के साथ।

भाषा और समाज के अंतस्संबंधों को देखने के दो प्रमुख आधार प्रचलित हैं। इन दोनों आधारों पर भाषावैज्ञानिक अनुप्रयोग दो भिन्न प्रकार के परिणामों की ओर अग्रसर होता है। भाषावैज्ञानिक सिद्धांतों का अनुप्रयोग जब भाषा की प्रकृति और उसके अपने प्रयोजनों को साधने के लिए किया जाता है तब उसे 'समाज भाषाविज्ञान' कहा जाता है। समाज भाषाविज्ञान यह मानता है कि सामाजिक तथ्य भाषा में ही अंतर्भुक्त रहते हैं क्योंकि सामाजिक संरचना ही भाषा संरचना और भाषा व्यवहार दोनों को निर्धारित और नियंत्रित करती है। यही कारण है कि सामाजिक संप्रेषण के समय वक्ता-श्रोता की आयु, उनका भौगोलिक क्षेत्र, उनका सामाजिक वर्ग-पद जैसे भेद (स्ट्रैटिफिकेशन) भाषा प्रयोग में भी भेद (वेरिएशन) लाते हैं। भाषा प्रयोग संबंधी इन भेदों में उच्चारण, शब्द-चयन, वाक्य चयन आदि सभी सामाजिक नियमों से बँधे होते हैं। अर्थात् भाषा प्रयोग किसी भी स्थिति में समाज-निरपेक्ष नहीं हो सकता। संभवतः इसीलिए समाज भाषाविज्ञान को ही आज वास्तविक भाषाविज्ञान कहा जा रहा है। इस धारणा के प्रवर्तक लेबॉव ने बड़ी ही दृढ़ता के साथ यह कहा भी है कि—'समाज' और 'भाषा' की समन्वित पीठिका पर ही भाषा संबंधी ज्ञान की सही प्रकृति निर्धारित की जा सकती है। समाज भाषाविज्ञान के समृद्ध अध्ययन क्षेत्र के रूप में प्रोक्ति और वार्तालाप संरचना, वाग् व्यापार (स्पीच एक्ट) तथा भाषा प्रयोग का नृजातीय पक्ष आज पूर्णतः विकसित है।

भाषावैज्ञानिक सिद्धांतों का अनुप्रयोग जब समाज की संरचना और उसकी प्रकृति को समझने के लिए किया जाता है तब इस अध्ययन पद्धति और प्रक्रिया को 'भाषा का समाजशास्त्र' नाम दिया जाता है। भाषा का समाजशास्त्र यह देखता

है कि हमारी सामाजिक संरचना या हमारे सामाजिक व्यवहार को हमारी भाषाई संरचना किस प्रकार नियंत्रित या निर्धारित करती है। भाषा का समाजशास्त्र द्विभाषिकता, कोड परिवर्तन, भाषाद्वैत आदि को अपने अध्ययन क्षेत्र के भीतर समेटता है। आगे हम इन संकल्पनाओं पर भी हिंदी भाषा के संदर्भ में विचार करेंगे।

समाज संदर्भित भाषा अध्ययन के ये दोनों पक्ष यह प्रतिपादित करते हैं कि भाषा केवल व्याकरणिक संरचना में बँधी नहीं होती। जब समाज में भाषा का व्यवहार होता है तो वह व्याकरणिक बंधनों को तोड़ती भी है। अतः जिस समाज में हम रहते हैं उसके नियमों एवं मान्यताओं के अनुरूप ही हम भाषा का प्रयोग करते हैं, न कि अपनी मातृभाषा के व्याकरणिक नियमों के अनुरूप। इस धारणा के आधार पर ही आज आधुनिक भाषाविज्ञान (समाज भाषाविज्ञान) यह स्थापित कर सका है कि भाषा न तो मात्र शब्दों का समूह है और न ही शुद्ध व्याकरण की व्यवस्था। भाषा का मूल प्रयोजन और संदर्भ संप्रेषण-व्यापार है जहाँ वह अपनी संरचनात्मक सीमाओं का अतिक्रमण भी करती है।

समाज भाषाविज्ञान एक स्तर पर इन भाषाई अतिक्रमणों का भी अध्ययन है तभी तो वह 'हम क्या कहते हैं या कितनी शुद्धता के साथ कहते हैं' से कहीं अधिक महत्व इस बात को देता है कि 'हम किसी बात को कैसे और कितने उपयुक्त ढंग से कहते हैं। उसकी दृष्टि में भाषा एक संस्थागत यथार्थ है, कोई अमूर्त संकल्पना नहीं। इसीलिए समाज भाषाविज्ञान लोगों (किसी भाषा समाज के सदस्यों) को उनके द्वारा प्रयुक्त भाषा/भाषा रूपों के आधार पर समूहीकृत करता है। इसीलिए अपने अध्ययन में वह बार-बार भाषा समुदाय, भाषाई कोश, कोड-आधात्री जैसी संकल्पनाओं की चर्चा करता है। इनके आधार पर ही भाषा संपर्क (लैंग्वेज कांटेक्ट), भाषा संघर्ष (लैंग्वेज कान्फलिक्ट), भाषा नीति और भाषा नियोजन जैसे सामाजिक प्रश्नों पर भी यह बहुआयामी चिंतन कर पाता है। भारत की बहुभाषिक और बहुसांस्कृतिक प्रकृति के संदर्भ में इन चारों धरातलों का अनुप्रयोग अत्यंत उपयोगी सिद्ध हुआ है। हिंदी भाषा को राष्ट्र भाषा, संपर्क भाषा और राजभाषा के रूप में व्याख्यायित करने में भी समाज भाषिक आधार ही चर्चा के केंद्र में रहे हैं।

भाषा भेदों के संदर्भ में एक ओर यह 'प्रयोक्ता' से जुड़े भाषा भेदों जैसे बोलियों, शैलियों, सांस्कृतिक तत्वों के अध्ययन की ओर मुड़ता है तो दूसरी ओर 'प्रयोग' पर आधारित भेदों (प्रयुक्तियों) के विवेचन को अपनी अध्ययन-वस्तु बनाता है। इस प्रकार समाज भाषाविज्ञान भाषा को उसकी 'पूर्णता' में देखने का पक्षधर है। यह समाज में प्रचलित-प्रयुक्त समस्त भेदों को 'प्रयोक्ता वर्ग' को दृष्टि में रखकर देखता है। इसीलिए उसकी यह मान्यता है कि भाषा भिन्न परिस्थितियों, प्रसंगों, संदर्भों और प्रयोजनों में भिन्न रूपाकार ग्रहण करती है। समाज भाषाविज्ञान ने सही

अर्थों में भाषा को मानव-संदर्भित किया है। समाज और भाषा के अंतस्संबंधों को समाज भाषाविज्ञान ने तीन स्तरों पर देखा और अपने अध्ययन में समेटा है।

1. सामाजिक संरचना, भाषा संरचना या भाषा व्यवहार को प्रभावित करती है। इस रूप में भाषा और समाज के संबंध को देखने का कारण यह है कि समाज में वक्ता-श्रोता की आयु (बच्चों का भाषा प्रयोग वयस्कों से भिन्न होता है तथा एक दूसरे के साथ बातचीत में आयु का घटक पर्याप्त भाषा भेद पैदा करता है), क्षेत्र (दिल्ली में रहने वाले की हिंदी पटना में रहने वाले की हिंदी से भिन्न है), सामाजिक वर्ग (उच्च वर्ग का भाषा प्रयोग, निम्न वर्ग के भाषा प्रयोग से भिन्न होता है तथा परस्पर भाषा व्यवहार में ये अलग-अलग संप्रेषण युक्ति से बँधे होते हैं) आदि भेद भाषा प्रयोग में भी भेद लाते हैं।

2. भाषाई संरचना, सामाजिक संरचना या सामाजिक व्यवहार को नियंत्रित करती है। उदाहरण के लिए हिंदी में जिन लोगों को हम आदर देते हैं उनके लिए 'आप' का प्रयोग करते हैं। अर्थात् यहाँ भाषिक संरचना हमारी सामाजिक संरचना को व्यक्त करती है कि 'तू' और 'तुम' की जगह हमने 'आप' का चयन किया क्योंकि ऐसा करना हमारी सामाजिक बाध्यता है। जिसके लिए हम 'आप' का प्रयोग करते हैं उनके आने पर यदि हम बैठे हुए हों तो खड़े हो जाते हैं। अर्थात्, यहाँ भाषा संरचना हमारे सामाजिक व्यवहार को भी नियंत्रित कर रही है।

3. भाषा-व्यवहार के समय भाषा और समाज एक-दूसरे को प्रभावित करते चलते हैं। उदाहरण के लिए हिंदी में अभिवादन, समाज प्रभावित है—नमस्ते, प्रणाम और चरण स्पर्श के प्रकार्य निर्धारित हैं। इसी तरह नाते-रिश्ते के प्रयोग भी भाषा प्रभावित हैं, जैसे पिता के लिए बाबूजी, बाबू, बाऊ, पापा, डैडी। यहाँ यह ध्यान दें कि इन दोनों संदर्भों में भाषा और समाज की प्रमुखता कोटिबद्ध नहीं की जा सकती क्योंकि किन्हीं अन्य संदर्भों में उल्टा भी हो सकता है। उदाहरण के लिए हिंदी में नाते-रिश्ते के शब्दों का जब हम संबोधनवत् प्रयोग करते हैं तब सामाजिक संदर्भ निर्णायक बन जाता है।

कुल मिलाकर समाज भाषाविज्ञान ने पहली बार भाषा समाज और संस्कृति को समन्वित करके देखने का यत्न किया। उसने यह सिद्ध किया कि भाषा-समाज स्तरीकृत होता है, अतः भिन्न-भिन्न सामाजिक स्तरों पर भाषा प्रयोग के स्तर भी भिन्न-भिन्न होते हैं। साथ ही श्रोता के साथ हमारा सामाजिक संबंध भी हमारे भाषा व्यवहार में विविधता ले आता है। इस प्रकार अपने सामाजिक संदर्भ में कोई भी मानव भाषा समरूपी नहीं, विषमरूपी होती है।

(ग) शैलीविज्ञान और भाषा भेद

संकल्पना के धरातल पर 'शैली' कोई 'एक' संकल्पना नहीं, बहुआयामी है। इसे

यह बहुआयामिकता उन विविध अध्ययन दृष्टियों ने दी है जिन्होंने शैली की अवधारणा पर समय-समय पर विचार किया है। 'शैली' पर एक ओर हमें भाषाविदों के विचार मिलते हैं, दूसरी तरफ शैली वैज्ञानिकों के और तीसरी ओर साहित्यकारों के।

भाषा शास्त्रियों की दृष्टि ने समान संकेतार्थ वाली विभिन्न भाषिक अभिव्यक्तियों को शैली की धारणा के केंद्र में रखा है। इस दृष्टि से एक ही भाषा-रूप को 'हिंदी', 'उर्दू' और 'हिंदुस्तानी' तीन भिन्न शैलियों में व्यक्त कर पाना संभव है। इसी प्रकार वाक्य के धरातल पर 'उसने मोटी किताब पढ़ ली' और 'उसने जो किताब पढ़ी वह मोटी थी' को भी शैली भेद का उदाहरण माना जाएगा। 'भाषा' को केंद्र में रखकर उसके संदर्भगत और भूमिकागत प्रयोगों के विश्लेषण के लिए भाषाविदों ने 'वार्ता' (डिसकोर्स) के तीन प्रकार निर्धारित किए हैं–वार्ता क्षेत्र (फील्ड ऑफ डिसकोर्स), वार्ता प्रकार (मोड ऑफ डिसकोर्स) तथा वार्ता शैली (स्टाइल ऑफ डिसकोर्स)।

वार्ता क्षेत्र का संबंध भाषा-व्यवहार के विषय-क्षेत्र से माना गया है, जैसे विज्ञान की भाषा, प्रशासन की भाषा, अखबारों की भाषा, दर्शनशास्त्र की भाषा आदि। वार्ता-प्रकार की दृष्टि से भाषा के मौखिक और लिखित भेदों को वर्गीकृत किया गया है। एक तो यह कि मौखिक भाषा में अपूर्ण वाक्य अधिक प्रयुक्त होते हैं जैसे आपका नाम क्या है? के उत्तर में कहना 'दिलीप' न कि 'मेरा नाम दिलीप सिंह है।' दूसरे मौखिक भाषा के साथ अंग-विक्षेप, अनुतान, बलाघात का उल्लेखनीय योगदान होता है जबकि लिखित भाषा में इन्हें क्रमशः वह दाँत पीसकर बोला, उसने पैर पटकते हुए कहा आदि और विराम चिह्नों के उपयुक्त प्रयोग द्वारा दर्शाना पड़ता है। वार्ता-शैली संबंधी भाषा-भेद का कारण वक्ता-श्रोता के पारस्परिक और सामाजिक संबंध को माना गया है। वार्ता-शैली के पाँच निम्नलिखित भेद हैं–

1. रूढ़िगत (फ्रोज़ेन) : मेरा निवेदन है कि आप कृपा करके मुझे वहाँ जाने की अनुमति दे दीजिए।
2. औपचारिक (फ़ॉर्मल) : कृपया मुझे वहाँ जाने की अनुमति दीजिए।
3. सामान्य (कैजुअल) : क्या आप मुझे वहाँ जाने की अनुमति दे सकेंगे?
4. अनौपचारिक (इनफॉर्मल) : मुझे वहाँ जाने दो।
5. अंतरंग (इंटिमेट) : अरे भाई, मुझे वहाँ जाने भी दो न।

शैली वैज्ञानिकों ने शैली को संक्रियात्मक ढंग से परिभाषित करने का प्रयास किया और शैली के मूल में 'सहेतुक विचलन' की संकल्पना को सामने रखा। उनके अनुसार किसी भी स्तर पर यदि भाषिक इकाई के मान-रूप (स्टैंडर्ड फॉम) में परिवर्तन किया जाता है तो उसका कोई-न-कोई हेतु या उद्देश्य होता है। यह दृष्टि इस बात को महत्व नहीं देती कि व्याकरण के धरातल पर क्या संगत है या क्या असंगत

बल्कि इस बात को महत्व देती है कि जो परिवर्तन (विचलन) किया गया है उसकी साभिप्रायता क्या है? शैलीविज्ञान की यह मान्यता भी है कि सहेतुक विचलन सामाजिक अर्थ को तो व्यक्त करता ही है, संपृक्तार्थ(इंटेंशनल मीनिंग) के धरातल पर अतिशय अर्थ को भी व्यक्त करता है, जैसे, उसका दिमाग बहुत ऊँचा है, यह एक लँगड़ी सभ्यता है, हमें रोटी की लड़ाई जीतनी है आदि।

साहित्यकारों ने साहित्य को केंद्र में रखकर 'शैली' को देखा है। साहित्य में शैली को देखने के चार आधार साहित्यकारों ने दिए हैं–

1. युग विशेष की शैली : जैसे हिंदी में मध्यकालीन भक्ति साहित्य की शैली, रीति काव्य की शैली भारतेंदु युगीन शैली आदि।

2. प्रवृत्ति विशेष की शैली : जैसे छायावादी शैली, प्रगतिवादी शैली आदि।

3. विधा विशेष की शैली : जैसे उपन्यास, कहानी, गीत, गज़ल, नाटक, निबंध की शैली आदि।

4. साहित्यकार विशेष की शैली : जैसे भारतेंदु, प्रसाद, निराला, प्रेमचंद आदि की शैली।

अब थोड़े विस्तार के साथ अनुप्रयुक्त भाषाविज्ञान की प्रमुख शाखा शैली विज्ञान की धारणाओं, मान्यताओं और प्रणालियों पर विचार कर लें। आधुनिक भाषाविज्ञान की यह दृढ़ मान्यता है कि कोई भी भाषा 'शैली मुक्त' नहीं होती। शैली का अस्तित्व ही भाषा को जीवंत और विविधरूपी बनाता है। शैली विज्ञान का कार्य है भाषा में विद्यमान शैली तत्व पर विचार और उसका विश्लेषण करना। शैली विज्ञान का मूलभूत संबंध साहित्यिक भाषा में प्रयुक्त शब्द संकेतों के संगठन के विश्लेषण से है। शैली विज्ञान 'साहित्य भाषा' के साथ ही 'शैली' को व्यापक स्तर पर देखने की दृष्टि भी हमें प्रदान करता है। उसके अनुसार भाषा के विविध रूप (शैलियाँ) सामाजिक आवश्यकताओं की पूर्ति के लिए ही विकसित होते हैं। अर्थात् समाज में संप्रेषण की भिन्न जरूरतों को पूरा करने के लिए जिन विविध भाषा रूपों का प्रयोग हम करते हैं, उन्हें 'शैली' कहा जा सकता है। साहित्य भी भाषा का ही एक रूप है और साहित्यिक संप्रेषण का माध्यम भाषा ही है, अतः साहित्य सामाजिक भाषा भेद (सामाजिक शैली) के प्रयोग की अनिवार्यता से बँधा होता है। ये भाषा भेद जिस तरह सामान्य संप्रेषण को सामाजिक अर्थ देते हैं उसी तरह साहित्यिक पाठ को भी अभिव्यंजक अर्थ देते हैं। अतः शैली विज्ञान का एक बड़ा हिस्सा शब्दार्थ संबंध अथवा प्रोक्ति के अर्थ वैज्ञानिक (सिमेंटिक्स) तथा संकेत प्रयोग वैज्ञानिक (प्रैगमेटिक) बुनावट के अध्ययन से जुड़ा हुआ है। भारतीय काव्य शास्त्रीय परंपरा में भामह, दंडी, मम्मट, जगन्नाथ आदि आचार्यों ने भी शब्द और अर्थ के समन्वय को ही 'काव्य' की संज्ञा दी है। शैली विज्ञान इस समन्वय को और भी विस्तीर्ण क्षेत्र में देखता है। वह इस बात को भी हमारे सामने रखता है

कि भाषा की विविध उपयोगिताओं में से साहित्य भी एक है। विज्ञापन में, कार्यालय में, व्यवसाय में, हम भिन्न भाषा रूपों (शैली) का प्रयोग करते हैं, वैसे ही साहित्य की शैली भी अपने-आप में विशिष्ट और अन्य शैलियों से भिन्न होती है। इस आधार पर ही शैली विज्ञान ने अन्य शैलियों को 'भाषा व्यवहार' से और साहित्यिक शैली को 'आस्वाद व्यापार' से संबद्ध किया है।

शैलीविज्ञान का प्रादुर्भाव और विकास बहुत पुराना नहीं है। साहित्य और भाषा के संदर्भ में उसकी यह मान्यता है कि भाषाविज्ञान 'काव्य भाषा' की वैज्ञानिक विवेचना कर सकता है तथा पाठ-विश्लेषण द्वारा उसके संवेदनात्मक सौंदर्य की व्याख्या कर सकता है। शब्द, रूप और अर्थ के संश्लेषण से निर्मित रचना को भाषिक धरातल पर परखने वाली आलोचना दृष्टि को ही शैली विज्ञान कहा गया। यह दृष्टि मानती है कि साहित्यिक उक्तियों में विकल्पों के प्रयोग का अवसर सदैव रहता है। किसी विशिष्ट भाव या विचार को व्यक्त करने के लिए जब कोई रचनाकार इन विकल्पों में से किसी एक का चयन करता है तो रचना में शैलीतत्व स्वतः सक्रिय हो जाते हैं। अतः यह भी कहा जा सकता है कि शैलीविज्ञान 'गुण' या 'मान' की आधारभूमि पर खड़ा साहित्यशास्त्र है जिसमें काव्य भाषा की विशिष्टता को सामान्य भाषा के व्यक्तिक्रम के रूप में परखा जाता है। इसीलिए साहित्यिक पाठ के शैली वैज्ञानिक विश्लेषण में चयन, विकल्पन, विचलन, समानांतरता, अग्रप्रस्तुति जैसे सिद्धांत बहुत महत्वपूर्ण माने गए हैं।

शैलीविज्ञान के आविर्भाव के बाद साहित्यिक आलोचना को एक आधुनिक और वैज्ञानिक प्रारूप मिला। अब आलोचना को 'अनुशासन' के साथ-साथ 'टेकनीक' भी माना जाने लगा और साहित्य विश्लेषण की निश्चित कार्य प्रणाली भी निर्धारित की गई। इस कारण से आलोचना के दो स्पष्ट भेद हमारे सामने आए : बाह्य आलोचना, जो मान्यताओं और मूल्यों के परिप्रेक्ष्य को महत्व देते हुए कृति में सामाजिक, मनोवैज्ञानिक, दार्शनिक, ऐतिहासिक पृष्ठभूमि की खोज करती है तथा दूसरी आंतरिक आलोचना : जो साहित्य अथवा कृति-पाठ को अपनी सीमा रेखा के भीतर रखकर किसी रचना का उसके संघटनात्मक तत्वों तथा इनकी आंतरिक अन्विति के आधार पर विश्लेषण करती है। दूसरा भेद ही शैलीविज्ञान है जिसे उसकी प्रणालीगत विशेषता के कारण 'पाठ-केंद्रित' आलोचना भी कहा गया। विषय के रूप में शैली विज्ञान साहित्यिक सिद्धांत को अपनाता है और कार्य प्रणाली के रूप में भाषा वैज्ञानिक टेक्नीक को, यही इसकी नव्यता है। वह इसीलिए आलोचक से यह अपेक्षा रखता है कि उसे साहित्यिक विशिष्टता के ज्ञान के साथ ही भाषा वैज्ञानिक प्रणाली का भी परिचय होना चाहिए। काव्य भाषा के संरचनात्मक भेदों-उपभेदों की विस्तार से चर्चा करते हुए उसने काव्य भाषा के कुछ लक्षण निर्धारित किए हैं—

1. काव्य भाषा संदेश-सापेक्ष होती है।

2. काव्य में निहित संदेश प्रतीक वैज्ञानिक स्तर पर संगठित होते हैं।

3. काव्य भाषा की प्रतीक-पद्धति तुल्यार्थक सिद्धांत पर आधारित है।

4. काव्य भाषा लाक्षणिक होती है।

5. काव्य भाषा एक विशिष्ट शैली का प्रयोग करती है।

भारतीय काव्य चिंतन में भामह, दंडी जैसे आचार्यों तथा पाश्चात्य काव्य चिंतन में वड्र्सवर्थ, क्रोचे, रिचर्ड्स के विचारों में हमें शैलीविज्ञान (पाठ/भाषा केंद्रित साहित्य अध्ययन) के प्रारंभिक विचार बिंदु दिखाई देते हैं। शैली विज्ञान को साहित्य-समीक्षा के एक स्वतंत्र-स्वायत्त शाखा के रूप में विकास प्रदान करने में इन विचार बिंदुओं का भी योगदान है। इन विचारों में भी कृति को एक स्वनिष्ठ इकाई के रूप में देखा गया है तथा पाठ-विश्लेषण के सिद्धांत एवं प्रणालियों का निर्धारण किया गया है। इसमें तो संदेह ही नहीं कि भारतीय काव्य शास्त्र की मूल परंपरा शैली विज्ञान की ही भाँति चिंतन में वस्तुवादी और दृष्टि में भाषावादी है। रूस में रूपवादी (फॉर्मल) आलोचना, फ्रांस में 'पाठ-विश्लेषणवादी' समीक्षा तथा अमेरिका में नव्य समीक्षा की पीठिका भी ऐसी ही है। शैली विज्ञान को (साहित्य-आलोचना के संदर्भ में) इन सबका एक विकासमान चरण कहा जा सकता है।

(घ) अनुवाद विज्ञान का कौशल

अनुप्रयुक्त भाषाविज्ञान के सर्वाधिक महत्वपूर्ण अंग के रूप में आज अनुवाद की चर्चा की जाती है। किसी 'पाठ' को स्रोत भाषा (टार्गेट लैंग्वेज) से लक्ष्य भाषा (टार्गेट लैंग्वेज) में रूपांतरण के लिए जब भाषाविज्ञान के सिद्धांतों का अनुप्रयोग दो भाषाओं के संदर्भ में किया जाता है तो इस प्रक्रिया को 'अनुवाद' कहा जाता है। अनुवाद में भाषा के समस्त तत्वों (एलिमेंट्स) और घटकों (कंपोनेंट्स) को तुलनीय ढंग से विश्लेषित किया जाता है। भाषा संरचना, भाषा का समाज-सांस्कृतिक संदर्भ, भाषा के शैलीगत भेद आदि सभी अनुवाद की प्रक्रिया में अनिवार्य बन जाते हैं। अनुवाद प्रक्रिया तुलनात्मक संदर्भ, या व्यतिरेकी भाषाविज्ञान की प्रणाली को अपनाकर ही भाषा-1 और भाषा-2 के घटकों की अनुवादनीयता का स्तर तय करती है। इस प्रकार अनुवाद कार्य के अंतर्गत ही अनुप्रयुक्त भाषाविज्ञान की अन्य शाखाओं (समाज भाषाविज्ञान, शैलीविज्ञान, व्यतिरेकी विश्लेषण) की भूमिका अंतर्भूत होती है।

अनुवाद कार्य दो भाषाओं के संरचनात्मक रूपांतरण तक ही सीमित नहीं है, अत्यंत विस्तीर्ण है। इसका एक प्रमुख कारण यह है कि आधुनिक युग में अनुवाद का विषय अत्यंत व्यापक और बहुमुखी बन चुका है। इसीलिए प्रारंभ में संरचना

तथा साहित्यिक पाठ को केंद्र में रख कर दी गई अधूरी अपूर्ण परिभाषाओं का स्थान वैज्ञानिक और ठोस परिभाषाओं ने ले लिया है। अनुवाद की सार्थकता, उसके स्वरूप, प्रकार्य एवं उसकी व्यावहारिकता को उभारने वाली दो परिभाषाएँ आधुनिक अनुवाद चिंतन में सर्वाधिक चर्चित और मान्य हैं–(1) अनुवाद एक भाषा के पाठपरक उपादानों का दूसरी भाषा के पाठपरक उपादानों के रूप में समतुल्यता के सिद्धांत के आधार पर प्रतिस्थापन है (कैटफर्ड) तथा (2) अनुवाद का संबंध स्रोत भाषा के संदेश का पहले अर्थ और फिर शैली के धरातल पर लक्ष्य भाषा में निकटतम, स्वाभाविक तथा तुल्यार्थक उपादान प्रस्तुत करने से होता है (नाइडा)।

ये दोनों परिभाषाएँ अनुवाद को एक सटीक सैद्धांतिक ढाँचे में तो बाँधती ही हैं, व्यावहारिक स्तर पर अनुवाद के संभावित स्वरूप की ओर भी इंगित करती है। इन परिभाषाओं के बाद ही अनुवाद की प्रक्रिया को भी वैज्ञानिक और सारणिबद्ध बनाने से संबंधित विचार भी सामने आए। प्रक्रिया पर विस्तार से चर्चा इसलिए हुई कि छठें-सातवें दशक में अनुवाद एक सामाजिक आवश्यकता के रूप में देखा जाने लगा था। उसका प्रयोग क्षेत्र विस्तृत हो चुका था और पूरे विश्व में 'संप्रेषण माध्यम' के रूप में उसे मान्यता मिलने लगी थी। अतः दो भाषाओं का सामान्य ज्ञान रखते हुए कुछ भी कैसे भी अनूदित कर देने वाली परिपाटी की घोर निंदा की गई और अनुवादक से अनुवाद प्रक्रिया के इन सोपानों को पार करने की अपील की गई (1) विश्लेषण (मूल पाठ के संदेश का सरल और स्पष्ट विश्लेषण), (2) अंतरण (मूल पाठ के संदेश का अर्थ ग्रहण और लक्ष्य भाषा में उसका अंतरण) तथा (3) पुनर्गठन (लक्ष्य भाषा की प्रकृति के अनुसार अंतरित पाठ का पुनर्गठन)। ये तीनों सोपान अनुवाद-प्रक्रिया के अनिवार्य तत्व हैं क्योंकि व्यवस्थित ढंग से अनुवाद करने, 'पाठ' की प्रकृति के अनुसार अनुवादनीयता के अनुपात को पहचानने तथा अनुवादक की भूमिका को इन तीनों सोपानों पर निर्धारित करने में ये सोपान सहयोगी बनते हैं। इन तीनों सोपानों के महत्व एवं द्रेय को इस प्रकार समझा जा सकता है।

1. विश्लेषण : अनुवाद प्रक्रिया में इसके संदर्भ हो सकते हैं–भाषा स्तर पर विश्लेषण और विषयवस्तु के स्तर पर विलेषण। इस स्तर पर अनुवादक एक सजग़ पाठक की भूमिका निभाता है।

2. अंतरण : इसकी चार स्थितियाँ होती हैं पूर्ण अंतरण, विश्लेषणात्मक अंतरण, संश्लेषणात्मक अंतरण और संरचनात्मक अंतरण।

3. पुनर्गठन : इस सोपान पर अनुवादक लेखक की भूमिका निभाता है। पुनर्गठित रूप में ही मूलपाठ लक्ष्य भाषा में सहपाठ (को-टेक्स्ट) के रूप में आता है क्योंकि पुनर्गठन के समय भाषा, शैली और विधा जैसे दो पक्ष महत्वपूर्ण बन जाते हैं। इस सोपान पर अनुवादक को अनूदित पाठ की स्वाभाविकता और

संप्रेषणीयता पर सबसे अधिक ध्यान पड़ता है।

अनुवाद विज्ञान की यह मान्यता है कि ये प्रक्रियाएँ और अनूद्य पाठ के विभिन्न विषय क्षेत्र अनुवाद प्रकारों को भी बहुमुखी बना देते हैं। अनुवाद के प्रकारों का विभाजन तीन आधारों पर किया गया है–माध्यम, प्रक्रिया और पाठ। माध्यम के आधार पर अन्वयांतर (लिप्यंतरण-ट्रांसलिटरेशन), भाषांतर (भाषा एक से भाषा दो में अनुवाद) तथा प्रतीकांतर (कहानी को नाटक में, उपन्यास को फिल्म में बदलना) ये तीन अनुवाद-प्रकार सामने आते हैं। प्रक्रिया के आधार पर पाठधर्मी अनुवाद (विज्ञान, प्रशासन आदि से संबद्ध 'तथ्यपरक' पाठों का अनुवाद) और प्रभावधर्मी अनुवाद (कहानी, कविता आदि से संबद्ध 'भावपरक' पाठों का अनुवाद) देखे जा सकते हैं। पाठ के आधार पर पूर्ण तथा आंशिक अनुवाद (रचना के स्तर पर) और शब्द-प्रति- शब्द अनुवाद, शाब्दिक अनुवाद, भावानुवाद, छायावाद (अर्थ के स्तर पर) चर्चा मिलती है। इस प्रकार लिपि से लेकर अर्थ तक, भाषा संरचना से लेकर उसके समाज-सांस्कृतिक संदर्भों तक तथा भाषिक से भाषेतर तक अनुवाद की परिधि अब फैल चुकी है। कहने की जरूरत नहीं कि अनुवाद सिद्धांत और अनुवाद कार्य दोनों में आए विकासमान परिवर्तन के पीछे समाज भाषाविज्ञान, शैली विज्ञान, पाठ-विश्लेषण सिद्धांत तथा व्यतिरेकी अध्ययन सिद्धांत की भूमिका का सक्षम योगदान रहा है।

इस प्रकार अपनी परिभाषा में अनुवाद आज अधिक वैज्ञानिक, अपनी प्रक्रिया में अधिक सूक्ष्म और अपने प्रकारों में बहुमुखी बन चुका है। पहले अनुवाद क्षेत्र संकुचित था और उसकी परिधि में धार्मिक और रंजक साहित्य ही आते थे, जबकि आज ज्ञान-विज्ञान का प्रत्येक क्षेत्र अनुवाद की परिधि में सिमट चुका है। व्यावहारिक तथा उपयोगी साहित्य (कार्यालय, बैंक, पत्रकारिता आदि से संबंधित) के अध्ययन की आवश्यकता ने भारत में भी अनुवाद को विभिन्न भाषा-भाषी समुदायों के लिए अनिवार्य बना दिया है। अनुवाद के इस व्यापक पक्ष ने अनुवादक से जुड़ी इस रूढ़ धारणा को भी आज तोड़ दिया है कि मात्र द्विभाषिक होना ही अनुवादक के लिए पर्याप्त है या कोई भी द्विभाषी अनुवाद कार्य को सफलता के साथ कर सकता है। अब यह मान्यता दृढ़ हो चुकी है कि दो भाषाओं पर दक्षता (लक्ष्य भाषा में पूर्ण दक्षता) के साथ अनुवादक को विषय का, भाषा संबंधी नियमों का, दोनों भाषाओं की सामाजिक, सांस्कृतिक और प्रकार्यगत भूमिकाओं का भी ज्ञान होना चाहिए।

अतः कोई भी द्विभाषी अनुवादक नहीं बन सकता क्योंकि अनुवादक बनने के लिए भाषा-1 और भाषा-2 को उसे एक 'व्यवहार संबंधी कौशल' के रूप में सीखना-साधना पड़ता है। इसीलिए अनुवाद अब दो भाषाओं के सामान्य ज्ञान पर नहीं, अभ्यास पर आधारित एक 'कौशल' के रूप में परिभाषित है। इसीलिए अनुवाद को एक 'कला' के रूप में नहीं, 'उपयोगी कला' के रूप में देखा जा रहा है।

(च) भाषाविज्ञान और कोश विज्ञान

कोश विज्ञान की अनुप्रयुक्त भाषाविज्ञान की एक शाखा के रूप में पहचान और कोश के प्रकारों और रूपाकारों पर गंभीर भाषा वैज्ञानिक चर्चा का इतिहास बहुत पुराना नहीं है। भारतीय व्याकरणिक अध्ययन परंपरा में हमें भाषा-अध्ययन के दो खंड स्पष्ट दिखाई देते हैं–(1) शब्द और शब्द समूह तथा (2) शब्दानुशासन, अर्थात् व्याकरण। कोश विज्ञान का संबंध भाषा के शब्द और शब्द-समूह से है। शब्द-अध्ययन के क्षेत्र में होने वाली भिन्न गतिविधियों को साथ लेकर चलने वाला यह एक बहुआयामी कार्य-क्षेत्र है। वास्तव में यह 'शब्द विज्ञान' और 'शब्दार्थ विज्ञान' के सिद्धांतों के अनुप्रयोग का भी क्षेत्र है क्योंकि इन सिद्धांतों का अनुप्रयोग करते हुए कोश विज्ञान हमें भिन्न प्रकार के कोश कैसे बनाए जाएँ, अर्थात् शब्द कोश निर्माण के 'फ्रेमवर्क' बनाने के व्यावहारिक सिद्धांत प्रदान करता है। कोश विज्ञान के ये उपयोगी सिद्धांत (प्रणालियाँ) आज पूरी दुनिया में प्रमुखता के साथ अपनाए जाते हैं। इनकी उपादेयता भी अब असंदिग्ध है।

शब्द कोश विज्ञान (लेक्सिकोलॉजी), शब्द और शब्द-समूह को दो धरातलों पर देखता है–(1) सैद्धांतिक और (2) व्यावहारिक। सैद्धांतिक धरातल पर वह किसी भाषा की शब्द-संपदा को उनकी बनावट (संरचना) और बुनावट (रचना) के आधार पर देखता है। व्यावहारिक धरातल पर वह शब्दों के व्यावहारिक प्रयोग की व्याख्या करता है। इन दोनों ही धरातलों पर 'अर्थ' की भूमिका केंद्रीय होती है। एक बात और भी यहाँ उल्लेखनीय है कि शब्दार्थ विज्ञान (सिमैंटिक्स) कोश विज्ञान के सैद्धांतिक पक्ष का अटूट हिस्सा है। इसी तरह यह भी कि शब्द कोश निर्माण या कोश कला (लेक्सिकोग्राफी) को कोश विज्ञान का व्यावहारिक या अनुप्रयुक्त पक्ष कहा जा सकता है। इस प्रकार हम कोश कला को अनुप्रयोग का अनुप्रयोग भी कह सकते हैं। यही कारण है कि शब्द कोश विज्ञान तथा शब्द कोश निर्माण को भाषावैज्ञानिकों ने भाषा अध्ययन के दो नितांत भिन्न अध्ययन क्षेत्रों के रूप में पहचाना और मान्यता दी है।

कोश विज्ञान की यह मान्यता है (जो कि आधुनिक भाषाविज्ञान की शाखा रूप विज्ञान की भी है) कि भाषा, विचार-प्रक्रिया और प्रतीकात्मक प्रक्रिया की द्वंद्वात्मकता का परिणाम होती है। आसान शब्दों में यह कहा जा सकता है कि हमारे विचार प्रतीकों में बँधकर भाषा (शब्द) का जामा पहनते हैं, इसीलिए हर शब्द अपने में एक संकेत (साइन) होता है। अतः जब हम किसी शब्द का अध्ययन करते हैं तो न तो हम उसे 'विचार' से काट कर देख सकते हैं और न ही उसकी संकेतन (प्रतीक) प्रतिभा से। भाषा का पूरा परिदृश्य 'प्रतीक' सिद्धांत में आबद्ध है, सस्यूर का यह कथन अक्षरशः वैज्ञानिक है। भाषा के दोनों खंड, शब्द समूह

और व्याकरण और कुछ नहीं, वस्तुओं के बीच बनने वाले संबंधों की अभिव्यक्ति हैं।

भाषाविज्ञान से संबद्ध होने के परिणामस्वरूप ही कोश विज्ञान की भी यह धारणा है कि शब्द, वाक्य की ही एक इकाई (यूनिट) होते हैं। वाक्य के संदर्भ में शब्द को देखते हुए ही उसने वाक्य को दो पक्षों से विवेचित किया—एक जिसका संबंध शब्द-समूह से है और दूसरा, जिसका संबंध व्याकरण से है। और शब्द की दो कोटियाँ निर्धारित कीं—शब्द कोशीय (शब्द) तथा व्याकरणिक (शब्द)। इस तरह सहायक शब्द, पूर्व सर्ग, समुच्चय बोधक, काप्यूला और कई सर्वनाम भी मात्र व्याकरणिक शब्द हैं जिनका अस्तित्व व्याकरणिक मद के रूप में रहता है। शब्द कोश की प्रविष्टि (ऐंट्री) के रूप में इन्हें स्थान नहीं दिया जाता।

अपने सैद्धांतिक स्तर पर शब्दार्थ विज्ञान से जुड़े होने के कारण ही 'कोश' को एक संदर्भ ग्रंथ के रूप में मान्यता मिल सकी है। कोश, किसी शब्द विशेष का संदर्भ होता है जिसमें भाषा विशेष के शब्दादि के संग्रह के साथ उनके अर्थ, पर्याय या विलोम भी दिए जाते हैं। इस प्रक्रिया में क्रमबद्धता का सर्वाधिक महत्व है, अतः मिलते-जुलते शब्द भी एक-दूसरे के लिए संदर्भ बनते हैं, तभी कोशों में बार-बार इस तरह के संकेत मिलते हैं—'बरसात' की प्रविष्टि को पूरा करने के बाद यह लिखा मिलता है कि 'देखें बारिश और वृष्टि।' यह तो हम जानते ही हैं कि कोश-लिखित भाषा और मौखिक भाषा दोनों से संबद्ध हो सकते हैं। हिंदी में संस्कृत अथवा उर्दू शब्दों के तद्भव रूप वास्तव में इनके मौखिक संदर्भ का ही परिणाम है। कोश विज्ञान चुनी गई लिखित या मौखिक इकाइयों को प्रविष्टि की संज्ञा देता है। कोश विज्ञान ने प्रविष्टि को कोश में स्थान देने के लिए कई प्रक्रियाओं को क्रमशः (क्रमबद्ध ढंग से) अपनाने की बात कही है। यह कोश विज्ञान का सैद्धांतिक पक्ष है जिसका लाभ 'कोश कला' या 'शब्द कोश निर्माण' को मिलता है। इन प्रक्रियाओं में प्रविष्टि चयन, प्रविष्टि वर्गीकरण, क्रम, उच्चारण, व्याकरण, व्युत्पत्ति और अर्थ प्रमुख हैं। कहने की आवश्यकता नहीं कि कोश विज्ञान द्वारा प्रस्तावित कोश निर्माण की यह वैज्ञानिक प्रक्रिया किसी भी कोश को प्रस्तुतीकरण के धरातल पर एक वैज्ञानिक स्वरूप तथा व्यवहार के धरातल पर पूर्णता प्रदान करती है।

कोश विज्ञान ने भाषा के 'अर्थ' का बोध कराने को ही कोश का सर्व प्रमुख कार्य माना है। अर्थ किस तरह देना चाहिए, किस प्रकार उन्हें प्रस्तुत करना चाहिए, आदि विषयों पर भी कोश विज्ञान में हमें विस्तार से चर्चा मिलती है। अपने इस अर्थ केंद्रित दृष्टिकोण के कारण ही कोश विज्ञान ने अर्थ के विभिन्न प्रकारों का वर्गीकृत स्वरूप भी निर्मित और विश्लेषित किया है, जैसे—संरचनार्थ, मुख्यार्थ, लक्ष्यार्थ, व्यंजनार्थ, सामाजिक अर्थ, शैलीय अर्थ, क्षेत्रीय अर्थ आदि। शब्द के

'सिमेंटिक रेंज' को स्पर्श करने की यह दृष्टि निश्चित ही कोश विज्ञान को अर्थ विज्ञान तथा संकेत प्रयोग विज्ञान के विस्तार से ही मिली है। यही वजह है कि अर्थों के प्रस्तुतीकरण में प्रविष्टियों के पर्याय, व्याकरण, वर्णन, परिभाषा आदि को आवश्यकतानुसार देने पर भी कोश विज्ञान में बल दिया गया है।

अर्थ विज्ञान की भाँति ही कोश विज्ञान का भी यह मत है कि अर्थ 'एक रूप' नहीं होता। इसीलिए कोश निर्माण मात्र शब्दों के संकलन की यांत्रिक क्रिया न होकर एक प्रकार का सर्जनात्मक कार्य है। किसी भी सर्जनात्मक कार्य की तरह यहाँ भी प्रयोजन, उद्देश्य और प्रयोक्ता को ध्यान में रखना होता है। सर्जनात्मक और प्रयोजनीय होने के कारण ही आज हमारे सामने अनेक प्रकार के कोश प्रस्तुत हैं–संदर्भ कोश, ज्ञान कोश, विश्व कोश, व्याख्या कोश, द्विभाषा-कोश, विचार कोश, एक कालिक कोश और कालक्रमिक कोश आदि। भाषा की दृष्टि से कोश विज्ञान ने एक भाषिक कोश (जैसे हिंदी-हिंदी) तथा द्विभाषी कोश (जैसे हिंदी-अंग्रेज़ी) को प्रमुख प्रकार मानते हुए इनके भेदों, विशेषताओं और निर्माण-प्रक्रियाओं पर व्यापक चर्चा की है। 'भाषा-कोश' के अतिरिक्त कोश विज्ञान ने विषय कोश, विश्व कोश, परिभाषा कोश आदि सभी कोश प्रकारों को भी अपने विश्लेषण का विषय बनाया है। यह उसकी व्यापक दृष्टि का परिचायक है। इनके अतिरिक्त विलोम कोश, धातु कोश, प्रत्यय कोश, उच्चारण कोश, लोकोक्ति कोश, मुहावरा कोश, अभिव्यक्ति कोश आदि के निर्माण द्वारा ही किसी भाषा का संपूर्ण अंकन किया जा सकता है, इस बात पर बल देते हुए कोश विज्ञान ने इन भिन्न प्रकार के उपयोगी कोशों के वैज्ञानिक ढंग से निर्माण की पद्धतियाँ भी सुझाई हैं। भाषा विज्ञान की मदद (अनुप्रयोग) से निर्मित ये पद्धति-प्रणालियाँ भी अत्यंत सूक्ष्म विश्लेषण से आबद्ध हैं।

कहने का तात्पर्य यह है कि कोश के विभिन्न प्रकारों तथा उनकी निर्माण-प्रक्रिया में वैज्ञानिकता की अपेक्षा ने भाषा विज्ञान और कोश विज्ञान के संबंध को दृढ़ से दृढ़तर किया तथा इनके बीच संपर्क को विस्तार दिया। कोशों के प्रकारों को देखने से यह भी स्पष्ट हो जाता है कि कोश का तात्पर्य अब केवल 'शब्द सूची' या 'शब्दार्थ सहायिका' नहीं रह गया है। और यह भी कि 'शब्द कोश' के संदर्भ में भी 'शब्द' के प्रति भाषा विज्ञान की निरंतर बदलती धारणा ने भी कोश विज्ञान के सिद्धांतों को निरंतर पुष्टता एवं वैज्ञानिकता प्रदान की है जिसका भरपूर लाभ 'कोश कला' को मिला है। शब्द कोश निर्माण के लिए कोश विज्ञान ने 'पूर्ण साँचा' (ओवरऑल पैटर्न) अपनाने की भी अनिवार्यता सिद्ध की है जिसे समाज भाषा विज्ञान की भाषा को उसकी 'संपूर्णता' में देखने वाली दृष्टि का अनुप्रयोग माना जा सकता है। भाषा के भाषायी कोश में उपलब्ध शब्दों को उत्पादकता एवं ग्रहणशीलता के समस्त संदर्भों में देखना उसने अनिवार्य माना है।

इस स्तर पर कोश निर्माता भाषा में निहित जटिलता अथवा 'विषमरूपता' को समस्त संभावित आयामों पर पहचाने, यह अपील भी की गई है। इन आयामों में कोश विज्ञान ने काल सूचक (टेंपोरल) और देश सूचक (स्टेटियल) आयामों के साथ-साथ सामाजिक और सांस्कृतिक आयामों को भी प्रमुखता दी है। उसने यह भी स्पष्ट किया है कि बोली कोशों का निर्माण संदर्भ कोश निर्माण की प्रणाली से तथा पारिभाषिक शब्द कोश का निर्माण विषय कोश निर्माण की प्रणाली से करना चाहिए।

आधुनिक भाषाविज्ञान से अपने को निरंतर जोड़े रखने के कारण ही आधुनिक कोश विज्ञान भाषा के व्यावहारिक पक्ष को भी शब्द कोश में समेटने का पक्षधर बन सका है। आधुनिक संदर्भों में भाषा में जो नित नए प्रयोग प्रवेश कर रहे हैं उनकी उपेक्षा कोशकार को नहीं करनी चाहिए, यह भी कोश विज्ञान की चेतावनी है। अंग्रेज़ी के स्तरीय कोशों में हिंदी शब्दों की स्वीकार्यता बढ़ने के पीछे कोश विज्ञान की इस दृष्टि का ही योगदान है। प्रयोग या व्यवहार द्वारा स्थिर हो रहे नए भाषा रूप और उनके प्रयोग कोश विज्ञान के लिए सदैव चुनौती और शोध का विषय बनते हैं।

ऊपर की चर्चाएँ यह स्पष्ट करती हैं कि कोश विज्ञान, कोश निर्माण को दिशा देने वाला विज्ञान है। इसके कई सिद्धांत हैं। यह केवल किसी भाषा विशेष का कोश बनाने के सिद्धांत देने वाला शास्त्र नहीं है, बल्कि यह किसी भी भाषा का कोश बनाने से संबंधित आधारभूत या सार्वभौमिक सिद्धांत और प्रणाली हमें प्रदान करता है।

यह अनुप्रयुक्त भाषाविज्ञान के एक अंग के रूप में स्वीकृत विज्ञान है जिसमें वर्तनी, उच्चारण, शब्द निर्माण, व्युत्पत्ति आदि अनेक स्तरों पर विवरणात्मक भाषाविज्ञान उसका सहायक बनता है। इतना ही नहीं, अपनी अर्थ-संबंधी केंद्रीयता के कारण वह भाषा विज्ञान की लगभग सभी शाखाओं, यथा--ध्वनि विज्ञान, रूप विज्ञान, अर्थ विज्ञान, शैली विज्ञान, समाज भाषाविज्ञान, बोली विज्ञान आदि से भी गहरे संबद्ध हैं। इनसे सहायता लेकर ही उसने अपने सिद्धांत प्रतिपादित किए हैं तथा कोश-निर्माण की प्रक्रिया को 'यांत्रिक' की जगह 'सर्जनात्मक' में बदल दिया है।

(छ) प्राकृतिक भाषा संसाधन और कंप्यूटर प्रणाली

भाषाविज्ञान के अंतर्गत मानव और मशीन (कंप्यूटर) के संबंधों तथा इनसे जुड़ी समस्याओं पर चर्चा नई नहीं है। हाँ, यह जरूर है कि पिछले कुछ वर्षों में स्वचालित संगणकों (ऑटोमेटिक कंप्यूटिंग मशीन्स) के आने से इस संबंध को नए आयाम मिले हैं। पिछले तीन-चार दशकों में कंप्यूटर सिस्टम के विकास के साथ ही प्राकृतिक भाषा (नेचुरल लैंग्वेज) को समझने और प्रजनित करने के प्रयास भी तेज़

हुए हैं। इन मशीनों की अपूर्व शक्ति को देखते हुए ही तीन दशक पहले प्रसिद्ध गणितज्ञ ए.एम.ट्यूरिंग ने यह प्रश्न किया था कि 'क्या कंप्यूटर सोच सकता है?' जब विद्वान इस प्रश्न के समाधान की ओर मुड़े तो यह पाया कि कंप्यूटर 'सोच' तो नहीं सकता पर 'अनुकरण' कर सकता है। यह भी पाया गया कि उसकी 'याद रखने' की क्षमता मानव मस्तिष्क की तुलना में कई गुना अधिक है।

भाषा और मशीन के इस अंतःक्रियात्मक विचार-विमर्श के दौरान ही भाषाविज्ञान की अनुप्रयुक्त शाखाओं के रूप में अनुवाद, भाषा शिक्षण की पहचान भी बन रही थी तथा शैली विज्ञान साहित्येतर पाठ की भाषा को भी अपने विश्लेषण में प्रमुख स्थान देने लगा था। अब इन तीनों क्षेत्रों में कंप्यूटर की सहायता से काफी कुछ किया जा सकता है, यह सोच कर 'प्राकृतिक भाषा संसाधन' (नेचुरल लैंग्वेज प्रॉसेसिंग-एन.एल.पी.) पर चिंतन प्रारंभ हुआ और यह प्रयास भी कि कंप्यूटर, अनुकरण द्वारा 'मानव जैसा' काम कर सके, अर्थात् वह अनुवाद कर सके, भाषाएँ पढ़ा सके, भाषा प्रयुक्तियों का विश्लेषण कर सके, आदि।

इसी समय प्रख्यात भाषाविद् चॉम्स्की ने एक ऐसे व्याकरण (टी-जी व्याकरण) की संकल्पना प्रस्तुत की जहाँ सीमित शब्दों और वाक्य संरचनाओं की सहायता से असीमित वाक्य संरचनाएँ निर्मित की जा सकती हैं। चॉम्स्की ने मानव मस्तिष्क को रूपांतरण-प्रजनक शक्ति से संपन्न सिद्ध किया और मानव भाषा में इसकी अनंत संभावनाओं को संरचना के दो स्तरों पर व्याख्यायित किया—(1) सरफेस स्ट्रक्चर और (2) डीप स्ट्रक्चर। इन्हें कोड और डिकोड करने की सामर्थ्य भी उन्होंने मानव-मस्तिष्क में सिद्ध की। जिस तरह मानव मस्तिष्क प्राकृतिक भाषा को रूपांतरित और प्रजनित (ट्रांसफॉर्म और जनरेट) करके अभिव्यक्ति की अनेक संरचनाएँ निर्मित कर सकता है, यदि यही शक्ति उसकी अनुकरण क्षमता का उपयोग करते हुए मशीन को दे दी जाए तो चमत्कार हो सकता है। इस सोच ने मशीन के लिए भी चयन की शृंखला प्रजनित करने का मार्ग प्रशस्त किया और भाषा का वाक्यीय धरातल मशीन के लिए उपयोगी बना। इसे ही 'प्राकृतिक भाषा संसाधन' कहा गया। भाषा प्रौद्योगिकी का यह मूलाधार बना। लैंग्वेज टेकनोलॉजी की यह मान्यता भी अब स्थापित हो चुकी है कि भाषा और कंप्यूटर में द्वि-दिशात्मक संबंध स्थापित किया जा सकता है तथा कंप्यूटर को भाषा संसाधन (लैंग्वेज प्रोसेसिंग) के स्तर पर मनुष्य की दूसरी प्रकृति के रूप में इस्तेमाल किया जा सकता है।

आगे चलकर ग्रिशमैन (1986) ने प्राकृतिक भाषा संसाधन के क्षेत्र में मनुष्य और मशीन के परस्पर इंटरैक्शन में कंप्यूटर सिस्टम की खासियतों और सीमाओं (भाषा संसाधन की दृष्टि से) पर विमर्श करते हुए भाषावैज्ञानिक अनुप्रयोग के दो पक्ष सामने रखे। पहला पक्ष प्राकृतिक भाषा संसाधन के विभिन्न धरातलों पर भाषावैज्ञानिक अनुप्रयोग कैसे किया जाए, इस पर प्रकाश डालता है। दूसरा पक्ष

प्राकृतिक भाषा संसाधान का अनुप्रयोग भाषाविज्ञान पर करते हुए यह देखना चाहता है कि भाषा संरचना के कौन-से प्रारूप मशीन के लिए कितने विश्लेषणीय हो सकते हैं। इन दोनों ही पक्षों के लिए भाषाविज्ञान के गहन अध्ययन की जरूरत है अतः इन्हें भाषावैज्ञानिक अनुप्रयोग का क्षेत्र भी कहा जा सकता है।

इन दोनों ही पक्षों को महत्व देते हुए नीरेन बर्ग (1987) ने अनुवाद के लिए कंप्यूटर साधित भाषा संसाधन की चर्चा करते हुए यह स्पष्ट किया है कि पूर्णतः स्वचालित अनुवाद तभी संभव होगा जब निविष्ट पाठ (इनपुट टेक्स्ट) के अर्थ संदर्भ पर भी पूरा ध्यान दिया जाए, न कि केवल वाक्य-रचना या द्विभाषिक कोश में निहित शब्दों और पदबंधों तक अपने को सीमित रखा जाए। आप ध्यान दें कि हिंदी में 'जमना' का अंग्रेज़ी में कोशीय रूपांतरण 'टु फ्रीज़' है। पर दही जमना, पैर जमना, भाषण जमना, किसी व्यक्ति का जमना आदि अनेक ऐसे प्रयोग 'जमना' के हैं जिनका अर्थ-संदर्भ भिन्न है और जिन्हें 'टु फ्रीज़' द्वारा रूपांतरित करना गलत होगा। इसी तरह तू-तुम-आप (यू) वह-वे (ही), मेरा-मेरे (माइ) आदि के भेद भी हैं। इनके अतिरिक्त व्यंजनार्थ प्रयोग तो हैं ही, 'लिख दिया' और 'लेख मारा' जैसे प्रयोग भी है। नीरेन बर्ग के विचार सही थे क्योंकि अपने प्रयोग-संदर्भ में भाषा निर्जीव नहीं, जीवंत होती है। इस जीवंतता का संसाधन मानव मस्तिष्क अत्यंत सहजता के साथ कर लेता है, पर मशीन के लिए ऐसा कर पाना कठिन है। फिर भी प्राकृतिक भाषा संसाधन के क्षेत्र में 'अर्थ-संदर्भ' को मशीन तक पहुँचाने के प्रयास इन दिनों जारी है, आंशिक ही सही, सफलता भी मिल रही है। इस तरह एन.एल.पी. की प्रक्रिया में आज समाज भाषाविज्ञान का प्रवेश भी हो चुका है। ये दोनों भाषा विज्ञान के अनुप्रयुक्त क्षेत्र है, यह तो हम जान ही चुके हैं।

प्राकृतिक भाषा संसाधन के क्षेत्र में अनुप्रयुक्त भाषाविज्ञान की भूमिका ने विशेषतः उन सीमाओं को पहचानने में मदद की जिनके कारण एन.एल.पी. संबद्ध विद्वानों ने दो प्रमुख सीमाओं पर बहस की है—(1) उपलब्ध सॉफ्टवेयर संकल्पनात्मक (एनसाइक्लोपेडिक) ज्ञान को नहीं समेट पा रहे हैं और (2) ये प्रैगमेटिक स्तर पर अर्थ-संदर्भों को भी स्थान नहीं दे पा रहे हैं। इन बहसों के चलते ही लैंक्सटर (1997) ने सबसे पहले प्रयोजनमूलक और प्रयोक्ता-सापेक्ष भाषा भेदों को एन.एल.पी में स्थान देने को अनिवार्य माना था। यहाँ उल्लेखनीय है कि इस समय तक प्रयोजन मूलक भाषा, भाषा-प्रकार्य, विशेष प्रयोजनों की भाषा जैसी संकल्पनाएँ स्थापित की जा चुकी थीं तथा आधुनिक भाषाविज्ञान ने इनकी सैद्धांतिक तथा विश्लेषणगत पीठिका भी निर्मित कर दी थी। इस पीठिका के मद्देनज़र ही लैंक्सटर यह बात पुरजोर ढंग से कह सके कि भाषा की तार्किकता, व्याकरणिकता और वैज्ञानिकता के साथ समाज भाषावैज्ञानिक विकल्पों को लाए बिना एन. एल. पी. सीमित भाषा रूप तक ही सिमटा रह जाएगा और अपने नाम को ही सार्थक नहीं कर पाएगा।

कंप्यूटर के साथ भाषावैज्ञानिक अनुप्रयोग को सही और व्यापक ढंग से साधने के प्रति जागरूक इन भाषाविदों ने यह चेतावनी भी दी कि मशीन के लिए भाषा को रूपात्मक (फॉर्मलाइज्ड) तो होना है, पर इतना नहीं कि मशीन ऐसे वाक्य प्रजनित करने लगे जिनका प्राकृतिक भाषा में अस्तित्व ही नहीं है, अतः प्राकृतिक भाषा के सभी तथ्य मशीन को देने ही होंगे। आज इस दिशा में काम करने वाले लोग यह भली-भाँति जानते हैं कि व्याकरणिक भाषा समस्याओं के साथ उन्हें द्विअर्थी-बहुअर्थी वाक्य रचनाओं (मोहन दूध पीकर नहीं सोया, राम ने दौड़ते हुए शेर को मारा), विपरीत कथन (मैं तो दिल्ली जाने से रहा), निषेधवाची बनाम प्रश्नवाची संरचना (मुझे दिल्ली जाकर क्या मिला, इस समय बाजार कौन जाएगा, मैं घर कहाँ जा रहा हूँ) आदि को भी देखना चाहिए। और यह भी कि प्रैगमेंटिक स्तर पर अर्थ योजना की समस्या (कहेंगे तुम्हारा सिर, वह क्या खाकर बोलेगा) को तथा वाक्यों की तात्विक क्रमबद्धता (विशेषकर संवादों में) पर भी ध्यान देना चाहिए।

भाषा, मानव और मशीन के इस अंतःक्रियात्मक संबंधों को देखते हुए ही आज का कंप्यूटेशनल लिंग्विस्ट भी इस तथ्य को पहचान चुका है कि आधुनिक भाषा अध्ययन की दिशा 'भाषा क्या है' के प्रश्न से आगे बढ़कर 'भाषा कैसे काम करती है' के संधान तक पहुँच चुकी है और इस 'संधान' को ही कृत्रिम भाषा (आर्टिफिशियल लैंग्वेज) के संदर्भ में एन. एल. पी. को भी अपनाना चाहिए। इस संदर्भ में रॉस्किन (1987) का कहना है कि कंप्यूटर के साथ प्रतिक्रिया करते समय एक अनुप्रयुक्त भाषावैज्ञानिक के रूप में हमें भाषा नियमों के विभिन्न अनुप्रयोगों को विभिन्न स्थितियों में ढाल कर रखना होगा। प्रैगमेटिक्स, संकल्पनात्मक प्रक्रिया, प्रोक्ति संदर्भित अर्थ आदि ऐसे ही क्षेत्र हैं।

मशीनी अनुवाद में भाषिक अनुप्रयोग के परिणामस्वरूप ही 'संगणक भाषाविज्ञान' का जन्म हुआ, जो यह मानता है कि मानव मस्तिष्क प्राकृतिक भाषा का अन्यतम संसाधक है, वह संदेश का कोडीकरण और विकोडीकरण स्वतः करता चलता है। पर मशीन द्वारा यह प्रक्रिया उसे सूक्ष्म नियम देकर ही संपन्न कराई जा सकती है। प्राकृतिक भाषा संसाधन का क्षेत्र व्यापक है और लक्ष्य प्रयोजनीय अतः इसमें चार प्रकार के लोगों को सम्मिलित करना अनिवार्य माना जा रहा है—मातृभाषा भाषी, जो भाषिक क्षमता को व्यावहारिक धरातल पर पुष्ट कर सके, द्विभाषी व्यक्ति, जिसमें अनुवाद की क्षमता को उद्घाटित करने का सामर्थ्य हो, भाषावैज्ञानिक, जो व्यवस्था और व्यवहार केंद्रित व्याकरण की सूक्ष्म रचना कर सके तथा अनुवाद वैज्ञानिक, जिसमें भाषा के नियमों को पहचानने तथा अनुवाद सिद्धांत को संक्रियात्मक (ऑपरेशनल) बनाने की क्षमता हो।

पिछले कुछ वर्षों में हिंदी भाषा का संपर्क भी मशीन से हुआ है। एक सीमित

व्यवहार क्षेत्र (डोमेन) के संदर्भ में हिंदी के उप-व्याकरण लिखने पर जोर दिया जा रहा है। रूप और प्रयोग दोनों को मिला कर हिंदी के व्याकरण लिखे भी जा रहे हैं। इस बीच हिंदी के कई विवरणात्मक व्याकरण ऐसे आए हैं जिनकी प्रकृति भाषा-व्यवहार पर केंद्रित है। इस दिशा में हिंदी के संदर्भ व्याकरण (गंपर्ज, अमर बहादुर सिंह, पीटर हुक, बाहरी-जगन्नाथ), शैक्षिक व्याकरण (श्रीवास्तव, शारदा भसीन, बी.जी. मिश्रा) तथा संप्रेषणपरक व्याकरण (सुरेश कुमार, जगन्नाथ) के लेखन की ओर भी ध्यान गया है। हाल ही में प्रकाशित 'अंग्रेज़ी-हिंदी अनुवाद व्याकरण (सूरज भान सिंह) व्यतिरेकी धरातल पर तैयार किया गया तुलनीय व्याकरण है। संक्षेप में यह कहा जा सकता है कि प्राकृतिक भाषा संसाधन की व्यतिरेकी विश्लेषण, व्याकरणिक विवरण, अनुवाद विज्ञान, समाज भाषाविज्ञान, शैलीविज्ञान से संबद्धता ने उसे अनुप्रयुक्त भाषाविज्ञान के एक महत्वपूर्ण तथा सर्वाधिक उपादेय क्षेत्र के रूप में स्थापित कर दिया है।

भाषा अध्ययन की आधुनिक संकल्पनाएँ

(क) भाषा-समुदाय

आधुनिक भाषाविज्ञान में भाषा-समुदाय या भाषाई समाज (लैंग्वेज कम्युनिटी) की संकल्पना ने भाषा को मानव और समाज संदर्भित करके देखने की जो दृष्टि हमें दी उससे भाषा-अध्ययन का पूरा पैराडाइम ही बदल गया। ब्लूमफील्ड जैसे प्रख्यात भाषाविद् ने काफ़ी पहले (1935) में यह संकेत किया था कि भाषा-समाज ही भाषा का नियोक्ता और प्रयोक्ता होता है। उन्होंने दो और बातें भी कही थीं कि भाषा-समुदाय का निर्माण उसके सदस्यों की सहभागिता से होता है तथा एक भाषाई समाज के सदस्य समान वाक् संकेतों का प्रयोग करते हैं। बाद में गंपर्ज़ (1971) ने यह भी प्रमाणित किया कि भाषा-समुदाय का एक ही सदस्य विभिन्न परिस्थितियों में भाषा के विभिन्न रूप बोलता है। इन विचारों से यह साफ-साफ प्रतिपादित हो गया कि 'आदर्श' या 'एकरूप' भाषा-समुदाय की संकल्पना (चॉम्स्की : 1965) सीमित प्रयोजनों से बँधी है, काल्पनिक है अतः अपर्याप्त है। ऐसा इसलिए कि भाषागत 'विविधता' समाज के प्रत्येक सदस्य के स्वभाव में निहित होती है। वह भाषा को नियमबद्ध करके नहीं बोलता बल्कि भाषा के नियमों को वाक् के लिए नियंत्रित करता है तथा 'प्रयोग' की समस्त स्थितियों की जानकारी रखता है।

लॉयंस (1970) ने यह माना है कि भाषा-समुदाय उन लोगों से बनता है जो किसी भाषा या बोली का प्रयोग करते हैं। आज यह भी कहा जा रहा है कि भाषा-समाज छोटे-छोटे भाषा समूहों (लैंग्वेज ग्रुप्स) का संगठन होता है। उदाहरण के लिए हिंदी भाषा-समाज, तेलुगु भाषा समाज, भोजपुरी भाषा समाज आदि लॉयंस की संकल्पना के अनुसार भिन्नं भाषा-समाज हैं। 'समूह' के संदर्भ में हम यदि हिंदी भाषा का उदाहरण लें तो भोजपुरी, अवधी, ब्रज, मातृभाषा हिंदी प्रयोक्ता समूह अथवा तेलुगु, मराठी, कन्नड़ मातृभाषी हिंदी प्रयोक्ता समूह की चर्चा कर सकते हैं जो अस्मिता की पहचान और परस्पर विचार-विनिमय के लिए हिंदी भाषा-समुदाय में सम्मिलित होते हैं।

यदि इन भाषाविदों की संकल्पना को आसान ढंग से समझना-समझाना हो तो कहा जा सकता है कि जिस समाज में हम रहते हैं उसकी एक भाषा होती है। हम स्वयं उस समाज के सदस्य होते हैं, जिस समाज के हम सदस्य होते हैं, उसी समाज की भाषा हम सबसे पहले बोलते-सीखते हैं। हमारी ही तरह अन्य लोग भी इस समाज की भाषा बोलते-समझते हैं। यह अपेक्षा की जाती है कि किसी भाषा समुदाय का एक व्यक्ति उस समुदाय के अन्य व्यक्तियों की तरह ही भाषा व्यवहार करेगा, या उसे करना चाहिए। अर्थात् वह समान भाषा, समान बोली या समान रूपों को बोलेगा। पर ऐसा होता नहीं है। इस बात को स्पष्ट करने के लिए ही 'भाषा-समुदाय' की संकल्पना को विस्तार देने वाले भाषाविदों ने 'कोड' की संकल्पना भी सामने रखी। अर्थात् एक भाषा-समुदाय में प्रचलित समान भाषा, समान बोली और समान रूपों को 'कोड' कहा गया है। यहाँ 'समानता' का अर्थ, सभी सदस्यों में प्रयोग की समानता नहीं है। इस बात को समझने के लिए हिंदी भाषा के उन प्रचलित कोडों को देखा जा सकता है जो 'हिंदी भाषा-समुदाय' के सदस्यों के बीच प्रचलित है या जिनका प्रयोग हिंदी भाषा समुदाय के सदस्य करते हैं।

हिंदी भाषा-भाषी समुदाय के सदस्यों के बीच पाँच प्रमुख कोड प्रचलित हैं। कोड-1 (अंग्रेज़ी) का प्रयोग उच्च शिक्षित वर्ग आपस में करता है। कोड-2 (अंग्रेज़ी मिश्रित हिंदी) का प्रयोग सभी वर्गों द्वारा होता है। शब्द स्तर पर तो निम्न वर्ग या अशिक्षित वर्ग के लोग भी अंग्रेज़ी शब्दों का प्रयोग शुद्ध रूप में (बस, रेल, रेडियो) या बोलियों की ध्वनि-व्यवस्था के अनुकूल परिवर्तित करके करते हैं, जैसे—स्कूल-इस्कूल, यूनिवर्सिटी-अनवरसीटी, ग्लास-गिलास आदि। मध्यवर्गीय अर्धशिक्षित वर्ग कोड-2 में क्रियापदों के साथ भी अंग्रेज़ी का प्रयोग करता है, जैसे—इनवाइट करना, फीस लेना, रेसपेक्ट करना, इंसपेक्ट करना आदि तथा अंग्रेज़ी के कठिन शब्दों का भी, जैसे—टेंडेंसी, नेचर, ट्रेड, वल्गर आदि। मध्यवर्ग के शिक्षित समुदाय और उच्च वर्ग द्वारा प्रयुक्त हिंदी में अंग्रेज़ी की अभिव्यक्तियों और वाक्यों का प्रयोग भी कोड-2 में मिलता है, जैसे—मैं वहाँ कल या परसों जाऊँगा, बट आई एम नॉट श्योर। इसी प्रकार हिंदी भाषा समाज के बोली क्षेत्रों की हिंदी पर बोलियों के प्रभाव से कोड-4 (बोली मिश्रित हिंदी) निर्मित होता है। कोड-3 हिंदी का मानक रूप है। इस कोड के साथ हम इसके दो उप-कोडों की भी चर्चा करते हैं—एक उर्दू कोड, जिसमें अरबी-फ़ारसी का प्रभाव अधिक होता है और दूसरा हिंदुस्तानी कोड, अर्थात् बोलचाल का सामान्य रूप।

सामाजिक संदर्भों से नियंत्रित ये भाषाई भेद हिंदी भाषा का 'कोड मैट्रिक्स' हैं। कोडों पर क्षमता भाषा समुदाय के सदस्यों का भाषाई कोश है। जितने ही अधिक कोडों पर जिस सदस्य का अधिकार होगा उसे उतना ही सक्षम भाषा-प्रयोक्ता माना जाएगा। इसीलिए अब यह भी माना जाने लगा है कि सदस्य की शक्ति 'भाषा'

नहीं, उसके भाषाई कोश में निहित कोडों की संख्या है। भाषा-समुदाय के संदर्भ में भाषाई कोश की परिभाषा इन शब्दों में दी गई है—'एक भाषा-भाषी समुदाय द्वारा निरंतर प्रयोग में लाई जानेवाली संपूर्ण बोलियाँ और अन्य भाषाई रूपों का समूह उस भाषा समुदाय का भाषाई कोश कहा जाता है।' जैसा कि पहले भी कहा गया कि यह आवश्यक नहीं है कि भाषा-समुदाय के सभी सदस्य सभी कोडों के प्रयोग में सक्षम हो। वक्ता-श्रोता जब बोधगम्य कोड का प्रयोग करते हैं तभी संप्रेषण सफल होता है। अतः भाषा-समुदाय के सदस्यों की 'क्षमता' को दो रूपों में देखा गया है—उच्चारणशीलता की क्षमता तथा ग्रहणशीलता की क्षमता। पहली क्षमता भाषा के बोलने की क्षमता है और दूसरी उसे समझने की। हिंदी भाषा-समुदाय के उदाहरण द्वारा इन दोनों क्षमताओं को देखा जा सकता है। हिंदी के उच्च रूप को निम्न वर्ग या अशिक्षित वर्ग के लोग बोल तो नहीं पाते परंतु यदि कोई दूसरा व्यक्ति इस रूप को बोलता है तो वे इसका मतलब समझ लेते हैं। कहने का तात्पर्य यह है कि एक भाषा समुदाय में विभिन्न कोड होते हैं और कोडों के प्रयोग की क्षमता उसके सदस्यों में भिन्न होती है। प्रयोग की क्षमता में भेद का मूल आधार वर्गगत होता है।

जब हम यह कहते हैं कि भाषा एक सामाजिक वस्तु है तथा भाषा और समाज के बीच गहरा संबंध होता है तो हमारे लिए समाज को केवल 'एक समाज' के रूप में देखना ही पर्याप्त नहीं होता। तब हमें स्तरीकृत या वर्गीकृत समाज को देखना होता है। समाज के ये स्तर भाषा को भी प्रयोग के धरातल पर एक नहीं रहने देते, उसे विविधरूपी बनाते हैं। समाज के स्तर-भेद को चार आधारों पर देखा गया है—शिक्षा, वर्ग, व्यवसाय और पद। भारतीय समाज में शिक्षा सर्व-सुलभ नहीं है। इसीलिए यहाँ उच्चशिक्षित, सामान्य शिक्षित, अर्ध शिक्षित, अशिक्षित जैसे स्तर-भेद या वर्ग हमें शिक्षा के आधार पर मिलते हैं। शिक्षा का स्तर व्यक्ति के भाषा-प्रयोग को बहुत ही ज्यादा प्रभावित करता है। हिंदी भाषा-समुदाय के सदस्यों के शब्द-चयन के आधार पर हम उनके शैक्षिक स्तर का अनुमान कर सकते हैं। हिंदी में अनेक पर्यायवाची शब्द हैं—लेखनी-क़लम-पेन, ज़मीन-धरती-भूमि-भुइयाँ, माता-माँ-अम्मा-माई, धन-पैसा-पइसा, निकट-पास-नज़दीक-नगीच आदि। इनमें शैली-भेद तो है ही, पर साथ ही ये प्रयोक्ता के शैक्षिक स्तर की ओर भी संकेत करते हैं। इसी प्रकार शिक्षा द्वारा संस्कार प्राप्त व्यक्ति ... का निधन हो गया . .. का स्वर्गवास हो गया, वे दिवंगत हो गए जैसे प्रयोग करता है जबकि शैक्षिक संस्कार से विहीन व्यक्ति 'वह मर गया', 'उसकी मौत हो गई' जैसे प्रयोग ही कर पाता है।

समाज अनिवार्य रूप से वर्गों में विभाजित होता है। इस वर्ग-विभाजन का सबसे मजबूत आधार आर्थिक है। इस आधार पर समाज के चार वर्ग बनते हैं,

उच्च वर्ग, उच्च मध्य वर्ग, मध्य वर्ग और निम्न वर्ग। इन सबके भाषा प्रयोग में भिन्नता होती है। पहले दो वर्ग शिष्ट और संस्कारित भाषा के प्रयोग में दक्ष होते हैं। साथ ही वे अन्य भाषा रूपों की जानकारी भी रखते हैं। मध्य वर्ग भी भाषा के उच्च रूप की सामान्य जानकारी (सामान्य मानक की) रखता है। वह मिश्रित भाषा रूपों का प्रयोग भी करता है, खासतौर पर बोली मिश्रित क्षेत्रीय रूपों का। क्षेत्रीय बोलियों (अपनी मातृ बोली) के प्रयोग को भी वह आवश्यकतानुसार साधता रहता है। निम्न वर्ग भाषा के उच्च रूप की जानकारी बहुत कम रखता है। मूलतः वह बोली मिश्रित भाषा रूप और बोलियों का प्रयोग ही सहजता से कर पाता है।

भारतीय समाज में सामाजिक स्तर भेद का तीसरा आधार व्यवसाय है। जो व्यक्ति या उपसमूह जिस व्यवसाय से जुड़ा होता है उसकी भाषा में उस व्यवसाय से संबंधित शब्द और अभिव्यक्तियाँ सहज ढंग से समाहित होने लगती हैं। एक व्यवसाय से जुड़े व्यक्ति की भाषा दूसरे व्यवसाय से जुड़े व्यक्ति की भाषा से इसी स्तर पर भिन्न हो जाती है। किसी भी भाषा समाज में व्यवसायों को भी विभिन्न स्तरों पर रख कर देखा जाता है। हिंदी भाषा समाज भी कुछ व्यवसायों को उच्च पद (+ पद) प्रदान करता है और कुछ को निम्न पद (- पद)। इस प्रकार के पद-भेद का प्रभाव हिंदी की भाषिक संरचना पर भी पड़ता है—प्रोफेसर साहब (एक) आ रहे हैं और धोबी (एक) आ रहा है। अर्थात् पद-भेद के अनुरूप कब बहुवचन क्रिया रूप का प्रयोग करना है और कब एक वचन क्रिया रूप का, इसके नियम की जानकारी हिंदी भाषा समुदाय के प्रयोक्ता के लिए जरूरी है। पद-भेद के इस स्तर पर 'डॉक्टर (-साहब) आज आया था' तथा 'धोबी आज नहीं आए थे' जैसे प्रयोग निश्चित भाषा (या बोली) का प्रयोग करते हैं, भाषा-समुदाय बनाते हैं', पर कभी-कभी ऐसा भी होता है कि भाषा-समुदाय जो आधार अपनाते हैं वे अपनी प्रकृति में नितांत भाषाई नहीं, सामाजिक होते हैं। हिंदी भाषा-समुदाय का उदाहरण लें तो इसमें अंग्रेज़ी भाषा एक कोड है और हिंदी की बोलियाँ भी कोडों के रूप में प्रचलित हैं, पर बोली समुदायों के सभी लोग अपने को हिंदी भाषा-समुदाय का सदस्य स्वीकार करते हैं। इसका सामाजिक कारण है कि ये सभी अपनी सामाजिक पहचान हिंदी भाषा के द्वारा ही बनाते हैं। इसके विपरीत कभी-कभी भाषाई आधार उप-समूहों में बँट कर भिन्न भी हो जाते हैं। उदाहरण के लिए हिंदी के अधिकांश प्रयोक्ता अपने को उर्दू के प्रयोक्ता से (या इसके उलट भी) पूरी तरह अलग करके देखते हैं। इसका कारण भी सामाजिक ही है, अन्यथा भाषाई स्तर पर हिंदी और उर्दू को एक ही भाषा की दो शैलियों के रूप को देखा-जाना जा चुका है।

भाषा-समुदाय की संकल्पना ने हमें कोड, भाषाई कोश, कोड मैट्रिक्स जैसी

भाषिक प्रविधियाँ तो दीं ही, एक भाषा-समाज की भाषा-बोली के प्रति सामाजिक धारणा को जानने-बूझने की दृष्टि भी प्रदान की। किसी भाषा-समाज की व्याप्ति और विस्तारण की पहचान के रास्ते भी इस संकल्पना ने प्रशस्त किए। इस कारण ही आज हम हिंदी बोली समुदाय का वर्गीकरण क्षेत्रीय बोली समुदाय, खड़ी बोली समुदाय, भारतीय भाषा-भाषी समुदाय और अंतर्राष्ट्रीय भाषा समुदाय के रूप में कर सके हैं। और ऐसा करने से ही अब हम हिंदी भाषा के क्षेत्रीय, राष्ट्रीय और अंतर्राष्ट्रीय संदर्भों पर खुल कर, प्रामाणिक ढंग से विचार-विमर्श कर पा रहे हैं।

(ख) द्विभाषिकता और बहुभाषिकता

किसी भी समाज में और विशेष रूप से पश्चिमी समाज में यह माना जाता रहा है कि एक भाषी (मोनोलिंगुअल) होना अर्थात् एक 'कोड' का प्रयोग करना अधिक उपयुक्त है। इन दोनों में यह मान्यता भी थी कि द्विभाषिक या बहुभाषिक व्यक्ति का विकास सही ढंग से नहीं हो पाता। प्रसिद्ध भाषावैज्ञानिक यस्पर्सन का तो यहाँ तक कहना है कि वस्तुतः वह (द्विभाषिकता) एक ऐसे धनुष के समान है जिसमें दो डोरियाँ लगी हुई हैं और दोनों ढीली हैं। फिशमैन जैसे ठोस समाज भाषावैज्ञानिक तक ने यह कहा कि एकभाषी समाज या राष्ट्र आर्थिक दृष्टि से अधिक विकसित, शिक्षा की दृष्टि से अधिक उन्नत, राजनीति की दृष्टि से अधिक आधुनिक और चिंतन की दृष्टि से अधिक प्रौढ़ होते हैं।

आधुनिक भाषाविज्ञान ने इस तरह की उक्तियों को सारहीन विचार रूढ़ियाँ करार दिया। अपने अध्ययन में इन भाषा-विचारकों ने यह सिद्ध करके दिखाया कि दुनिया में ऐसे कई देश हैं जो अपनी भाषाई प्रकृति में विषमरूपी (बहुभाषी) होकर भी हर दृष्टि से समुन्नत हैं। इन्होंने यह भी दिखाया कि क्या विदेश, क्या भारत, क्या मध्ययुग क्या आधुनिक युग, अर्थात् विभिन्न स्थान और काल में हमें ऐसे कई प्रतिभाशाली चिंतक और साहित्यकार मिलते हैं जो मूलतः द्विभाषी रहे हैं।

एक भाषा या एक कोड की जगह एकाधिक भाषा या भाषा रूप पर अधिकार व्यक्ति या समाज को बौद्धिक और सर्जनात्मक स्तर पर अधिक प्रौढ़ व संतुलित बनाता है। कहा भी गया है कि एक से दो भले। भारत में द्विभाषिक-बहुभाषिक स्थिति को विवेचित करने के कई आधार हमें इस विचार-विमर्श से मिलते हैं। कई उदाहरण हम भारत की साहित्यिक और सांस्कृतिक परंपरा से ले सकते हैं। मध्यकालीन उत्तर भारत में सांस्कृतिक और साहित्यिक चेतना की अभिव्यक्ति के लिए ब्रजभाषा मान्य थी। यही कारण था कि विभिन्न भाषाई पृष्ठभूमि में पले लोगों ने अपने तत्व चिंतन के लिए संस्कृत भाषा और प्रसार अभिव्यक्ति के लिए ब्रजभाषा को अन्य भाषा के रूप में अपनाया। उदाहरण के लिए रामानुजाचार्य, मध्वाचार्य,

निंबार्काचार्य और वल्लभाचार्य के जीवन वृत्त (मातृभाषा), कृतित्व (संस्कृत) और पुनर्जागरण में योगदान (ब्रजभाषा) को सामने रखा जा सकता है। दूसरी ओर भारतीय द्विभाषिकता की गोद में पलकर साहित्य सृजन करने वाले ऐसे कई कवियों का नाम लिया जा सकता है जिनके लिए यह कहना सरल नहीं है कि वे किस साहित्यिक परंपरा की श्रेणी में रखे जाएँ—उदाहरण के लिए अवहट्ट और प्राचीन मैथिल कवि विद्यापति हिंदी के कवि हैं या बंगला के? प्राचीन ब्रज और राजस्थानी का पुट देकर लिखने वाली मीराबाई हिंदी की कवयित्री हैं या गुजराती की? ब्रज, खड़ी बोली और पंजाबी के आंतरिक सम्मिश्रण को स्वीकृति देती हुई नानक की रचनाओं को हिंदी साहित्य के अंतर्गत रखा जाए या पंजाबी के?

भारत में बहुभाषिकता एक सहज स्थिति है। भारतीय समाज द्विभाषिकता या बहुभाषिकता को एक सहज संप्रेषण प्रक्रिया के रूप में लेता है। सभी भारतीय भाषा समुदाय कम-से-कम द्विभाषिक हैं। यह भी कहा जा सकता है कि हमारा देश ही नहीं, इसका प्रत्येक प्रांत बहुभाषिक है। इसमें विभिन्न भाषा-परिवार हैं, एक ही भाषा की विभिन्न बोलियाँ हैं, पड़ोसी (बॉर्डर) भाषाएँ हैं और पड़ोसी भाषाओं का प्रभाव है। भारतीय बहुभाषिकता व्यक्तिपरक (इंडिविजुअल) नहीं, समुदायपरक (सोसाइटल) है। एक ही भाषा-समुदाय में कोडों के फैले जाल और राष्ट्रीय स्तर पर 1019 मातृभाषाओं और 200 वर्गीकृत भाषाओं के संजाल को देख कर ही कई विदेशी भाषाविदों का दिमाग चकरा गया था और उन्होंने भारत को 'भाषाई' पागलखाना तक की संज्ञा दे डाली थी।

सैद्धांतिक स्तर पर देखें तो द्विभाषिकता से अभिप्राय दो या दो से अधिक भाषाओं का विकल्प के साथ प्रयोग करने की क्षमता है। भिन्न विद्वानों ने इसे अपने-अपने ढंग से परिभाषित करने का प्रयास किया है। ब्लूमफील्ड ने द्विभाषिकता को एक स्वभाषा-भाषी की तरह दो भाषाओं का प्रयोग माना है। अर्थात् स्वभाषा के समान ही दूसरी भाषा में भी योग्यता होनी चाहिए, तात्पर्य यह कि दो भाषाओं का मातृभाषावत् प्रयोग ही द्विभाषिकता है। यह विचार उचित नहीं जान पड़ता। आज यह मान्यता दृढ़ हो चुकी है कि अन्य भाषा का आंशिक ज्ञान भी व्यक्ति को द्विभाषिक बना देता है। यह भाषिक यथार्थ है कि दो भाषाओं (कोडों) को जानने वालों में दोनों भाषाओं के प्रयोग की क्षमता समान नहीं होती, हो भी नहीं सकती। हो सकता है कि वह एक भाषा के प्रयोग में पूरी तरह सक्षम हो किन्तु दूसरी भाषा का प्रयोग उसी प्रकार न कर सके। इस प्रकार द्विभाषिक क्षमता से अभिप्राय श्रवण, वाचन, भाषण, लेखन, इन चारों कौशलों से भी है, या इससे कम से भी।

किसी भी भाषा-समुदाय में द्विभाषिकता के अनेक रूप मिलते हैं। तीन प्रकार की द्विभाषिकता प्रमुख है—व्यक्तिपरक, समाजपरक और राष्ट्रपरक। व्यक्तिपरक द्विभाषिकता का अर्थ है किसी देशी या विदेशी भाषा को निजी ज्ञान (व्यवहार) के

लिए सीखना। समाजपरक द्विभाषिकता से अभिप्राय पूरे समाज में प्रयुक्त होने वाली दो या दो से अधिक भाषाओं से है। राष्ट्रपरक द्विभाषिकता में राष्ट्रीय स्तर पर दो या दो से अधिक भाषाओं का प्रयोग होता है। भारतीय संदर्भ में राष्ट्रपरक द्विभाषिकता के स्तर पर अंग्रेज़ी और हिंदी भाषाएँ हैं क्योंकि ये दोनों भाषाएँ सरकारी कामकाज के लिए राष्ट्रीय स्तर पर प्रयुक्त होती हैं।

कभी-कभी व्यक्ति अच्छी नौकरी पाने या समाज में उच्च स्तर तक पहुँचने की प्रेरणा से दूसरी भाषा सीखता है, इसे प्रेरणा जनित द्विभाषिकता कहा गया है। जब व्यक्ति किसी विदेशी भाषा समाज से जुड़ने के लिए दूसरी भाषा अर्जित करता है तो इसे अर्जित द्विभाषिकता माना जाएगा। जब दूसरी भाषा का ज्ञान (मातृभाषा) के बराबर हो तो समकक्ष द्विभाषिकता मानी जाएगी। जब व्यक्ति दोंनो भाषाओं को बोल और लिख सके तो सक्रिय द्विभाषिकता और जब दूसरी भाषा को केवल सुन और पढ़कर समझ सके तो निष्क्रिय द्विभाषिकता होती है। इस प्रकार द्विभाषिकता की संकल्पना व्यक्ति, समाज और देश तीनों की भाषा-क्षमता से परिचित कराती है। भारत की बहुभाषिक स्थिति को समझने में इस संकल्पना ने हमें दृष्टि भी दी है और दिशा भी। इन संकल्पनाओं की पृष्ठभूमि में भारत में कई अध्ययन किए गए हैं। इनके आधार पर भारतीय बहुभाषिकता के निम्नलिखित अभिलक्षण निर्धारित किए जा सकते हैं–

1. भारत देश ही नहीं, इसका प्रत्येक प्रांत बहुभाषिक है।
2. यहाँ भिन्न भाषा परिवार अपने पूरे अस्तित्व के साथ प्रस्तुत हैं।
3. यहाँ की भाषाओं की विभिन्न बोलियाँ हैं।
4. इन बोलियों (डॉयलेक्ट्स/स्पीच) का प्रयोग पड़ोसी प्रांत के सीमा क्षेत्र में भी होता है।
5. भारतीय बहुभाषिकता संप्रदायपरक है, व्यक्तिपरक नहीं।
6. हिंदी भाषा समुदाय भी बहुभाषिक है क्योंकि इसके पास स्थानीय बोली, क्षेत्रीय बोली, हिंदी की क्षेत्रीय शैली, बोलचाल की हिंदी, परिष्कृत हिंदी का कोड होता है। साथ ही 'उर्दू' और अंग्रेज़ी का, और इनसे मिश्रित हिंदुस्तानी का।

भाषा की आधारभूत इकाई समाज है, आधुनिक भाषाविज्ञान ने यह मत स्थिर कर दिया है। इस मत से यह तथ्य भी प्रमाणित हुआ कि उसकी विभिन्न प्रयोजन सिद्धियों का निर्वाह करने वाली संप्रेषण व्यवस्था समाज की प्रकृति द्वारा ही नियंत्रित होती है। अगर हम समाज को एक इकाई मानें तो उसके द्वारा अपनाई जानेवाली भाषा और भाषा भेद, चाहे वह शैली के स्तर पर हो या भाषा के स्तर पर, उसी सामाजिक व्यवस्था के उपांग माने जाएँगे। सरल शब्दों में यह कहा जा सकता है कि जिस प्रकार व्यक्ति पर्यायवाची शब्दों का चयन विकल्प से करता है उसी

प्रकार चुनाव में वह शैली भेद को भी स्वीकार करता है। और जिस प्रकार वह शैलीभेद को स्वीकार करता है और अपने व्यवहार में ढालता है उसी प्रकार भाषा भेद को भी वह विकल्प से अपनाता है। व्यक्ति की यह भाषिक प्रकृति उसे द्विभाषिक बनने में मदद करती है। भारतीय समाज की यह विशेषता रही है कि वह प्रयोजन सिद्ध भाषा भेद को सहज और स्वाभाविक रूप में मान्यता देता आया है। उदाहरण के लिए पारिवारिक और अत्यंत आत्मीयता के भाव को व्यक्त करने के लिए वह अपनी स्थानीय बोलियों को चुनता है, स्थानीय सामाजिक संदर्भों के निर्वाह के लिए वह जनपदीय भाषा को व्यवहार में लाता है और अंतर्क्षेत्रीय व्यवहार के लिए वह किसी और ही भाषा को माध्यम बनाता है।

द्विभाषिकता और बहुभाषिकता से संबंधित चिंतन ने यह भी स्पष्ट किया कि अगर हमें दूसरे राष्ट्र से संबंध स्थापित करना है, दूसरे समाज के व्यक्तियों से विचार संप्रेषण करना है या सामाजिक-सांस्कृतिक धरातल पर 'अंतर्राष्ट्रीय मानव' की संकल्पना को साकार करना है तो यह आवश्यक होगा कि हम अपनी निजी भाषाई व्यवस्था के दायरे से बाहर निकलें। अपनी निजी भाषा के दायरे में भी अगर हमें औपचारिक-अनौपचारिक संप्रेषण के सभी पक्षों को साधना है तो अपनी मातृभाषा के समस्त अभिव्यक्ति कोडों पर अधिकार अपेक्षित होगा। भारत में बहुभाषिकता आदिकाल से ही सामाजिक यथार्थ के रूप में प्रतिष्ठित रही है। और आज भी हमारा यह मानना है कि 'एकभाषी' होने से कहीं बेहतर है द्विभाषी होना।

(ग) कोड मिश्रण और कोड परिवर्तन

आधुनिक भाषाविज्ञान में किसी 'भाषा' या किसी भाषा के भिन्न रूपों को 'कोड' कहा गया है। कोड की संकल्पना इसलिए सामने आई कि इसके द्वारा भाषा, बोली, शैलियों और मिश्रित रूपों को बिना किसी भ्रम के नाम दिया जा सके। साथ ही यह एक ऐसा शब्द है जिसे बिना किसी भावात्मक राग-द्वेष के प्रयोग में लाया जा सकता है। 'भाषा', 'बोली', 'शैली' जैसे नाम हमारे भीतर भावना का प्रसार करते हैं जिसके कारण इन्हें तटस्थ होकर देख पाना हमारे लिए संभव नहीं हो पाता। इस दृष्टि से 'कोड' एक तटस्थ पारिभाषिक शब्द है जो संप्रेषण की उस किसी भी व्यवस्था को इंगित कर सकता है जिसमें दो या दो से अधिक व्यक्ति सम्मिलित हैं।

सामान्य रूप से एक ही भाषा बोलते समय भी हम विभिन्न व्यावहारिक कोडों का चयन करते हैं यह बात और है कि हमारा ध्यान इस चयन प्रक्रिया की ओर नहीं जा पाता जबकि किसी विशेष स्थिति या संदर्भ में हम किसी विशेष (उपयुक्त) कोड का चयन निरंतर करते रहते हैं। आधुनिक भाषाविज्ञान ने यह जानने की कोशिश की कि कोई व्यक्ति एक कोड के स्थान पर दूसरे कोड का

प्रयोग कब और क्यों करता है? पहली जानकारी यह है और दूसरी जानकारी यह मिली कि जो व्यक्ति दो कोडों का विकल्पवत चयन करने की क्षमता रखता है द्विभाषिक है और वह इन दोनों कोडों में मिश्रण करके एक तीसरे कोड को जन्म देता है।

कोड चयन, कोड मिश्रण और कोड परिवर्तन की संकल्पना पर आधुनिक भाषाविज्ञान में व्यापक चर्चा मिलती है। ये तीनों संकल्पनाएँ 'संप्रेषण' का मूल घटक हैं अतः एकभाषिक, द्विभाषिक और बहुभाषिक स्थितियों में कोड मिश्रण और कोड परिवर्तन के भिन्न-भिन्न संदर्भों, कारणों और स्थितियों पर तथा इनके कारण निर्मित भाषा के विविध रूपों पर ध्यान दिया गया, इनका विवेचन किया गया। ऐसा करने से ही इन तीनों भाषिक प्रक्रियाओं को भाषा संपर्क और संप्रेषण प्रक्रिया के एक अनिवार्य अंग के रूप में मान्यता मिली।

इस विवेचन से यह भी स्पष्ट हुआ कि दोनों कोडों के बीच 'किसी भी' प्रकार का या मनमाना मिश्रण समाज स्वीकार नहीं करता। और यह भी कि जिन दो भाषाओं के बीच मिश्रण और परिवर्तन होता है उन दोनों का उस भाषा समाज की संप्रेषण व्यवस्था में महत्वपूर्ण स्थान होता है। उदाहरण के लिए भारत में हिंदी और अंग्रेज़ी अथवा भारतीय भाषाओं और अंग्रेज़ी के बीच कोड मिश्रण की जो स्थिति है, उसके कई कारण हैं। इस प्रकार के मिश्रण भाषाओं के परस्पर लंबे संपर्क के कारण उत्पन्न होते हैं। दोनों भाषाओं में क्रमशः गहरा संबंध निर्मित होता है, ये एक-दूसरे को प्रभावित करते हैं और एक नियम के अनुसार इनमें मिश्रण की प्रक्रिया भाषिक इकाइयों के विभिन्न स्तरों पर दिखाई देने लगती है।

व्यक्ति जब अपनी मातृभाषा के अतिरिक्त अन्य भाषाएँ भी जानता है और उनका निरंतर प्रयोग भी करता है तो बातचीत के दौरान अपनी मातृभाषा के साँचों में अन्य भाषाओं की इकाइयों (जैसे संज्ञा, विशेषण, क्रिया पद आदि) का सहज रूप में प्रयोग करने लगता है। भारतीय भाषाओं के बोलने वाले अपनी मातृभाषा में बोलते समय भी अंग्रेज़ी भाषा की इकाइयों का प्रयोग बीच-बीच में करते हैं। इसी तरह हिंदी भाषी मानक हिंदी बोलते-बोलते बोलियों का प्रयोग करते भी सुने जाते हैं। हिंदी-अंग्रेज़ी कोड-मिश्रण का एक उदाहरण देखें—

रमेश : चार, मार्च आ गया। अब तक रिजल्ट नहीं निकला। इतना लेट तो कभी नहीं हुआ।

नारायण : यूनिवर्सिटी को स्टूडेंट्स के यूचर से क्या लेना-देना भाई।

रमेश : पर कब तक चलेगा यह! अगले एग्जाम कब होंगे, कब एडमीशन होगा?

अंग्रेज़ी शब्दावली के कोड-मिश्रण के पीछे हिंदी भाषा-समुदाय की प्रवृत्तियाँ दिखाई देती हैं। एक तो अंग्रेज़ी के सामान्य शब्दों की स्वीकृति एवं उनका प्रचलन।

दूसरे अपनी भाषा में कुछ संकल्पनाओं के लिए शब्दों का न होना जैसे किताब इशू कराना, सोर्स न होना, नाइट सूट, फर्नीचर, सेंटर टेबुल आदि। तीसरे अपनी भाषा के वर्जित या अश्लील शब्दों के प्रयोग से बचने के लिए जैसे—लैट्रिन, बटक, बाथरूम, लूज मोशंस आदि।

सैद्धांतिक धरातल पर कोड मिश्रण भाषा के चार स्तरों पर होता है—इकाई के स्तर पर, वाक्य के स्तर पर, मुहावरे के स्तर पर और इकाई संकरता के स्तर पर। हिंदी और बोली में इकाई मिश्रण के स्तर पर क्रिया शब्दों में अगोरना, जोहना, अटना, पियराना, लतियाना, नेवतना, खटना जैसे ढेरों प्रयोग मिलते हैं। अन्य इकाइयों के स्तर पर भी निकली जाता है, किरिया खाया, ईसब, कौनों ठीक नहीं है जैसे प्रयोग आम हैं। सामाजिक पद के स्तर पर भी गारी-गोरा (देने लगा) चउका-बासन (करते हैं), बिनल बिनावल (रखा है) जैसे प्रयोग स्वीकृत हैं। रूपात्मक स्तर पर सूत जाओ (सो जाओ), जरूरे पहुँचेंगे (जरूर ही पहुँचेंगे), थोड़ों लेकर आती है (थोड़े ही), भगवानै नहीं सुनता (भगवान ही) अति प्रयुक्त मिश्रण संदर्भ हैं। बोली-मिश्रण में स्थानीय शब्दावली का प्रयोग सर्वाधिक होता है। इन शब्दों के मिश्रण से हिंदी का क्षेत्रीय या आंचलिक रूप बनता है, जैसे नाखून के लिए नह, कपड़ा के लिए लुग्गा, बैंगन के लिए भंटा, निवास के लिए डेरा, डंडा के लिए गोजी, नल के लिए कल, धूप के लिए घाम आदि। साहित्य में भी इन शब्दों का प्रयोग होता है तथा सुसंस्कृत प्रयोक्ता इनका शैलीगत विकल्प के रूप में प्रयोग करता है।

कोड-मिश्रण में कुछ प्रतिबंध भी होते हैं। यह प्रतिबंध ही कोड-मिश्रण की संकल्पना को सामाजिक प्रयोग के नियम से बाँधता है। कुछ उदाहरण हम यह देख सकते हैं—

1. एक भाषा के वाक्य में दूसरी भाषा का उपवाक्य मान्य नहीं है : वह लड़का, हूम यू मेट यस्टरडे, फेल हो गया।

2. एक भाषा के दो वाक्यों के बीच दूसरी भाषा का संयोजक मान्य नहीं है : मैं पढ़ना चाहता था बट नहीं पढ़ सका।

3. एक भाषा के उपवाक्य के बाद दूसरी भाषा के उपवाक्य में समुच्चय बोधक दूसरी भाषा का ही होना चाहिए : कल तुम समय से नहीं आए देन आई विल टर्न यू आइट (मान्य), कल तुम समय से नहीं आए तो आई विलटर्न यू आइट (अमान्य)

4. हिंदी के वाक्यों में अंग्रेज़ी के निर्धारक, क्रमसूचक, संख्यासूचक का प्रयोग अमान्य है : दैट आदमी मूर्ख है, फर्स्ट लड़का अच्छा है, फाइव छात्र अनुपस्थित हैं।

इन प्रतिबंधों से यह स्पष्ट होता है कि कोड मिश्रण परिवर्तन के लिए कुछ

निश्चित भाषिक स्थितियाँ होती हैं जिनमें कोड-1-कोड-2 का मिश्रण किया जाता है। इन भाषिक स्थितियों के अनुरूप ही आधुनिक हिंदी कथा-साहित्य में हमें अंग्रेज़ी-हिंदी कोड मिश्रण के समस्त रूप दिखाई देने लगे हैं। कथा साहित्य के साथ-साथ हिंदी पत्रकारिता, खासकर विज्ञापनों में अंग्रेज़ी-हिंदी कोड-मिश्रण हिंदी भाषा समुदाय द्वारा एक सामान्य घटना बन चुका है। यह भी एक रोचक तथ्य है कि पिछले कुछ वर्षों से भारत की अंग्रेज़ी पत्रकारिता में भी हिंदी कोड मिश्रण की प्रवृत्ति बढ़ी है। यह इस बात का प्रमाण है कि अंग्रेज़ी पत्रकारिता भी संप्रेषण के समुचित लक्ष्य की प्राप्ति के लिए हिंदी के प्रयोग द्वारा एक नए कोड के निर्माण से हिचक नहीं रही है। 'इंडिया टुडे' और 'फिल्मफेयर' जैसी लब्ध प्रतिष्ठित पत्रिकाओं से कुछ उदहारण देखें–

1. आई बिकेम तगड़ा, आई डोंट हैव एनी घमंड।
2. फॉर हिज़ खानदानी इज्जत।
3. आलवेज़ ड्रेस्ड इन सीधा पल्लू कॉटन साड़ी।
4. शी जस्ट टेक्स द नॉर्मल दाल, चावल एंड सब्जी।
5. आई डू नॉट वांट यूनिट वालाज टु से यह भी दूसरों जैसा निकला।
6. अच्छा, तो यू आर टॉकिंग एबाउट शाहिद, बहुत होशियार हैं आप लोग।

फैंसी कपड़ों, कारों, सौंदर्य प्रसाधनों आदि के विज्ञापनों में भी कोड-मिश्रण और कोड परिवर्तन की यह प्रवृत्ति बढ़ती जा रही है जहाँ रोमन लिपि में लिखकर हिंदी प्रयोग से मिश्रित अंग्रेज़ी का एक अलग ही स्वरूप बनता जा रहा है। अंग्रेज़ी अखबारों के समाचारों में भी अब यह प्रवृत्ति दिखाई देने लगी है। इन प्रवृत्तियों ने अब एक और स्थिति को भी जन्म दिया है–समाचारों में नेताओं आदि के हिंदी कथन को रोमन लिपि में लिखकर कोष्ठक में उसका अंग्रेज़ी अनुवाद देना आज की अंग्रेज़ी पत्रकारिता ने स्वीकार कर लिया है।

इन चर्चाओं से यह साफ पता चलता है कि किसी भी भाषा-समाज में दो या दो से अधिक कोडों की प्रयोग दक्षता रखने वाला समूह अपने व्यवहार में दोनों कोडों के मिले-जुले रूप का प्रयोग करने लगता है। टी.वी. के अधिकांश कार्यक्रमों में हिंदी-अंग्रेज़ी कोड-मिश्रण की अनेक प्रविधियाँ अपनाई जा रही हैं। भाषा की 'शुद्धता' का समर्थक वर्ग इसे हिंदी भाषा का अपमान और अवनति मानकर देख रहा है। यदि हम इसे भाषा-संपर्क और भाषा-विकास के व्यापक परिप्रेक्ष्य में देखें तो यह एक स्वाभाविक प्रक्रिया है। अवमिश्रण से भाषाएँ भ्रष्ट नहीं होती हैं, उनकी अभिव्यंजना शक्ति बढ़ती है। भाषा के संदर्भ में भी यह सच है कि प्रगति चक्र को पीछे नहीं धकेला जा सकता। आधुनिक भाषाविज्ञान की दृष्टि में कोड मिश्रण एक बहुत ही महत्वपूर्ण भाषिक क्रिया है। इस दृष्टि से देखें तो हिंदी भाषा समाज एक विशिष्ट प्रकार का समाज है। इसके एक छोर पर ग्रामीण बोलियाँ हैं, दूसरे

छोर पर इसके शैली भेद और तीसरे छोर पर विदेशी भाषा होते हुए भी इसे सर्वाधिक प्रभावित करता है अंग्रेज़ी भाषा का प्रयोग। स्वाभाविक है कि इन सबके बीच परस्पर कोड मिश्रण और कोड परिवर्तन की प्रक्रिया चलती रहती है। इस प्रकार किसी भी बहुभाषी समाज में ये दोनों प्रक्रियाएँ वाक्-प्रयोग के आंतरिक घटक के रूप में कार्य करती हैं। ये प्रक्रियाएँ संबद्ध भाषा समाज की ग्रहणशील और उदार प्रकृति का स्वतः प्रमाण हैं, वह समाज जो अपनी भाषा को आदान (बोरोइंग) द्वारा समृद्ध ही नहीं बनाता बल्कि उसे अपना अंग भी बनाता है। जब स्थानीय व्यवहार, संप्रेषणीयता और दैनिक आचरण के लिए किसी भाषा समाज में एक से अधिक भाषाओं/बोलियों का प्रयोग सहज स्वीकृत हो जाता है तब वह समाज संदर्भ, स्थिति और प्रयोग क्षेत्र (डोमेन) की जरूरत के अनुसार इन्हें मिश्रित-परिवर्तित करते हुए संप्रेषण के नए-नए कोड रचने लगता है।

आज का भाषाविज्ञान यह मानता है कि इन दोनों संकल्पनाओं का यदि किसी विशेष भाषा-समुदाय के संदर्भ में अनुप्रयोग किया जाए तो हमें कई बातों का पता चल सकता है। भाषा संपर्क, समुदाय के भाषा विकल्पों, इन विकल्पों की सामाजिक उपादेयता, व्यावहारिक धरातल पर विकल्पों (कोडों) की ऐतिहासिक संबद्धता आदि इनमें से कुछ खास बाते हैं। ये दोनों प्रक्रियाएँ यह भी बता पाती हैं कि विभिन्न विकल्पों का उस भाषा-समुदाय के निश्चित वर्गों में प्रयोगत वितरण किस श्रेणी और किस स्तर का है। कहा जाए कि बहुभाषी समाज के संदर्भ में ये दोनों संकल्पनाएँ मिल-जुलकर चलने के भाषिक यथार्थ को जानने-बूझने का समाज भाषिक रास्ता हैं।

(घ) पिजिन और क्रियोल

भाषा-संपर्क (लैंग्वेज कांटेक्ट) के परिणामस्वरूप ही 'पिजिन' और 'क्रियोल' जैसी संकल्पनाएँ आधुनिक भाषाविज्ञान में आई हैं। जब किसी भाषा-समुदाय की प्रकृति बहुभाषिक होती है और एक से अधिक भाषा-समुदाय एक साथ रहने लगते हैं तब पिजिन भाषा रूप के निर्माण की स्थिति पैदा होती है। आर्थिक और सामाजिक कारणों से एक लंबे अर्से तक एक ही भौगोलिक क्षेत्र में रहते हुए आपसी संपर्क के लिए दोनों ही समुदाय किसी सहज और परस्पर संप्रेषणीय भाषा रूप की जरूरत महसूस करने लगते हैं। संपर्क में आने वाले समुदायों की अपनी-अपनी भाषाएँ व्याकरणिक जटिलता से युक्त और नियमों में बँधी होती हैं। पर दोनों समुदाय एक-दूसरे से कटे-कटे नहीं रहना चाहते, ऐसे में वे अपनी-अपनी भाषाओं की परिशुद्धता के मोह तथा भाषा अहं को त्याग कर पिजिन (सामान्य भाषा रूप) के निर्माण की ओर उद्यत होते हैं। इस प्रकार सहज संप्रेषणीय भाषा रूप की पूर्ति के लिए दोनों समुदाय अपनी-अपनी भाषा का सरलीकरण करके भाषा-1 और

भाषा-2 में अवमिश्रण की प्रक्रिया द्वारा एक ऐसे भाषा रूप को जन्म देते हैं जिसका बिना किसी बंधन के दोनों प्रयोग कर सकें। यहाँ संप्रेषणीयता महत्वपूर्ण होती है, व्याकरणिकता नहीं अपनी भाषा के प्रति मोहमाया छोड़कर, उसका गुरूर त्याग कर आपस में जुड़ने के लिए ऐसी भाषिक प्रक्रिया का उदाहरण मिलना मुश्किल है।

यह भाषिक-प्रक्रिया ही 'पिजिन' की व्युत्पत्ति का कारण बनती है। 'पिजिन' समाज और भाषा के अन्योन्याश्रित संबंधों को निरूपित करने वाला एक सरल भाषा रूप है जो यह प्रमाणित करता है कि सामाजिक आवश्यकता भाषाओं की जटिलता को भी तोड़ देती है। और यह भी कि संपर्क में आनेवाले भाषा-समुदाय अपनी भाषाओं के व्याकरणिक मोह को छोड़कर एक मिश्रित भाषा रूप को निर्मित करने और उसका प्रयोग करने को कमर कस लेते हैं। इससे यह भी सिद्ध होता है कि भाषा-समुदाय के लिए भाषा की नियमबद्धता या व्याकरणिकता से अधिक महत्व बोधगम्यता और संप्रेषणीयता का होता है।

प्रसिद्ध भाषावैज्ञानिक हॉल (1966) ने यह कहा है कि 'आपसी संपर्क में आने वाले समुदाय जब एक-दूसरे की भाषा सीखने या उसमें अभिव्यक्ति क्षमता हासिल करने में असमर्थता महसूस करते हैं तब उन्हें पिजिन रूप की आवश्यकता पड़ती है। पिजिन में दोनों भाषा समुदायों की भाषाओं की भाषिक विशेषताएँ मिली हुई रहती हैं।' इनमें से एक भाषा के भाषाई तत्व (विशेषकर शब्दावली) बड़ी मात्रा में रहते हैं। इस भाषा को प्रमुख या ऊर्ध्वमुखी (डॉमिनेंट) कहा गया है। पिजिन के संदर्भ में इस भाषा को स्रोत भाषा, मूल भाषा, आधार भाषा भी कहा गया है। इसकी तुलना में दूसरी भाषा गौण या अधोमुखी (इनफीरियर) होती है। यह दूसरी भाषा सामान्यतः देशीय भाषा होती है। इस दृष्टि से हिंदी और भारतीय भाषाओं के कुछ प्रमुख पिजिन रूपों को देखा जा सकता है जहाँ हिंदी आधार भाषा है तथा भारतीय भाषाएँ गौण भाषाएँ हैं। कहने का तात्पर्य यह है कि इन पिजिन रूपों में मूल भाषिक तत्व हिंदी के हैं तथा परिवर्तित तत्व अन्य भाषाओं के हैं–

(क) हिंदी + बंगला + भोजपुरी = भाषा-1 = हिंदी = भाषा-2 = बंगला, भाषा-3 = भोजपुरी (कलकतिया हिंदी)

(ख) हिंदी + तेलुगु + दक्खिनी = भाषा-1 = हिंदी, भाषा-2 = तेलुगु, भाषा-3 = दक्खिनी (हैदराबाद हिंदी)

(ग) हिंदी + मराठी = भाषा-1 = हिंदी, भाषा-2 = मराठी (बंबइया हिंदी)

पिजिन का जन्म दो समुदायों के संपर्कगत संप्रेषण के लिए होता है अतः इसे सहायक संपर्क अवभाषा (आंग्ज़िलरी कांटेक्ट वर्नाकुलर) नाम भी दिया गया है। पिजिन को सामान्य भाषा का संक्षिप्त (रिड्यूस्ड) विकल्प या प्रकार भी कहा जाता है। कई विद्वान इसे अपभ्रष्ट भाषा रूप भी मानते हैं। पर आधुनिक भाषाविज्ञान किसी भी संप्रेषणपरक भाषा रूप को निकृष्ट या हीन नहीं मानता अतः उसके लिए

पिजिन, भाषा अध्ययन का एक महत्वपूर्ण घटक है। आज का भाषाविज्ञान पिजिन और क्रियोल दोनों भाषारूपों को भ्रष्ट (करप्ट) और निकृष्ट (डीजनरेटेड) मान कर नहीं, सीमित संप्रेषण के लिए संरचित भाषा रूप मानकर देखता और इन्हें मान देता है। और इसी रूप में वह पिजिन की संरचनात्मक स्थितियों पर विचार करता है। उसका यह मत है कि क्योंकि पिजिन का जन्म दोनों भाषाओं के आम प्रयोक्ता की सामाजिक आवश्यकताओं की पूर्ति के लिए होता है अतः इसकी निर्माण प्रक्रिया के दो स्तर होते हैं—सरलीकरण तथा मिश्रण अथवा संकरण। पिजिन के संरचनात्मक धरातल को आधुनिक भाषाविज्ञान ने चार चरणों में बाँट कर देखा है—

(क) भाषा का साधारणीकरण : रूप रचना को सीमित करना, वाक्य और व्याकरणिक संरचना को सरल बनाना,

(ख) ध्वन्यात्मक विकल्पों को महत्व देना : भाषा-1 और भाषा-2 के उच्चारण को अधिक स्वीकृति देना,

(ग) पिजिन के प्रकार्यों को सीमित करना : अनौपचारिक बातचीत में प्रमुखता के साथ प्रयोग करना तथा औपचारिक वार्तालाप तथा साहित्य लेखन में इसे वर्जित करना, और

(घ) स्थानीय भाषाओं, भाषारूपों, बोलियों से शब्द और अभिव्यक्तियाँ ग्रहण करना।

बंबइया हिंदी में 'अपन' का प्रयोग सरलीकरण का उदाहरण है। मैं, मेरा, मेरी, मेरे, मुझ, मुझे की जटिल प्रयोग स्थितियाँ इसने समाप्त कर दी हैं। इसी तरह 'मंगता' के प्रयोग ने 'चाहिए', 'चाहता' के संरचनात्मक भेदों को खत्म कर दिया है। इसीलिए बंबइया हिंदी में बड़ी आसानी से कहा जा सकता है—'अपन/अपुन कूँ चा नईं मंगता'। इस वाक्य में कूँ, चा, नईं को ध्वन्यात्मक विकल्प के नमूने माना जा सकता है। हाथ-हात, झूठ-झूट, सेठ-शेट आदि भी ध्वनि के सरलीकरण का उदाहरण है। स्थानीय भाषा से अनेक शब्द बंबइया हिंदी में आ गए हैं—पगार, बूम, आई आदि। 'कहना' और 'बोलना' दोनों के स्थान पर 'बोलना' का ही प्रयोग, 'दिखाना' के स्थान पर 'बताना' का प्रयोग को स्थानीय भाषा के आधार पर किया गया व्याकरणिक परिवर्तन कहा जा सकता है। लूँगा-लेऊँगा, दूँगा-देऊँगा में हिंदी के 'करूँगा' 'आऊँगा' के सादृश्य सरलीकरण है। कहने की आवश्यकता नहीं कि हिंदी फिल्मों ने इस बंबइया हिंदी पिजिन रूप को खासा लोकप्रिय बना दिया है। अमिताभ बच्चन से लेकर आमिर खान तक इसे जम कर बोल चुके हैं। बंबइया हिंदी में 'मुरदाघर' (जगदंबा प्रसाद दीक्षित) जैसा चर्चित उपन्यास भी लिखा जा चुका है।

'क्रियोल' पिजिन का ही स्थिर रूप है। पिजिन बोलने वाले जब कालक्रम में (दो-तीन पीढ़ी बाद) अपनी मातृभाषा को छोड़कर पिजिन को ही अपनी मातृभाषा

स्वीकार कर लेते हैं और 'पिजिन' के लिए जो प्रयोग क्षेत्र-सीमा निर्धारित की गई थी वह टूटने लगती है तो कोई 'पिजिन', 'क्रियोल' बन जाता है। पिजिन का निर्माण 'पिजिनीकरण की प्रक्रिया' (सरलीकरण, मिश्रण, संकरण) द्वारा होता है और क्रियोल का 'क्रियोलीकरण की प्रक्रिया' द्वारा जिसके चार चरण हैं–

1. इसमें रूप रचना और वाक्य रचना का विस्तार होता है।
2. ध्वन्यात्मक विकल्पों को नियमित किया जाता है।
3. विभिन्न पद्धतियों से शब्द विस्तार किया जाता है।
4. क्रियोल का प्रयोग क्षेत्र विकसित किया जाता है।

यह भी कहा जा सकता है कि क्रियोलीकरण की प्रक्रिया द्वारा पिजिन अपने दायरे को विस्तृत कर लेती है और तब 'पिजिन' रूप सामान्य या प्राकृतिक भाषा की कोटि में आ जाता है। अब यह दोनों समुदायों के समस्त भाषा प्रकार्यों को पूरा करने लगता है। इसे सरकारी मान्यता भी मिल जाती है। शिक्षा की माध्यम भाषा के रूप में भी इसे अपनाया जाने लगता है। संचार-माध्यम इसका प्रयोग करने लगते हैं और इसमें साहित्य सृजन भी होने लगता है इस प्रकार 'क्रियोल' क्रमशः अपने भाषाई समाज की संस्कृति की संवाहिका भाषा बन जाती है। बंबइया हिंदी अब क्रियोल के रूप में अपना स्थान बना चुकी है। आधुनिक भाषाविज्ञान में पिजिन और क्रियोल के भेदों पर जो विस्तृत चर्चा मिलती है उसे संक्षेप में इस प्रकार समझा जा सकता है।

1. पिजिन के प्रयोक्ताओं की मूल भाषाएँ (मातृभाषा) कुछ और होती है। क्रियोल के बोलने वालों की मूल या मातृभाषा वही होती है।
2. क्रियोल का एक निश्चित भाषा समुदाय होता है, पिजिन का नहीं।
3. क्रियोल का अपना सुनिश्चित भाषा क्षेत्र होता है, पिजिन का नहीं।
4. पिजिन रूप को सामाजिक प्रतिष्ठा नहीं मिल पाती, क्रियोल को मिल जाती है।
5. पिजिन के मानकीकरण के यत्न नहीं किए जाते, क्रियोल का मानकीकरण किया जाता है।
6. पिजिन की व्यवस्थित शिक्षा देने की आवश्यकता प्रयोक्ता महसूस नहीं करते, क्रियोल को शिक्षा क्रम में स्थान दिलवाने का वे भरपूर प्रयास करते हैं।
7. पिजिन कोई सुनिश्चित भाषा नहीं होती, क्रियोल होती है।
8. मॉरीशस, फीजी, त्रिनिदाद आदि देशों में (जहाँ आप्रवासी भारतीय कई पीढ़ियों से बसे हुए हैं) वहाँ की भाषाओं और भारतीय भाषाओं तथा हिंदी की बोलियों (खासकर भोजपुरी) के अवमिश्रण से कई पिजिन रूप बने। आज ये सब इन देशों में क्रियोल के रूप में स्वीकृत और प्रतिष्ठित हैं।

(च) भाषाद्वैत

भाषाद्वैत एक विशेष प्रकार की भाषा स्थिति है। इस स्थिति में एक ही भाषा के दो रूप साथ-साथ पूरे समुदाय में प्रचलित रहते हैं। यह भी विशेष बात है कि संबद्ध भाषा-समाज की संप्रेषण व्यवस्था में दोनों रूप भिन्न-भिन्न भूमिकाएँ निभाते हैं या इनका प्रयोग भाषा-समाज नितांत भिन्न स्थिति-संदर्भों में करता है। एक ही भाषा समुदाय में एक ही भाषा के दो रूपों के समानांतर प्रयोग की इस स्थिति को प्रसिद्ध भाषा वैज्ञानिक फर्ग्यूसन (1972) ने 'डायग्लासिया' की अवधारणा द्वारा विवेचित किया है। 'भाषाद्वैत' भी भाषा, बोली, शैली के समान ही समाज संदर्भित भाषा रूप के अध्ययन को संभव बनाने वाली संकल्पना है।

यह संकल्पना स्थायी भाषा परिस्थिति को जन्म देती है, अर्थात् दोनों भाषा रूप, जिन्हें हम भूमिका या प्रकार्य की दृष्टि से उच्च रूप (हाई वेराइटी) और निम्न रूप (लो वेराइटी) कह सकते हैं, उस भाषा समाज में परिपूरक प्रयोग में बँटे होते हैं। कहने का तात्पर्य यह है कि जिन स्थिति-संदर्भों में एक रूप का प्रयोग किया जाता है, उनमें दूसरे रूप का प्रयोग वर्जित होता है। 'उच्च' और 'निम्न' का विभाजन भाषाविदों ने सुविधा के लिए किया है। एक भाषिक स्थिति में भाषा के दो रूपों (कोडों) का विवेचन जरूरी भी था।

भारत की बहुभाषिक स्थिति में दो कोडों का प्रयोग सामान्य बात है। पर भाषाद्वैत की स्थिति यहाँ तीन भाषाओं—तमिल, तेलुगु और बंगला में दिखाई देती है, इन भाषाओं के उच्च और निम्न रूप के क्रमशः चेंतमिल-पेच्चू तमिल, व्यवाहारिक तेलुगु-ग्रंथिका तेलुगु, साधु बंगला-चलित बंगला नाम इन भाषा समुदायों में प्रचलित हैं। आधुनिक भाषाविज्ञान ने किसी भाषा-समाज में भाषाद्वैत की स्थिति के उत्पन्न होने के कुछ कारणों की भी चर्चा की है। इनमें प्रमुख हैं—(1) इस समुदाय के एक भाषा रूप में इस तरह का साहित्य उपलब्ध होता है, जो पूरे समुदाय के आधारभूत मूल्यों और सांस्कृतिक तत्वों को समेटे रहता है, (2) इस प्रकार के समुदायों के साक्षरता और शिक्षा की उपलब्धता आभिजात्य वर्ग के लिए ही अधिक होती है तथा (3) इस प्रकार के भाषा समुदायों में वर्ग-विभाजन को कड़ाई के साथ देखा जाता है तथा शिष्ट अथवा साहित्यिक भाषा को आम लोगों की भाषा से दूर रखने का सायास प्रयत्न भी किया जाता है।

भाषाद्वैत वाले भाषा-समाज इस स्थिति को भाषा-समस्या के रूप में नहीं, सामाजिक संप्रेषण के एक सहज और जरूरी परिणाम के रूप में देखते हैं। समाज की इस मानसिकता में परिवर्तन बहुत कम होता है। परिवर्तन की संभावना तभी बनती है जब समुदाय की साक्षरता दर तीव्र गति से बढ़ने लगती है, समुदाय के भिन्न वर्गों के बीच आर्थिक, भावात्मक, विचारधारा संबंधी, प्रशासनिक संबंध बनने

लगते हैं और जब समुदाय निम्न रूप को एक पूर्ण भाषा बना कर उसे हर दृष्टि से स्वायत्त और सशक्त बनाने को कटिबद्ध होता है। परिवर्तन की यह प्रवृत्ति और इच्छा हमें आधुनिक युग में तेलुगु भाषा समुदाय में दिखाई देती है जब गुरजाड़ा अप्पाराव और वीरेशलिंगम पंतुलु ने जनभाषा व्यावहारिक तेलुगु को साहित्यिक अभिव्यक्ति की भाषा बनाने का आंदोलन छेड़ा था।

भाषाद्वैत की स्थिति को हर कोण से समझने के लिए अलग-अलग भाषाविदों ने इसकी अलग-अलग विशेषताओं पर विचार किया है। इन्हें मिला कर संक्षेप में हम भी समझ लें—

1. प्रकार्य : भाषाद्वैत की प्रमुख विशेषता यह है कि समाज में दोनों रूपों के प्रकार्य निश्चित होते हैं। इतने निश्चित कि इनकी भूमिकाओं में अतिव्यापन एकदम नहीं होता, बल्कि भिन्न प्रकार्य के लिए उच्च या निम्न रूप में से उपयुक्त रूप का चयन किया जाता है। भाषाद्वैत की स्थिति को अपनाने वाला समाज यह भली-भाँति जानता है किन परिस्थितियों में उच्च रूप का और किन में निम्न रूप का प्रयोग उपयुक्त होगा। पूजा-पाठ, पत्र-लेखन, भाषण, समाचार प्रसारण, समाचार लेखन, संपादकीय, कविता आदि में उच्च रूप का ही चयन किया जाता है। इसके विपरीत मित्रों से या परिवार में बातचीत, राजनैतिक व्यंग्य चित्रों के कैप्शन में, नौकर आदि निम्न पद के लोगों से बातचीत आदि के लिए निम्न रूप को ही उपयुक्त माना जाता है। सही संदर्भ में सही रूप का प्रयोग औपचारिक बातचीत में करना या उच्च रूप का प्रयोग सामान्य वार्तालाप की स्थिति में करना ऐसे भाषा-समुदायों में स्वीकार्य नहीं होता। यही कारण है कि लोग अखबार तो भाषा के उच्च रूप में पढ़ते हैं और उन पर चर्चा या टीका टिप्पणी भाषा के निम्न रूप में करते हैं। साहित्य लेखन में तो उच्च रूप को ही स्वीकृत मिलती है। कभी-कभी निम्न रूप में भी साहित्य रचा जाता है पर वास्तविक साहित्य उच्च रूप में सृजित साहित्य को माना जाता है तथा उच्च रूप के साहित्य को ही आलोचना और साहित्य चर्चा में जगह दी जाती है।

2. प्रतिष्ठा : ऊपर की चर्चा से भी स्पष्ट है कि भाषा-समाज उच्च रूप को जितनी प्रतिष्ठा देता है उतनी निम्न रूप को नहीं। कभी-कभी तो भाषा-समाज की यह धारणा भी बनती दिखाई देती है कि उच्च रूप ही वास्तविक भाषा है, और निम्न रूप उपेक्षणीय है। निम्न रूप के प्रति इतनी कठोर धारणा न भी हो तो सामान्यतः समाज की यह मान्यता तो होती ही है कि भाषा का उच्च रूप कहीं अधिक तर्कसम्मत, सुगठित, व्याकरणसम्मत और हर प्रकार के भावों-विचारों को अभिव्यक्त कर पाने में सक्षम होता है। यह धारणा उन लोगों तक में संक्रमित हो जाती है जो उच्च रूप पर बहुत अधिकार नहीं रखते। समाज में उच्च रूप की प्रतिष्ठा का एक कारण यह भी है कि वे इसे धर्म, साहित्य और संस्कृति की

अभिव्यक्ति का माध्यम भाषा-रूप मान कर देखते हैं।

3. साहित्य परंपरा : इसमें संदेह नहीं कि भाषाद्वैत वाले समाजों का अधिकांश साहित्य उच्च रूप में ही रचा जाता है। यह साहित्य पूरे भाषा समुदाय के लिए गौरव की वस्तु होता है। आधुनिक साहित्य भी उच्च रूप में ही लिखा जाता है अतः समाज उच्च रूप को ही अपनी साहित्यिक परंपरा की भाषा मानने लगता है। पुराने साहित्य का भाषा-प्रयोग देख कर नए रचनाकार उस पुराने साहित्यिक भाषा रूपों, शब्दों, अभिव्यक्तियों, संरचनाओं, मुहावरों को अपनाने लगते हैं जो सामाजिक भाषा-प्रयोग से छँट चुके हैं या अलग किए जा चुके हैं। इस प्रकार आधुनिक साहित्य की भाषा में सामान्य भाषा से दूर जाने की प्रवृत्ति बढ़ती है और वह पुरानी भाषा के निकट जाने लगती है। इस प्रवृत्ति को ही 'नियोक्लासिज़्म' कहा गया है। अतः यह कहा जा सकता है कि साहित्य परंपरा की भाषा के रूप में उच्च रूप को ही समाज पूरी मान्यता देता है, बार-बार इस रूप की ओर लौटना चाहता है।

4. अर्जन : भाषाद्वैत की स्थिति में निम्न रूप का अर्जन उसी तरह सहज प्रक्रिया से होता है, जिस तरह किसी भी 'मातृभाषा' का। भाषाद्वैत वाले समाज के बच्चे उच्च रूप को यदा-कदा सुनते जरूर हैं पर इस रूप का वास्तविक अर्जन उन्हें औपचारिक शिक्षा द्वारा ही हो पाता है। यह भी कहा जा सकता है कि सामान्य प्रयोक्ता निम्न रूप का प्रयोग करते समय सहजता का अनुभव करता है, क्योंकि इसका अर्जन वह प्रथम भाषा की तरह स्वाभाविक परिवेश में करता है जबकि उच्च भाषा रूप उसके लिए इतना सहज नहीं हो पाता। निम्न भाषा रूप जैसी व्यावहारिक या संप्रेषणपरक क्षमता भी वह उच्च भाषा रूप में अर्जित नहीं कर पाता। निम्न रूप की व्याकरणिक संरचना लोग व्याकरणिक संकल्पनाओं के दबाव के बिना अर्जित कर लेते है। जबकि उच्च रूप का व्याकरण 'नियम' और 'प्रतिमान' की चर्चा के बिना वे नहीं सीख पाते।

5. मानकीकरण : वैसे तो किसी भी भाषा को परिभाषित करने में उस भाषा के उच्च रूप (मानक) की व्याकरणिकता को व्याख्यायित करने की परंपरा रही है। व्याकरण लेखन, कोश-निर्माण, उच्चारण, शैली-भेद आदि की जो चर्चा की जाती है उसका आधार सामान्यतः भाषा का उच्च रूप ही होता है। मानक उच्चारण, सही शब्द चयन, शुद्ध भाषा की कसौटी उच्च रूप की संरचना के परिप्रेक्ष्य में ही तय की जाती है। अतः भाषाविद्, शिक्षाशास्त्री, पत्रकार और लेखक आदि उच्च रूप को ही भाषा का मानकीकृत ढाँचा मानते हैं। वे यह भी मानते हैं कि निम्न रूप के क्योंकि अनेक विकल्प होते हैं अतः उसके व्याकरण, उच्चारण और शब्द समूह का कोई शुद्ध विन्यास बनाया ही नहीं जा सकता।

6. स्थायित्व : सभी भाषाविद् यह मानते हैं कि भाषाद्वैत की स्थिति होती

है और यह स्थिति हजार साल से अधिक समय से अस्तित्व में है। एक ही भाषा के दो रूप पूरे भाषा-समाज की स्वीकृति से बनते-चलते हैं अतः लंबे समय तक इनका समानांतर प्रयोग अनुरक्षित रहता है।

7. व्याकरण : समाज में प्रयुक्त किसी भी भाषा, बोली और भाषा रूप का व्याकरण अवश्य होता है, चाहे वह किसी बड़ी भौगोलिक क्षेत्र में फैले समुदाय की भाषा हो या थोड़े से लोगों और सीमित क्षेत्र का कोई वाक् रूप। उच्च और निम्न रूप के व्याकरण में कई स्तरों पर उल्लेखनीय भेद होते हैं, पर व्याकरण दोनों का होता है। इन दोनों में क्रिया रूप, शब्द क्रम, कारक, लिंग-वचन व्यवस्था, निपात आदि के स्तर पर मिलने वाले अंतरों के उल्लिखित भारतीय भाषाओं (तमिल, तेलुगु, बंगला) को लेकर अध्ययन भी किए गए हैं। यह कहा जा सकता है कि भाषाद्वैत की स्थिति में दोनों भाषा रूपों की व्याकरणिक संरचना में गहरे भेद होते हैं। यह भी पाया
गया है कि निम्न रूप का व्याकरण उच्च रूप की तुलना में 'सरल' या 'सरलीकृत' होता है।

भाषाद्वैत की स्थिति भाषा की संपन्नता को दर्शाता है। भाषा और भाषा रूपों के प्रति जागरूक समाजों में ही यह अनोखी 'द्विभाषिकता' पाई जाती है। इस प्रकार के समाज में उच्च रूप के समर्थक यह मानते हैं कि इस रूप को इसलिए महत्व देना या अपनाए रखना चाहिए क्योंकि यह भाषा रूप समाज के गौरवशाली अतीत को व्यक्त करने तथा छोटे-छोटे समूहों को जोड़ने का काम करता है। निम्न रूप के समर्थक इसे इसलिए महत्व देने या अपनाने के लिए कहते हैं क्योंकि यह जमीन से जुड़ा हुआ भाषा रूप है। वे मानते हैं कि इस भाषा रूप के भीतर आम लोगों के विचार और भावनाएँ रची-बसी होती हैं। वे यह भी कहते हैं कि निम्न रूप शिक्षा संबंधी समस्याओं को कम करता है क्योंकि उच्च रूप को औपचारिक ढंग से सीखने के पहले ही लोग निम्न रूप सीख चुके होते हैं। वे यह भी कहते हैं कि निम्न रूप हर प्रकार के संप्रेषण का प्रभावी माध्यम होता है, उच्च रूप में यह बहुस्तरीय प्रभावशीलता नहीं होती। मुहावरों, लोकोक्तियों का भंडार निम्न रूप के पास ही होता है और आधुनिक देशों के लेखक भी इस बात पर जोर दे रहे हैं कि 'जिस तरह तू बोलता है, उस तरह तू लिख', अतः निम्न रूप को कमतर आँकना भूल होगी।

विवरणात्मक भाषाविज्ञान को भाषाद्वैत की संकल्पना ने नया मोड़ दिया है। एक ही समाज-सांस्कृतिक विधान में दो भाषा-रूपों के प्रकार्यों को, इस संकल्पना द्वारा ही देखा जा सका। 'मानक' और 'बोलचाल' की भाषा के अध्ययन को भी इस संकल्पना ने नई दिशा दी। एककालिक और कालक्रमिक दोनों ही धरातलों पर किसी भाषा और भाषा-समुदाय के अध्ययन की इस संकल्पना में अनंत

संभावनाएँ छिपी हैं। अब तो इन दोनों रूपों के अवमिश्रण की संभावनाओं पर भी चर्चा हो रही है तथा 'द्विभाषिकता' और 'भाषाद्वैत' के मेलजोल पर भी। उदाहरण के लिए तमिल-तेलुगु द्विभाषिक के पास दो नहीं, चार कोड होने की संभावना भी हो सकती है। हिंदी के संदर्भ में हिंदी-उर्दू-हिंदुस्तानी की स्थिति को भी भाषाद्वैत की पृष्ठभूमि में देखते हुए कुछ भारतीय भाषा वैज्ञानिकों ने इसे 'ट्रायग्लासिया' नाम देकर समझने-समझाने की कोशिश भी की है।

(छ) अधिशासी और अधिशासित भाषाएँ

किसी अन्य भाषा-समुदाय के बीच रहकर सामाजिक दबाव की अधिकता या कमी के कारण भाषा अनुरक्षण (मेंटेनेंस) और भाषा परिवर्तन (शिट) की स्थिति दिखाई देती है। पिछले कुछ वर्षों में इन दोनों भाषिक स्थितियों को लेकर दुनियाभर में अनेक अध्ययन किए गए हैं। इन दोनों स्थितियों का संबंध भी भाषा संपर्क से है। जब कोई भाषा समुदाय किसी दूसरे भाषा समुदाय के संपर्क में आता है तो उसके सदस्य द्विभाषिक बनते हैं। यह एक भाषाई सच्चाई है कि इन दो भाषाओं में से कोई एक भाषा सामाजिक धरातल पर दूसरी की तुलना में अधिक शक्तिशाली या सुविधा-संपन्न होती है। इस दृष्टि से संपर्क में आनेवाली दोनों भाषाओं को क्रमशः अधिशासी (डॉमिनेंट) और अधिशासित (सेकेंडरी) भाषा कहा गया है।

अधिशासी भाषा, समाज में अधिक शक्तिशाली और प्रभुतासंपन्न होती है क्योंकि शिक्षा की माध्यम भाषा के रूप में, साहित्य लेखन में, प्रशासन में इसी भाषा का प्रयोग किया जाता है। धार्मिक प्रोक्ति, मनोरंजन के साधनों और जनसंचार माध्यमों में भी यही भाषा प्रमुखता पाती है। उदाहरण के लिए हिंदी भाषा समुदाय के लिए हिंदी भाषा अधिशासी भाषा है जबकि उसकी बोलियाँ अधिशासित भाषाएँ हैं। यही कारण है कि हिंदी भाषा समाज का बोली भाषी अपने बृहत्तर सामाजिक संपर्क और कार्यकलाप के लिए हिंदी को अपनी मातृभाषा स्वीकारता है और हिंदी की क्षेत्रीय बोलियाँ अपनी अस्मिता (आइडेंटिटी) की स्थापना हिंदी के माध्यम से करती हैं।

आज के सिमटते जा रहे विश्व और विस्तृत होते भाषाई संपर्कों के कारण भाषा अनुरक्षण और विस्थापन की अनेक स्थितियाँ उत्पन्न हुई हैं। आज पूरी दुनिया में कई ऐसे भाषा समुदाय हैं जो शिक्षा, नौकरी, व्यवसाय आदि के लिए एकदम अनजान भाषा समुदायों के साथ रहने के लिए मजबूर हैं। इन्हें प्रवासी (माइग्रेंट) भाषा समुदाय कहा जाता है। इन भाषा समुदायों की जनसंख्या निश्चित ही मूल भाषा समुदाय के सदस्यों की तुलना में अत्यल्प होती है और अधिशासी भाषा इन पर बहुविध दबाव डालती है। ऐसे सामाजिक परिवेश में इनके लिए प्रत्येक स्थिति, संदर्भ और प्रयोजन में अपनी मातृभाषा को अनुरक्षित रख पाना कठिन सिद्ध होता

है। शुरुआत में यह प्रयत्न भी करते हैं पर कुछ पीढ़ियों के बाद ये अपनी भाषा का अनुरक्षण नहीं कर पाते अर्थात् अपनी भाषा से पूरी तरह विस्थापित हो जाते हैं। अमेरिका और यूरोप में कई ऐसे अल्पसंख्यक समुदाय हैं जिनकी अपनी भाषाएँ सामाजिक, आर्थिक और राजनैतिक दृष्टि से कमजोर हैं। अतः उन्हें उस देश की भाषा या अंग्रेज़ी की ओर मुड़ना पड़ता है और इनमें भाषा-परिवर्तन की प्रक्रिया अपनी स्वाभाविक गति से शुरू हो जाती है। अमेरिका में बसे विस्थापित भाषा-समाजों के जो अध्ययन हुए हैं, वे यह बताते हैं कि उनके संप्रेषण का एकमात्र माध्यम अब उनकी मातृभाषा नहीं, दत्तक भाषा अंग्रेज़ी है। इस स्थिति को 'पूर्ण विस्थापन' (टोटल शिट) कहा गया है--जब विस्थापितों के लिए दत्तक भाषा ही मातृभाषावत् काम करने लगती है।

दूसरी स्थिति में पूर्ण विस्थापन नहीं हो पाता क्योंकि अल्पसंख्यक समुदाय अपनी भाषा और संस्कृति के प्रति अतिरिक्त जागरूक होता है और इनके लिए संघर्ष करने को भी तैयार रहता है। इस दृष्टि से हम ब्रिटेन और अमेरिका में बसे पंजाबी भाषा-समुदाय को देख सकते हैं। घर में वह पंजाबी ही बोलता है और अपने रहन-सहन, रीति-रिवाज को पूरी तरह अनुरक्षित रखता है। इसीलिए आधुनिक भाषाविज्ञान में भाषा अनुरक्षण के संदर्भ में सांस्कृतिक अनुरक्षण की इच्छा को महत्वपूर्ण घटक माना गया है। सांस्कृतिक अनुरक्षण की प्रवृत्ति समुदाय की जातीय चेतना तथा सांस्कृतिक जड़ों में उनके विश्वास को पुष्ट करती है। यह तो सच ही है कि भाषा का संबंध जातीय एवं सांस्कृतिक परिवेश से अत्यंत गहरा होता है। अतः सांस्कृतिक अनुरक्षण प्रवासी समुदाय की भाषाई अस्मिता को भी बचाए रख पाता है।

इसका तात्पर्य यह है कि कई भाषा-समुदाय प्रवासी या अल्पसंख्यक रूप में विस्थापित होकर भी भाषिक और सांस्कृतिक अनुरक्षण करने का यत्न करते हैं। यह स्थिति भारत के भीतर भी देखी ज़ा सकती है। दिल्ली में बसने वाले दक्षिण भारतीय समुदाय के बच्चे परिवार में अपनी मातृभाषा का ही प्रयोग करते हैं। एक-दूसरे से वे अपनी भाषा बोलते हैं। सिर्फ बाहरी व्यवहार जैसे नौकरी, बाजार आदि में ही वे अधिशासी भाषा हिंदी को अपनाते हैं। इतना ही नहीं, कोई भी भारतीय समुदाय किसी दूसरे भाषा समुदाय के बीच रह कर भी अपनी सांस्कृतिक अस्मिता को बनाए रखता है। मंदिर निर्माण, नृत्य-संगीत मंच का गठन, अखबार-पत्रिका प्रकाशन करके वे संस्कृति अनुरक्षण के रास्ते तलाशते हैं। यह भी कहा जा सकता है कि भारत में भाषा-अनुरक्षण की स्थिति सहज है। भारतीय बहुभाषिकता अप्रतिस्पर्धी (नॉन-कंपीटिंग) और अ-प्रतिकूल (नॉन-कांफिलक्टिंग) है। अतः अपने भाषा क्षेत्र से छिटक कर भी भाषा-समुदाय का एक पैर अपनी भाषा और संस्कृति की जमीन पर टिका रहता है। भारत की इस खास भाषाई स्थिति को प्रसिद्ध समाज

भाषावैज्ञानिक पी.बी. पंडित (1977) ने इन शब्दों में व्यक्त किया है–'यूरोप तथा अमेरिका में दूसरी पीढ़ी अधिशासी वर्ग की भाषा के पक्ष में अपनी भाषा को त्याग देती है। भाषा विस्थापन वहाँ का प्रतिमान है। भाषा अनुरक्षण एक अपवाद। भारतीय संदर्भ में भाषा-अनुरक्षण एक प्रतिमान है और भाषा-विस्थापन एक अपवाद। 'भाषाओं का अनुरक्षण क्यों होता है', अमेरिकी समाजशास्त्री इस जिज्ञासा से अपनी बात शुरू करते हैं, जबकि भारतीय भाषाविद् इस जिज्ञासा से अपना अध्ययन शुरू करते हैं कि 'लोग अपनी भाषा का त्याग क्यों करते हैं?' पिछले तीन-चार दशकों में भाषा विज्ञान के अंतर्गत इन दोनों संकल्पनाओं से संबंधित अध्ययन को काफी महत्व मिला है। इस महत्व की मूल वजह है भिन्न भाषाओं के बीच बढ़ता संपर्क और दूसरे कि इन अध्ययनों के माध्यम से अनेक समाज भाषिक तथ्यों का पता चलता है–

1. कोई व्यक्ति या समूह अन्य भाषा सीखने के लिए प्रेरित क्यों होता है?
2. अन्य भाषा (द्वितीय/विदेशी) के रूप में किसी अधिशासी भाषा की क्या भूमिकाएँ होती हैं?
3. विस्थापित या अल्पसंख्यक समुदाय अपनी भाषा और बहुसंख्यक भाषा के बीच कोडमिश्रण और कोड परिवर्तन को कैसे साधता है?
4. वह अपनी मातृभाषा की तुलना में बहुसंख्यक भाषा को कितना महत्व देता है?
5. अपनी मातृभाषा के प्रति उसकी अभिवृत्ति (एटीट्यूड) क्या है?
6. उसकी मातृभाषा में बहुसंख्यक भाषा का किस अनुपात में स्वतः मिश्रण होता है?
7. लिखित और मौखिक संप्रेषण में वह भाषा-1 और भाषा-2 को कब और कितना महत्व देता है?
8. किन प्रयोग क्षेत्रों में वह भाषा-1 का और किन में भाषा-2 का प्रयोग करता है, और क्यों?
9. अपनी भाषा के प्रति उसका भावात्मक लगाव कितना और किस स्तर का है?
10. भाषा के साथ-साथ सामाजिक-सांस्कृतिक अनुरक्षण को किन-किन रूपों-दिशाओं में प्रोत्साहित करता है?

इस प्रकार इन दोनों संकल्पनाओं के माध्यम से भिन्न प्रकार के भाषाई यथार्थों का परिवेश, समाज और संस्कृतियों के एकीकरण के रूप में अध्ययन किया जा सकता है। साथ ही दोनों समुदायों द्वारा अपनाई जाने वाली नीतियों का विवेचन भी किया जा सकता है। भाषा अनुरक्षण-परिवर्तन की चार नीतियों पर शर्मन हार्न ने विचार किया है–

1. समीकरणवादी नीति : जब कोई अल्पसंख्यक वर्ग अपनी सांस्कृतिक विशेषताओं को छोड़कर अधिशासी वर्ग की जीवन-पद्धति अपना लेता है।

2. अनेकतावादी नीति : जब बहुसंख्यक समुदाय में अल्पसंख्यक वर्ग को अपनी भाषाई और सांस्कृतिक अस्मिता बनाए रखने की छूट होती है।

3. पृथकतावादी नीति : जब भिन्न युक्तियाँ अपनाते हुए अल्पसंख्यक वर्ग भाषिक और सांस्कृतिक दोनों स्तरों पर अपनी स्वतंत्र अस्मिता बचाए रखता है।

4. उग्रवादी नीति : जब अल्पसंख्यक वर्ग अधिशासी वर्ग पर अपना अधिकार जताने का प्रयास करता है। इसके लिए वह बहुसंख्यक वर्ग के साथ संघर्ष करने में भी नहीं चूकता।

भारत में इस तरह के भाषा अध्ययन की अनंत संभावनाएँ हैं। कुछ ठोस अध्ययन किए भी गए हैं—गुजरात में अनेक पीढ़ियों से बसे मराठी भाषियों (पी. बी.पंडित), दिल्ली में बसे पंजाबी और बंगाली भाषियों (अदिति मुखर्जी), दिल्ली में बसे कश्मीरियों (आर.मोहन), दिल्ली में बसे कन्नड़ भाषियों (सत्यनाथ) इसी तरह के कुछ अध्ययन हैं। विश्वविद्यालयों के भाषा-विभाग इस तरह के शोध की ओर पीठ किए बैठे हैं। घिसे-पिटे विषयों में ही उनकी आस्था है। जबकि ये अध्ययन भाषा-संपर्क को परिभाषित कर सकते हैं। दोनों संकल्पनाएँ आधुनिकीकरण की देन हैं, यह सिद्ध हो सकता है, इनसे अल्पसंख्यक समुदायों की अपनी महान परंपरा में आश्वस्ति को प्रमाणित किया जा सकता है और यह भी कि भारत का प्रत्येक भाषा/बोली समुदाय एक विशिष्ट संस्कृति का प्रतीक है। यह महत्वपूर्ण तथ्य भी उभारा जा सकता है कि भारत में बहुसंख्यक समाज की भाषा को सीखना या उसका प्रयोग करना, मूल प्रश्न नहीं है। मूल प्रश्न यह है कि अल्पसंख्यक समुदाय अपनी सामाजिक अस्मिता की भाषा का अनुरक्षण कैसे और किस विधि से कर पाएगा? इन दोनों संकल्पनाओं के अध्ययन से भाषा समुदायों के विस्तारीकरण पर भी प्रकाश डाला जा सकता है और विदेशियों के लिए इस अकल्पनीय 'भारतीय सत्य' पर भी कि भारत में भाषाई संपर्क और अपने भाषा-क्षेत्र से विस्थापन (माइग्रेशन) पूर्ण भाषा परिवर्तन को जन्म नहीं दे पाता क्योंकि भारतीय बहुभाषिकता सह-अस्तित्व और सहिष्णुता की भावना के साथ ही स्थिर और प्रचलित है।

(ज) मानकीकरण और आधुनिकीकरण

मानक भाषा और मानकीकरण की प्रक्रिया को 'सामान्य भाषा' के संदर्भ के बिना नहीं समझा जा सकता है। इसमें कोई शक ही नहीं है कि किसी भी भाषा-समाज के अधिसंख्यक सदस्य सामान्य भाषा के प्रयोग से ही बँधे होते हैं। सामान्य भाषा ही आम लोगों के रोज़मर्रा के विचार-विनिमय के काम में आती है। इस पर कोई व्याकरणिक दबाव नहीं होता क्योंकि यह व्यापक व्यावहारिक भाषा होती है। जो

जैसा चाहे बोले। इसीलिए सामान्य भाषा कभी और कहीं भी एकरूपी नहीं होती। कभी इस पर बोलियों का प्रभाव होता है, कभी प्रयोक्ता के शैक्षिक स्तर का और कभी उसके सामाजिक वर्ग भेद का। हम यह भी कह सकते हैं कि वह साहित्यिक भाषा से अलग और शास्त्रीय भाषा से भिन्न होती है। एक तरह से यह 'बोलचाल' की भाषा होती है, अतः प्रयोगगत विविधता इसका प्रमुख लक्षण है। पर इस बात में तनिक भी संदेह नहीं कि इसमें हर प्रकार के अभिव्यक्तिपरक संदर्भों को प्रकट करने की क्षमता होती है। यही वजह है कि साहित्यिक और शास्त्रीय भाषा, सामान्य भाषा के ही दो परिष्कृत रूप हैं और मानक भाषा भी सामान्य भाषा का ही मानकीकृत या आदर्शीकृत व्यवस्थाबद्ध रूप है।

आधुनिक भाषाविज्ञान ने आज यह सिद्ध कर दिया है कि सामान्य भाषा ही मानक या साहित्य भाषा के निर्धारण और विकास का आधार होती है। यह भी विचार अब सर्वमान्य हो चुका है कि सामान्य भाषा के किसी रूप की सामाजिक स्वीकार्यता ही उसे मानक बनाती है। इस प्रकार 'मानक' की संकल्पना एक सामाजिक संकल्पना है। इस संकल्पना को भलीभाँति समझने के लिए भाषाभेद (लैंग्वेज वेरिएशन) की स्थिति को समझना जरूरी है। किसी भी भाषा-समाज में सामाजिक और सांस्कृतिक कारणों के प्रभाव से ही भाषा की विविध बोलियाँ, उपभाषा रूप तथा प्रकार्यात्मक भेद दिखाई देते हैं। इनमें से ही किसी एक भाषा रूप को उस भाषा-समुदाय के सदस्य 'मानक' या 'आदर्श' भाषा के रूप में चुनते हैं और उसका विकास परिनिष्ठि भाषा के रूप में प्रारंभ हो जाता है। उदाहरण के लिए हम 'मानक हिंदी' के कोड चयन और विकास को देख सकते हैं। परिनिष्ठित हिंदी का विकास 'खड़ी बोली' (सामान्य भाषा) को आधार बना कर किया गया है। इस प्रकार कि हिंदी भाषा समुदाय के सभी सदस्य इसे समान ढंग से प्रयोग में ला सकें और जो सामाजिक प्रतिष्ठा की भाषा बन कर सभी के द्वारा स्वीकार की जा सके।

इस सामान्य से मानक बनने की प्रक्रिया को 'मानकीकरण की प्रक्रिया' कहा गया है। इस प्रक्रिया में 'मानक' के लिए चयनित भाषा रूप की ध्वनि व्यवस्था, वर्तनी व्यवस्था, शब्द समूह, व्याकरण आदि का स्वरूप निश्चित या स्थिर किया जाता है। हिंदी के संदर्भ में मानकीकरण की यह प्रक्रिया हमें द्विवेदी युग में उभर कर दिखाई देती है, जब हिंदी भाषा को पूर्वी-पश्चिमी प्रभावों से मुक्त करते हुए उसके मानक स्वरूप के निर्माण का प्रयास किया गया। इस प्रयास में महावीर प्रसाद द्विवेदी द्वारा संपादित पत्रिका 'सरस्वती' का योगदान सर्वाधिक महत्वपूर्ण है। द्विवेदी जी की प्रेरणा से ही रामचंद्र वर्मा (अच्छी हिंदी), कामता प्रसाद गुरु (हिंदी व्याकरण) और किशोरी दास वाजपेयी (शब्दानुशासन) जैसे लोगों ने मानक हिंदी के रूप निर्धारण के लिए अथक प्रयत्न किए। इन सभी ने बल देकर कहा कि मानक

के निर्धारण से वैविध्य के प्रयोग की गुंजाइश बहुत कम हो जाती है और बोलने-लिखने के लिए लोग भाषा के सुनिश्चित या सही रूप का प्रयोग करना सीखते हैं। अब उनके प्रयोग बोलीगत न होकर अबोलीगत होने लगते हैं। द्विवेदी युग में ही पहिले ही (पहले ही), आठ बेर (आठ बार), कहा चालते हैं (कहना चाहते हैं), लों (तक), सो (इसलिए), दर्बार (दरबार) जैसे अनेक प्रयोग मानकीकृत किए गए। इनकी सीमा उच्चारण, वर्तनी, व्याकरण, कोश तक विस्तृत थी अर्थात् इन सभी स्तरों पर एकरूपता का लक्ष्य सिद्ध किया गया।

इस चर्चा के बाद अब हम मानक भाषा की एक ठोस परिभाषा दे सकते हैं–'मानक भाषा, भाषा का वह सुव्यवस्थित रूप है जो बृहत् भाषा समुदाय द्वारा स्वीकृत हो, जो भाषा समुदाय के लिए प्रतिष्ठा का विषय हो तथा जो उसके लिए प्रतिमान का काम करे।' इस परिभाषा के साथ ही अब हम मानक भाषा से आबद्ध कुछ भाषा वैज्ञानिक तथ्यों पर भी विचार कर सकते हैं। जैसे कि कोई भी भाषा जब मानकीकृत होती है तो उसका सीमित प्रयोग क्षेत्र विस्तृत हो जाता है क्योंकि मानक बनने के बाद वह 'क्षेत्रीय' नहीं रह जाती, 'अक्षेत्रीय' हो जाती है। और यह भी कि मानक भाषा रूप ही आगे चल कर संबद्ध भाषा समाज की साहित्यिक, सांस्कृतिक और बौद्धिक अभिव्यक्ति का माध्यम बनता है और समुदाय के शिक्षित व्यक्तियों की औपचारिक मौखिक अभिव्यक्ति का भी। साथ ही यह भी कि मानक भाषा का आधार कोई क्षेत्रीय बोली या उपभाषा ही होती है। मानकीकरण के कारण इसके समानांतर चलने वाली बोलियाँ/भाषारूप इसकी अधीनस्थ बोलियाँ बन जाती हैं। हिंदी का उदाहरण हमारे सामने है। मानक बनने के बाद 'खड़ी बोली' के समानांतर चलने वाली बोलियाँ इसकी अधीनस्थ बोलियाँ बन गईं और इन्हें बोलने वाले समूहों ने हिंदी को ही अपनी मातृभाषा और अपनी अस्मिता की भाषा के रूप में स्वीकार कर लिया।

भाषाविज्ञान में हमें रूप संबंध और प्रकार्य संबंधी मानकीकरण की चर्चा प्रमुख रूप से मिलती है। रूप संबंधी मानकीकरण में व्याकरण से च्युत प्रयोगों को वर्गीकृत किया जाता है। मैंने गया–मैं गया, मैं खाना खाया–मैंने खाना खाया, मेरे को दिल्ली जाना है–मुझे दिल्ली जाना है–में पहले प्रयोग अमानक और दूसरे मानक हैं। यहाँ अमानकता व्याकरण विरुद्ध प्रयोग के कारण है। मुझे लौकता नहीं–मुझे दीखता नहीं, उनकी ओर ताको–उनकी ओर देखो के पहले प्रयोगों की अमानकता क्षेत्रीय प्रभाव के कारण मानी जाएगी क्योंकि मानक भाषा में समाज स्वीकृत मानक शब्दों का प्रयोग ही मानक माना जाता है क्षेत्रीय शब्दों का नहीं। इसी तरह उच्चारण के स्तर पर कहना-केहना, छिप्-क-ली - छि-पक्कली में पहले प्रयोगों को मानक माना जाएगा। भारत सरकार ने देवनागरी लिपि और वर्तनी का मानकीकरण करके मानक-अमानक प्रयोग के सिद्धांत निर्धारित किए हैं। प्रकार्य संबंधी मानकीकरण

का संबंध प्रयुक्तियों के मानकीकरण (एकरूपता) से है। उदाहरण के लिए प्रशासनिक हिंदी की पारिभाषिक शब्दावली, अभिव्यक्तियों और वाक्य रचना का निर्धारण किया गया ताकि भारत सरकार के सभी कार्यालयों में (भारत भर में) इनका एकरूप प्रयोग सुनिश्चित किया जा सके।

मानक भाषा और मानकीकरण की प्रक्रिया को 'लेखन' से जोड़ कर भी देखा गया है। इन विद्वानों का यह मानना है कि मानक भाषा की विकास-प्रक्रिया को लेखन से मापा जा सकता है और यह भी कि मानक भाषा की प्रयोजनीयता लिखित अभिव्यक्ति से ज्यादा संबद्ध है। इस कोटि के विद्वानों में क्लास (1971) का नाम प्रमुख हैं जिन्होंने भाषा विकास के चरण निर्धारित करते हुए लेखन के माध्यम से भाषा के मानकीकरण के स्तरों पर चर्चा की है—

1. विकास के प्रथम चरण में भाषा का प्रयोग लोक साहित्य और हास्य-व्यंग्य की रचना के लिए किया जाता है।
2. दूसरे चरण पर इसमें सामान्य गद्य का सृजन होता है जिसके अंतर्गत सरस कहानियाँ, आम विषयों पर लेख तथा घटनाओं आदि के सामान्य विवरण लिखे जाते हैं।
3. तीसरे चरण पर इसमें सामान्य गीतों (छंदबद्ध) की रचना होती है, ऐसे गीत जिन्हें गाया जा सके।
4. चौथे चरण पर इसमें परिमार्जित या गंभीर गद्य की रचना होती है।
5. पाँचवें चरण पर इसमें वैज्ञानिक और तकनीकी विषयों पर भी लिखा जाने लगता है और वह शासन की भाषा के रूप में भी स्थिर होने लगती है।
6. मानकीकरण के अंतिम चरण में इस भाषा के वाङ्मय का देश-विदेश की अन्य भाषाओं में अनुवाद होने लगता है।

सामान्य भाषा से मानक भाषा बनने की प्रक्रिया को 'लेखन' के माध्यम से भी मापा जा सकता है और यह कहा जा सकता है कि हिंदी सहित सभी प्रमुख भारतीय भाषाएँ लेखन के इन सभी चरणों को पार कर चुकी हैं, अर्थात् वे पूर्णतः मानक भाषाएँ हैं।

जिस तरह समाज अपनी आवश्यकता के लिए सामान्य भाषा को मानक रूप में ढालता है उसी तरह वह मानक भाषा को आधुनिक भाषा के रूप में संगठित करता है। जिस तरह सामान्य भाषा बहुरूपी होकर कई जरूरी सामाजिक प्रयोजनों को पूरा करने में असमर्थ हो जाती है उसी तरह मानक भाषा भी समाज की कई आधुनिक जरूरतों की पूर्ति नहीं कर पाती। ऐसी स्थिति में मानक भाषा पर आधुनिकीकरण की प्रक्रिया लागू करके कोई भाषा समाज मानक भाषा को आधुनिक भाषा में रूपांतरित करता है। मानक भाषा की शक्ति और उसकी जीवंतता तभी

प्रमाणित होता है जब वह व्यवहार के सभी संदर्भों में अपना प्रयोग-सामर्थ्य सिद्ध कर सके। स्वतंत्रता के बाद मानक हिंदी के सामने ज्ञान-विज्ञान, तकनीकी, प्रशासन, पत्रकारिता आदि के इतने नए-नए प्रयोग-क्षेत्र उभरे जिसके लिए उसे सूक्ष्म और व्यापक अभिव्यक्ति की भाषा के रूप में विकास पाना था। यह विकास आधुनिकीकरण की प्रक्रिया द्वारा ही संभव था। हिंदी के संदर्भ में यह प्रक्रिया आज भी जारी है क्योंकि आधुनिक विश्व में नित नए प्रयोग क्षेत्र सामने आ रहे हैं, और एक समर्थ भाषा होने के कारण हिंदी को इन्हें अभिव्यक्त करने की शक्ति अपने में पैदा करनी है।

भाषा के इस संदर्भगत और विषयगत प्रयोग को ही प्रयोजनमूलक भाषा या विशिष्ट प्रयोजनों की भाषा कहा गया है। इस संदर्भ में हिंदी के उदाहरण लें तो कार्यालय-हिंदी में देख लें, सूचित किया जाता है, तत्काल, आवश्यक, गोपनीय जैसे विशिष्ट प्रयोग मिलते हैं। बाजार समाचार की हिंदी को चाँदी लुढ़की, सोना उछला, दाल नरम, बाजार तेज जैसे प्रयोग खास बनाते हैं तो विज्ञापन की हिंदी संक्षेपीकरण (कम खर्च अधिक लाभ) और तुकबंदी (सरिता पढ़िए आगे बढ़िए) जैसी युक्तियों से अपने को विशिष्ट बनाती है।

आधुनिकीकरण की प्रक्रिया में अनुवाद और पारिभाषिक शब्दावली की भूमिका प्रमुख होती है। हिंदी की पारिभाषिक शब्दावली अंग्रेज़ी शब्द-समूह के अनुवाद से बनी है जिसमें हिंदी भाषा के शैली-भेद का ध्यान रखा गया है, पुराने अर्थ को नए संदर्भ दिए गए हैं और एक ही शब्द का भिन्न विषय क्षेत्रों में उपयोग के लिए उसे कई अर्थ छवियाँ प्रदान की गई हैं। एक ओर इसमें तत्सम शब्दों को स्वीकारा गया है, जैसे—प्रबंधक, मुख्यालय, प्रशिक्षण, रेखांकित, मानक, अधोहस्ताक्षरी, वेग, गति, परागण आदि। दूसरी ओर संकर शब्द रचना की गई है तो तीसरी ओर लोक प्रचलित शब्दों को जगह दी गई है—गेंदबाज़, नसबंदी, इस्तीफा, भूख हड़ताल, घेराबंदी, घेराव, पथराव, खपत, खाता, बही, कर्ज आदि। शब्द, अभिव्यक्ति और वाक्य वैशिष्ट्य के आधार पर किसी भी आधुनिक संदर्भ में हम हिंदी की स्वरूपगत विशेषता का विवेचन कर सकते हैं। उदाहरण के लिए यहाँ संचार माध्यमों की हिंदी को लें, आधुनिक भाषा के रूप में जिसकी विशेषताएँ हैं—

(1) सहजता और संप्रेषणीयता, (2) तकनीकी, (3) प्रभावशीलता (जैसे शीर्ष पंक्ति का पैनापन), (4) भाषा प्रवाह (मिश्रित शैली का प्रयोग जो जनभाषा के निकट है) (5) संक्षिप्तियों का व्यापक प्रयोग (जैसे इंका, दक्षेस, भाजपा), (6) कर्मवाच्य का प्रयोग (पाया गया है, टीम बनाई गई, भेजा गया), (7) समाचार प्रारंभ करने वाली खास अभिव्यक्तियाँ (सूचना मिली है, ज्ञात हुआ है, बताया जाता है,—का कहना है)।

मानक और आधुनिक भाषा और इस चर्चा में सम्मिलित उनके समस्त प्रकार्यों

के संबंध में गार्विन (1975) का यह कथन अंत में उद्धृत करना जरूरी समझता हूँ—'मानक और आधुनिक भाषा के ये सभी प्रकार्य और रूप भाषा समुदाय की सांस्कृतिक और सामाजिक अभिवृत्तियों को विकसित करते हैं। एकतावादी (एकरूपता) प्रकार्यों से समुदाय की भाषा-निष्ठा दृढ़ होती है। निष्ठा से भाषा को समाज में प्रतिष्ठा मिलती है। प्रतिष्ठा से गौरव बढ़ता है और प्रतिमान (मानक) के निर्वाह से भाषा-समाज में जागरूकता का अभ्युदय होता है।'

(झ) भाषा नियोजन

आधुनिक भाषाविज्ञान ने 'भाषा नियोजन' को नियोजन का ही एक प्रकार माना है। 1957 में प्रसिद्ध भाषावैज्ञानिक वाइनराइख ने कोलंबिया यूनिवर्सिटी में 'भाषा नियोजन' संगोष्ठी की थी। पहली बार यहीं इस शब्द और संकल्पना का प्रयोग हुआ। हॉगेन (1979) पहले भाषाविद् हैं जिन्होंने इस संकल्पना के सैद्धांतिक और व्यावहारिक दोनों पक्षों पर जम कर विचार किया। भाषा-नियोजन के लक्ष्य को एक पंक्ति में बताया जा सकता है कि वह भाषा-समस्याओं के संभव समाधानों पर अपना ध्यान केंद्रित करता है। अर्थात् किसी राष्ट्र की भाषा समस्या का समाधान वह उस देश की भाषाई स्थिति का विवेचन करने के बाद देने का प्रयास करता है।

आज के विश्व में भाषाई समस्याएँ केवल भारत जैसे विकासशील देशों में ही नहीं हैं। अमेरिका, कनाडा, ब्रिटेन जैसे विकसित देश भी गंभीर भाषाई समस्याओं से जूझ रहे हैं। इन समस्याओं के समाधान में सजग प्रशासनिक प्रयास जरूरी होते हैं। इस दृष्टि से भाषा नियोजन एक ऐसा क्षेत्र भी है जो राज्य शासन के भीतर प्रयोग में आने वाले कोडों की संरचना और उनके प्रकार्यात्मक निर्धारण दोनों पक्षों को पूरा करने के लिए सरकारी प्रयासों का मार्ग प्रशस्त करता है, रास्ता दिखाता है। हम यह भी कह सकते हैं कि भाषा-नियोजन का मुख्य कार्य किसी समाज के उन क्षेत्रों की पहचान करना भी है जिनमें वह भाषा संसाधनों का प्रयोग करना चाहता है।

सहज ढंग से कहें तो भाषा-नियोजन का कार्य और तात्पर्य है किसी देश और समाज की भाषा विषयक समस्याओं के लिए समुचित योजना बनाना तथा उसे क्रियान्वित करना। किसी बहुभाषी देश या समाज के लिए राष्ट्रभाषा या राजभाषा के रूप में किसी एक भाषा का चयन करना, यदि किसी देश या समाज में एकाधिक भाषाओं के बीच संघर्ष हो तो उसका समाधान खोजना, राष्ट्र की जरूरत के अनुसार किसी भाषा का आधुनिकीकरण करना, यदि किसी भाषा का कोई एक सर्वमान्य रूप नहीं है तो उसका मानकीकरण करना तथा शिक्षा में भाषा के निर्धारण संबंधी निर्णय लेना आदि भाषा-नियोजन के प्रमुख कार्य-क्षेत्र हैं।

इन कार्य-क्षेत्रों को ध्यान में रखते हुए यदि हिंदी का उदाहरण लें तो भाषा नियोजन यह निर्णय लेना चाहेगा कि व्यापक संप्रेषण की भाषा के रूप में हिंदी की किस क्षेत्रीय बोली का चयन किया जाए? वह यह भी निर्धारित करना चाहेगा कि स्कूली शिक्षा में हिंदी की किस शैली को प्रोत्साहन दिया जाए? इसके साथ ही वह इस ओर भी विचार करना चाहेगा कि स्कूली शिक्षण में हिंदी, अंग्रेज़ी और क्षेत्रीय भाषा में से किस भाषा को कितना महत्व दिया जाए और क्यों? यदि हम भाषा-नियोजन के मुख्य अभिलक्षणों को समझने का यत्न करें तो बातें और स्पष्ट हो सकेंगी—

1. सुविचारित परिवर्तन : भाषा-नियोजन एक सुविचारित परिवर्तन है। यह स्वचालित प्रक्रिया नहीं है अर्थात् यह अपने-आप नहीं हो पाती, यह एक सचेतन प्रयास है। इसके लिए या तो संस्थाएँ स्थापित की जाती हैं या ऐसे प्रयोजनों को पूरा करने के लिए शासनादेश दिया जाता है। उदाहरण के लिए हिंदी को संघ की राजभाषा के रूप में स्थापित करने के लिए संविधान सभा का गठन किया गया तथा भारत की बहुभाषिक स्थिति को देखते हुए राजभाषा संबंधी अनुच्छेदों और धाराओं की रचना की गई। राजभाषा हिंदी के कार्यान्वयन के लिए गृह मंत्रालय के राजभाषा विभाग, राजभाषा आयोग तथा राजभाषा की संसदीय समिति का गठन किया गया। इसके अतिरिक्त राष्ट्रपति को संविधान ने कई उत्तरदायित्व सौंपे जिन्हें समय-समय पर 'राष्ट्रपति के आदेश' के माध्यम से पूरा किया गया। हिंदी में कामकाज की दिशा तय करने के लिए 'राजभाषा नियम' बनाए गए। राजभाषा के रूप में अंग्रेज़ी को हटा कर स्वतंत्र भारत में हिंदी को संघ की राजभाषा के रूप में सामने लाने की इस पूरी प्रक्रिया को भाषा-नियोजन द्वारा संपन्न सुविचारित परिवर्तन की प्रक्रिया कहा जा सकता है। इसे कुछ विद्वानों ने 'वैधानीकरण की प्रक्रिया' भी कहा है, अर्थात् प्रयोजनीय भाषा के क्रियाकलाप को कानूनी जामा पहनाने की प्रक्रिया।

2. समस्या-समाधान : भाषा-नियोजन का एक बड़ा हिस्सा समस्याओं के समाधान पर केंद्रित होता है। जब किसी राष्ट्र के सामने भाषा-संबंधी कोई समस्या पैदा होती है तो नियोजन द्वारा उसे हल करने का यत्न किया जाता है। भारत में 'शिक्षा में भाषा' का प्रश्न एक बड़ी समस्या है। शिक्षा नीति बनाने वाले इस समस्या से जूझते भी रहे हैं। त्रिभाषा सूत्र इसका एक समाधान था। उच्च शिक्षा में अंग्रेज़ी और मातृभाषा का विकल्प देना तथा यूपीएससी की परीक्षाओं में हिंदी का विकल्प देना। राजभाषा हिंदी का अखिल भारतीय स्तर पर कार्यान्वयन कैसे हो? इस संदर्भ में संघ की राजभाषा हिंदी, क्षेत्रीय भाषा तथा सहराजभाषा अंग्रेज़ी को क्रमशः पहले, दूसरे और तीसरे स्थान पर रख कर प्रयोग करने का नियम भी एक बड़ी समस्या के समाधान की ओर संकेत करता है। कोई भी भाषा समस्या

एक दिन में हल नहीं होती। सुनियोजित क्रियाकलाप प्रयोजनमूलक होते हैं अतः अड़चनें-रुकावटें आती हैं पर भाषा-नियोजन जो समाधान देता है वह भविष्य में थोड़े-बहुत संशोधन-परिवर्धन के साथ अमल में आता ही है।

3. सर्वोत्तम विकल्पों का चयन : भाषा-समाज के पास कई विकल्प होते हैं। राजभाषा हिंदी के चयन के समय भी संविधान सभा में कई विकल्प रखे गए थे। पर नियोजनकर्ताओं ने सर्वोत्तम को, 'देवनागरी में लिखित हिंदी' को चुना। भारत की राष्ट्रीय भाषाओं को सम्मान देने तथा प्रांतीय राजभाषा के रूप में उनकी प्रतिष्ठा के लिए संविधान की आठवीं अनुसूची में चौदह भारतीय भाषाएँ चुन कर रखी गईं, आज इनकी संख्या 22 है। इसी तरह केंद्रीय साहित्य अकादमी ने भी भारतीय भाषाओं का चयन किया। भाषावार प्रांतों के गठन ने सर्वोत्तम विकल्प के चयन के कई मार्ग खोल दिए।

4. भविष्यपरकता : कोई भी नियोजन भविष्य को ध्यान में रखकर किया जाता है। नियोजन करते समय यह ध्यान रखा जाता है कि वर्तमान में लिए गए निर्णय भविष्य में भी उपयोगी बने रहें। दूसरे शब्दों में कहें तो भाषा-नियोजन की प्रक्रिया में भविष्य के लिए वर्तमान में निर्णय लिए जाते हैं। इसलिए भाषा-नियोजन इस प्रकार किया जाता है कि स्थिति के अनुसार भविष्य में उसमें परिवर्तन भी किया जा सके। आठवीं अनुसूची और साहित्य अकादमी की सूची में समय-समय पर भारतीय भाषाओं और हिंदी की बोलियों का जुड़ते जाना इस बात का प्रमाण है।

5. पूर्णतः सामाजिक : भाषा-संबंधी कोई भी निर्णय शून्य में नहीं लिया जा सकता है। भाषा के साथ भाषा-समाज की अभिवृत्ति निरंतर आबद्ध रहती है। अतः भाषा-नियोजन करते समय समाज में निहित भाषाई तथ्यों का पूरा ध्यान रखा जाता है। इसमें आर्थिक, सामाजिक, राजनैतिक परिवर्तनों (वेरिएंट्स) के साथ ही जनसंख्या के मनोविज्ञान तथा उसके हितों की भी अनदेखी नहीं की जाती। राजभाषा हिंदी के स्वरूप पर केंद्रित भारतीय संविधान के अनुच्छेद 351 को देखा जाए तो यह तथ्य स्वतः प्रमाणित हो जाता है। भारत के भाषाई यथार्थ को ध्यान में रखे बिना राजभाषा हिंदी को 'भारत की सामासिक संस्कृति की अभिव्यक्ति की माध्यम भाषा' के रूप में विकसित करने की बात नहीं कही जा सकती थी।

भाषा-नियोजन का एक कार्य संरचनागत समस्याओं का निवारण भी है। इसमें प्रमुख है—मानक भाषा के रूप का निर्धारण (मानकीकरण)। फिशमैन (1976) ने इसे पाँच स्तरों पर पूरा करने का प्रारूप दिया है—

1. व्याकरण की समस्त इकाइयों का मानकीकरण
2. भाषा व्यवहार और भाषा शिक्षण के लिए मानक/अमानक की पहचान
3. भिन्न प्रकार के कोश-निर्माण में मानक और उसके भेदों का संकेत

4. वर्तनी संशोधन और परिवर्तन

5. पारिभाषिक शब्दावली निर्माण और उसका निर्धारण

संप्रति भाषा-नियोजन के दो पक्ष चर्चित हैं - पद नियोजन (स्टेटस प्लानिंग) और सामग्री नियोजन (कॉर्पस प्लानिंग)। चयन का संबंध 'पद' से है तथा पारिभाषिक शब्दावली आदि के निर्माण का सामग्री से। सामग्री नियोजन के माध्यम से ही भाषा का आधुनिकीकरण होता है। आज का भाषा-चिंतन यह मानता है कि आधुनिकीकरण संबंधी नियोजन किसी बहुभाषिक राष्ट्र की सभी भाषाओं में एकरूप ढंग से हो, यह व्यावहारिक स्तर संभव नहीं है। लेकिन भारत जैसे बहुभाषिक और बहुसांस्कृतिक देश ने इस असंभव को संभव करके दिखाया है। यहाँ भाषा नियोजकों (संविधान सभा के सदस्य) ने हिंदी सहित अन्य भारतीय भाषाओं की पद-प्रतिष्ठा के लिए, इनके प्रयोग क्षेत्र के विकास के लिए तथा इन सभी भाषाओं के आधुनिकीकरण के लिए दिशा-निर्देश दिए और कई योजनाएँ बनाई-चलाई। यह सच है कि भारत में और अन्य देशों में भी, भाषा-नियोजन, खासकर 'पदनियोजन' राजनैतिक संदर्भ से मुक्त नहीं होता। भारतीय संविधान की आठवीं अनुसूची में जो भाषाएँ/बोलियाँ बाद में जोड़ी गई हैं उनमें से अधिकांश राजनीति से प्रेरित होकर ही शामिल की गई हैं। इसके बावजूद भारतीय भाषाओं के पद नियोजन का मूलाधार लोक और लोकतंत्र में विश्वास का परिणाम है, यह तो मानना ही पड़ेगा।

पद-नियोजन के बाद सामग्री-नियोजन की प्रक्रिया शुरू होती है। जो भाषाएँ नवीन प्रयोजनों के लिए कभी इस्तेमाल ही नहीं की गईं उन्हें 'आधुनिक भाषा' बनाने के लिए यह प्रक्रिया अपनाई जाती है। सामग्री नियोजन को भाषा उपचार (लैंग्वेज ट्रीटमेंट) और भाषा-संशोधन भी कहा गया है। अपने व्यापक संदर्भ में भाषा-नियोजन समाज में व्याप्त समस्याओं पर दृष्टि रखता है, जैसे—भाषाओं का मानकीकरण, उनका विकास, प्रयोजनमूलक शैली, शिक्षा में भाषा आदि। फिशमैन ने इसीलिए भाषा-नियोजन को 'भाषा समस्याओं का भाषाविज्ञान' भी कहा।

कुल मिलाकर कहें तो भाषा-नियोजन एक समाज भाषावैज्ञानिक प्रक्रिया है, अतः सहज नहीं है। पर जीवंत, समर्थ और प्रयोजनीय भाषाएँ नियोजन की भिन्न प्रक्रियाओं से बँधने को हमेशा तैयार रहती हैं। भाषा-नियोजन, भाषा-विकास और भाषा-संघर्ष जैसी दोधारी तलवार पर चलने वाली प्रक्रिया है, अतः अति संवेदनशील भी है। इसीलिए 'लक्ष्य' और 'सीमा' दोनों को यह प्रक्रिया अपना मापदंड बनाती है।

समाहार

(क) जड़ नहीं है अब भाषाविज्ञान

हम जब भी भाषा या भाषा प्रयोक्ता की चर्चा करते हैं तो हमें यह स्पष्ट दिखाई देता है कि हर भाषा का अपना व्याकरणिक ही नहीं, व्यावहारिक स्वरूप भी होता है। अब तक की गई चर्चा में हमने कई जगह यह इंगित भी किया कि आधुनिक भाषाविज्ञान अब यह स्वीकार कर चुका है कि भाषा का वास्तविक रूपाकार इन व्यावहारिक रूपों के सामंजस्य से ही निर्मित होता है। यह भी कहा जा सकता है कि कोई भी उन्नत मानव भाषा इन व्यावहारिक रूपों के समूह को अपने भीतर समेटे रहती है। भाषा अध्ययन के प्रारंभिक दशकों में भाषाविज्ञान का जोर व्याकरणिक या संरचनात्मक विवेचन पर ही अधिक रहा। भाषा के सामाजिक प्रकार्यों, उसके सांस्कृतिक प्रभावों तथा उसके भिन्न समाज-प्रयुक्त भेदों (वेरिएशंस) के अध्ययन की ओर भाषावैज्ञानिकों का ध्यान काफी बाद में गया और जब गया तो 'भाषा' और 'भाषाविज्ञान' दोनों की सीमाएँ टूट गईं। यदि हम भाषा की मान्य परिभाषा 'भाषा यादृच्छिक ध्वनि प्रतीकों की वह व्यवस्था है जिसके माध्यम से किसी भाषा समुदाय के सदस्य आपस में विचार- विनिमय करते हैं, (ब्लॉक एंड ट्रैगर) को देखें तो यह स्पष्ट होता है कि इसके पहले हिस्से में भाषा को 'व्यवस्था' माना गया है, पर दूसरे भाग में उसके व्यावहारिक पक्ष या उसकी सामाजिक उपादेयता का संकेत भी दिया गया है। यह एक तथ्य है कि भाषाविज्ञान की परिधि में इस परिभाषा का पहला अंश ही लंबे समय तक महत्वपूर्ण बना रहा, अर्थात् उसकी निगाह नियमबद्ध भाषा और उसकी (मानक) संरचना पर ही टिकी रही।

लेकिन आज ऐसे बहुत कम भाषावैज्ञानिक हैं जो भाषा के समाजशास्त्र, उसकी विषयरूपता तथा उसके व्यावहारिक, संप्रेषणपरक, प्रयोजनमूलक भेदों को महत्व न देते हों। भाषा, जड़ नहीं, जीवंत होती है, यह मान्यता आज के भाषाविज्ञान में सर्वस्वीकृत है। भाषा के जो लक्षण आधुनिक भाषाविज्ञान ने निर्धारित किए हैं उनमें भी पहले और दूसरे लक्षण यह हैं कि 'भाषा अर्जित संपत्ति है' तथा 'भाषा

अनुकृत व्यवहार है'। ये दोनों ही लक्षण भाषा की सामाजिकता को तो सिद्ध करते ही हैं, स्थिति-संदर्भ से नियंत्रित उसके अनेकानेक अभिव्यक्त रूपों पर भी प्रकाश डालते हैं जिनके अभाव में कोई भी व्यक्ति, समूह और समुदाय सामाजिक संप्रेषण कर ही नहीं सकता।

अब तो यह बात भी भाषा-चिंतन के केंद्र में है कि सामाजिक व्यक्ति के लिए भाषा केवल व्यवहार की वस्तु नहीं, सामाजिक, सांस्कृतिक संपर्क स्थापित करने का सशक्त एवं एकमात्र माध्यम भी है। और यह भी माना जाने लगा है कि मानव का अनुभव, चिंतन और व्यवहार हमेशा सामाजिक परिप्रेक्ष्य से ही बाधित और नियंत्रित होता है। आधुनिक भाषाविज्ञान ने अब यह भी साफ कर दिया है कि समाज में भाषा और व्यक्ति एक-दूसरे के पूरक हैं तथा भाषा-व्यवहार एक प्रकार का सघन सामाजिक व्यवहार है क्योंकि भाषा, समाज को और समाज, भाषा को तरह-तरह से प्रभावित करते हैं अतः भाषा कभी और कहीं भी एकरूप या जड़वत् नहीं होती, न हो सकती है।

समाज पर पड़ने वाले भाषा के इन प्रभावों को हम कई स्तरों पर देख सकते हैं। उदाहरण के लिए प्रचार और विज्ञापन की भाषा को लें। अभिव्यंजना (भाषा शैली भेद) की दृष्टि से देखें तो दीवारों पर लगे पोस्टर, समाचार-पत्रों की शीर्ष पंक्तियाँ, रेडियो पर प्रसारित प्रचारात्मक संदेश आदि भाषा के ही सशक्त रूप हैं जिनका प्रभाव सामूहिक रूप से व्यक्ति और समाज पर पड़ता है। यह शक्ति भाषा में इसलिए होती है क्योंकि वह स्वयं को सामाजिक जरूरतों के अनुरूप बदलने-बनाने में संकोच नहीं करती। घरेलू जीवन के व्यवहार से लेकर शिक्षा का माध्यम तक भाषा ही होती है और हर स्तर पर उसमें रूपगत भिन्नता निहित रहती है। जड़ रहकर तो कोई भाषा इतने सारे दायित्वों का वह भी इतने प्रभावी ढंग से, निर्वाह कर ही नहीं सकती।

इतना ही नहीं, सामाजिक एवं राष्ट्रीय जागरण में भाषा एक महत्वपूर्ण साधन के रूप में कार्य करती है। इसके लिए वह अपने को क्षण-क्षण बदलती है। पुनर्जागरण युग का हिंदी वाङ्मय इसकी जीती-जागती मिसाल है। फिर, भाषा के माध्यम से ही हम अपनी पहचान बनाते हैं, भाषा के माध्यम से यह पहचान व्यक्ति भी स्थापित करता है और समाज भी। इसीलिए भाषा अपने समुदाय के सदस्यों को भीतरी तौर पर जोड़ने या बाँधने वाली एक ताकत के रूप में अपनाई जाती है। जैसा कि स्वाधीनता के आंदोलन के समय 'राष्ट्रभाषा हिंदी' के माध्यम से किया गया। अपनी इसी शक्ति के कारण भाषा अलगाव या समाज को तोड़ने का कारण भी बन सकती है। जैसा कि फोर्ट विलियम कॉलेज ने हिंदी और उर्दू को हिंदू और मुसलमानों की भाषा के रूप में बाँटकर भाषाई अलगाव पैदा किया। भाषा की इस जोड़ने-तोड़ने की अपार सामर्थ्य को जाँच-परख कर ही बोलिंगर (1980)

ने इसे 'लोडेड वेपन' की संज्ञा दी थी।

भाषा की अकूत क्षमता तथा ढलने-बदलने को बेचैन रहने वाली उसकी प्रकृति को देखते हुए ही रवीन्द्रनाथ श्रीवास्तव ने यह काव्यमय टिप्पणी की थी कि 'अगर भाषा के सहारे हम सच को पकड़ने की क्षमता रखते हैं तो उसी के सहारे हम 'झूठ' को सच भी साबित कर सकते हैं। अगर प्रबुद्ध साहित्यकार शब्द और अर्थ के मंजुल संबंधों के आधार पर हमें उदात्त भाव भूमि पर विचरण करने का अवसर प्रदान कर सकते हैं तो दूसरी तरफ राजनीतिज्ञ वाग्मिता का सहारा लेते हुए और व्यापारी वर्ग फुसलाने वाली भाषा वृत्ति का आलंबन लेकर हमें आश्वासन और विज्ञापन की ऐसी दुनिया में ले जा सकते हैं जो सरासर झूठी है।' भाषा में दिखाने-छुपाने, बढ़ा-चढ़ा कर कहने, बहलाने-फुसलाने की ही नहीं डराने-धमकाने, चेताने, उलाहने, फटकारने आदि की न जाने कितनी भाषिक युक्तियाँ होती हैं। ये सभी भाषा के 'ठस' रूप से नहीं, उसके तोड़-मरोड़ से बनती हैं। इसे ही हम भाषा की वाग्मितापरक क्षमता कहते हैं। इसके साथ ही यह भी सच है कि भाषा में परिवर्तन सामाजिक, ऐतिहासिक कारणों से भी आते हैं, जिसके फलस्वरूप भाषा जीवंत और जागृत बनती है। सर्जनात्मक बनती है। इन स्तरों पर देखने से ही 'भाषा' की संकल्पना का स्थान 'वाक्' ने ले लिया।

हमारे भारतीय भाषा-चिंतन में भी यह बार-बार कहा गया है कि वाक् के व्यक्तिगत और सामाजिक, दो पहलू होते हैं और एक के बिना दूसरे को नहीं समझा जा सकता। आधुनिक भाषाविज्ञान ने इसे एक अन्य पहलू से भी देखा और कहा कि 'वाक्' में स्थिर व्यवस्था होती है, इस बात में कोई संदेह नहीं, पर यह भी सच है कि उसका क्रमिक विकास होता है। आज के भाषाविज्ञान के अनुसार भाषा (वाक्) एक ओर वर्तमान संस्था है तो दूसरी ओर अतीत की धरोहर भी है। भाषा अभी कैसी है, पहले कैसी थी और वह नित-नित कैसे बदलती रहती है, ये प्रश्न नए-पुराने सभी भाषाविदों को परेशान करते रहे हैं। भाषा पहले कैसी थी, इस प्रश्न का उत्तर ऐतिहासिक भाषाविज्ञान ढूँढ़ता है। भाषा कैसे बदलती है, इस प्रश्न का सरोकार काल क्रमिक भाषाविज्ञान से है। भाषा अभी कैसी है (और क्यों) इस प्रश्न की तह तक पहुँचने का काम एककालिक भाषाविज्ञान करता है।

आज का भाषाविज्ञान तो यह तक कहने की स्थिति में पहुँच चुका है कि 'भाषा' कुछ सामाजिक प्रकार्यों को पूरा करने के लिए जरूरी तो है पर वह वाक् के व्यापक संप्रेषण तंत्र का एक अंश मात्र है। वाक् बहुवर्णी और बहुरूपी होता है, यह मानव भाषा का सामाजिक यथार्थ है। इसीलिए आज भाषाविज्ञान को एक ऐसा विज्ञान माना जा रहा है जो समाज के बीच रचे-बसे प्रतीकों (वाक् घटनाओं) का अध्ययन करता है। आधुनिक भाषाविज्ञान के लिए भाषा अगर एक व्यवस्था है भी तो ऐसी जिसके घटक सम्मिलित होकर किसी-न-किसी सामाजिक प्रकार्य

को पूरा करते हैं। प्रकार्यों की भिन्नता भाषा को कई रंगों में रंग देती है। रूसो का प्रसिद्ध कथन है कि मनुष्य स्वतंत्र जन्मा है। यह सच है लेकिन यह भी सच है कि वह अनेक प्रकार की जंजीरों में जकड़ा है। इसी कथन की तर्ज पर भाषा के बारे में यह कहा जा सकता है कि भाषा एक व्यवस्था है, यह सच है लेकिन यह भी सच है कि वह परिवार-आस-पड़ोस, वर्ग, व्यवसाय, देश-काल और धर्म-संस्कृति न जाने कितने बंधनों में बँधी हुई है अतः जीवंत, प्रवाही और परिवर्तनशील होना उसकी नियति है।

अपने वाक् भेदों के स्तर पर भाषा कितनी लयबद्ध और प्रवहमान होती है, इस बात का अंदाजा उसकी स्थानीय बोलियों, क्षेत्रीय शैलियों, पेशेगत रूपों और लहजों को देखकर लगाया जा सकता है। भाषा कोई 'बंद' व्यवस्था नहीं है, खुलापन और उन्मुक्तता उसकी स्वाभाविक प्रकृति है।

आधुनिक भाषाविज्ञान ने भाषा की इस प्रकृति को पहचान लिया है। इनके घटक भी निर्धारित कर दिए हैं। इनकी पहचान के बाद ही भाषा-अध्ययन पूर्ण और वैज्ञानिक हो सकता है, यह उसका मत है। ये घटक हैं—

1. वाक् घटना में संलग्न अलग-अलग तरह के सहभागी-वक्ता, श्रोता, संबोधित, संबोधक आदि।
2. अलग-अलग संप्रेषण सरणियाँ और उन्हें प्रयोग करने की रीतियाँ, जैसे बोलकर, लिखकर, छापकर, इशारों से, मुखाकृति या अंग विक्षेप से आदि।
3. भिन्न सहभागियों में प्रयुक्त समान कोड-भाषिक, पराभाषिक, अंगविक्षेपगत आदि।
4. सही प्रकार के वाक्-अभिविन्यास तथा संप्रेषण के वे अभिविन्यास भी जिनमें संप्रेषण किया जाता है।
5. संदेश का भाषिक रूप या शैली—वह एक पदबंध का है, एक वाक्य का है, गीत है, निबंध है, या अगर मौखिक है तो उसका आरोह-अवरोह, अनुतान, बलाघात, लहजा, तद्भवता अर्थात् शैली और 'काकु' का स्वरूप कैसा है।
6. संदेश का विषय और टिप्पणी।
7. वाक् घटना की परिस्थिति, प्रकार तथा विशिष्टता।
8. वाक् का संदर्भ और इससे उत्पन्न उक्ति भेद।

भाषाविज्ञान और नृ-विज्ञान के संबंध से भाषा-अध्ययन के जो उपागम (एप्रोचेज) सामने आए उन्होंने भाषा को एक निरंतर प्रवाहमान धारा के रूप में देखा। इस दृष्टिकोण के परिणामस्वरूप भाषा-अध्ययन के उपागम के रूप में 'नृजाति अर्थ विज्ञान' (एथनो-सीमेंटिक्स) सामने आया। इन दोनों उपागमों ने भाषा को एक सामाजिक घटना के रूप में देखने तथा संस्कृति के संदर्भ में विवेचित करने पर

बल दिया। इस प्रविधि का अनुप्रयोग 'वाक्' पर भी किया गया और तब 'एथनोग्राफी ऑफ स्पीकिंग' जैसी अध्ययन शाखा सामने आई जो 'वाक्' को उसके विविध प्रतिफलित रूपों में विवेचित करते हुए उसके घटकों को संदर्भ, परिस्थिति, आचरण, शिष्टाचार आदि भाषेतर तत्वों से जोड़कर देखती है।

(ख) किसे चाहिए भाषाविज्ञान और क्यों?

आधुनिक भाषाविज्ञान ने यह तय कर दिया है कि 'वाक्' भाषिक इकाइयों का न तो अनमेल, मनमाना या अनियमित घालमेल है और न ही यह 'व्यक्तिगत चयन' का परिणाम है। इसकी अपनी अभिरचना होती है, वह भी ठोस और बहुउपयोगी। भाषा में अकूत संप्रेषण शक्ति इसी खास तरह की अभिरचना (पैटर्निंग) से आती है। भाषा की इस शक्ति को देखते हुए ही 'भाषाविज्ञान' के बाहर भी भाषाविज्ञान की माँग बढ़ी। सबसे पहले मनोवैज्ञानिक भाषाविज्ञान से जुड़े फिर समाजशास्त्री। धीरे-धीरे नृ-विज्ञानी, राजनीति शास्त्री, दार्शनिक, मनोचिकित्सक, साहित्यकार, आलोचक, अनुवादक, कोशकार, भाषा शिक्षक आदि के लिए भी भाषाविज्ञान एक उपयोगी शास्त्र बनने लगा। इनके साथ भाषाविज्ञान का सीधा संबंध भी पहचाना जाने लगा और भाषाविज्ञान एक अंतर्विद्यावर्ती अध्ययन-क्षेत्र के रूप में स्थापित हुआ। उसकी इस अंतर्विद्यावर्ती प्रकृति ने 'भाषा' और 'भाषाविज्ञान' दोनों से आबद्ध जड़ धारणाओं को छिन्न-भिन्न कर दिया। भाषाविज्ञान को गणितीय, विवरणात्मक भाषा नियम पर आधारित मानने वालों की कमी आज भी नहीं है। कमी तो उनकी भी नहीं है जो भाषाविज्ञान और व्याकरण में ही अंतर नहीं कर पाते तथा भाषावैज्ञानिक को वैय्याकरण या वैय्याकरण को भाषावैज्ञानिक जानते-मानते हैं। भारत जैसे देश में जहाँ 'भाषा-दर्शन' हर प्रकार के चिंतन में अंतर्भुत था आज 'भाषाविज्ञान' की अवहेलना की जा रही है। इसका कारण आधुनिक भाषाविज्ञान से अपरिचय और भाषाविज्ञान के प्रति भ्रामक धारणा ही है।

भाषा की सामाजिक भूमिका को उद्‌घाटित करने में नृ-विज्ञानियों और समाजशास्त्रियों की भूमिका अग्रणी रही। भाषा को संस्कृति का हिस्सा सिद्ध करने तथा लोगों के भाषा-व्यवहार के पीछे निहित सामाजिक तथ्यों की खोज करने का महत्वपूर्ण कार्य इन लोगों ने किया। बोआस, क्रोएबा और सपीर जैसे कई मूर्धन्य नृ-विज्ञानी भाषाविज्ञान की ओर मुड़े। सपीर ने तो इतने गहरे निष्कर्ष दिए कि आज हम उन्हें एक नृ-विज्ञानी नहीं, अमेरिकी भाषाविज्ञान के एक पुरोधा विद्वान के रूप में आदर देते हैं।

भाषा का प्रयोग मनुष्य निरंतर करता है—चाहे वह मौखिक हो, लिखित हो या छपी हुई। मनुष्य भाषा के अल्पज्ञात तत्वों का बोध भी कर लेता है। यह बोधन कैसे होता है और अभिव्यक्त कोड (चाहे वह लिखित हो, मौखिक हो या छपा

हुआ) को मानव-मस्तिष्क किस प्रक्रिया से 'डी-कोड' करके सूक्ष्मातिसूक्ष्म अर्थ का बोध कर पाता है, इस ओर बोधन (कॉग्निशन) से जुड़े अनेक प्रश्नों ने मनोवैज्ञानिकों का ध्यान भाषाविज्ञान की ओर आकर्षित किया। मानव-शिशु भाषा का अधिगम कैसे इतनी सहजता के साथ और इतने कम समय में कर लेता है, मनोवैज्ञानिकों ने इस जटिल प्रश्न का उत्तर भी ढूँढ़ने का प्रयत्न किया। अन्य भाषा अधिगम के संदर्भ में उन्होंने भाषा अध्येता की आयु, अभिरुचि, अभिवृत्ति और मेधा को समाहित करके ऐसे उपादेय निष्कर्ष दिए जो आज भी अन्य भाषा शिक्षण प्रणाली को फलप्रद बनाने में सहायक बने हुए हैं।

कहने का तात्पर्य यह है कि एक विकसित और सुव्यक्त मानव विज्ञान के रूप में भाषाविज्ञान को समाज विज्ञान और मानविकी के सभी विद्वानों ने पहचाना और अपने शास्त्र की स्थापनाओं को पुष्ट करने के लिए इसकी ओर झुके। पाइगेट के इस कथन में दम है कि 'सामाजिक विज्ञानों में भाषाविज्ञान सर्वाधिक विकसित शास्त्र इसलिए है कि इसकी सैद्धांतिकता स्वपुष्ट है, अन्य शास्त्रों से इसका गहरा संबंध है तथा इसके सिद्धांतों में अनुप्रयुक्त होने की असीम संभावनाएँ हैं।' मॉल्टन ने भाषाविज्ञान की सराहना करते हुए कहा है कि 'यह यदि मानविकी का विषय है तो अत्यंत वैज्ञानिक है और यदि इसे विज्ञान मानें तो यह सर्वत्र मानव-केंद्रित है।' भाषाविज्ञान की इस विशेषता के कारण ही आज की दुनिया में कई ऐसे दर्शन के अध्येता हैं जो इस बात पर बल देते हैं कि दार्शनिक समस्याओं का समुचित समाधान, भाषा के विविध पक्षों को समुचित महत्व देकर ही किया जा सकता है। हमारे यहाँ भी दर्शनशास्त्र की एक प्रमुख शाखा रही है—'अर्थ-मीमांसा' जो भाषा में प्रयुक्त होने वाली संकल्पनाओं और पदों (टर्म्स) पर विचार करती है। अर्थवत्ता के सिद्धांत से संबद्ध इस शाखा का दृष्टिकोण 'प्रैगमेटिक' रहा है। आज के दार्शनिक पिउर्स ने 'प्रैगमेटिज़्म' को 'अर्थ-मीमांसा' संज्ञा अकारण ही नहीं दे दी है।

मानव-जीवन में भाषा का स्थान इतना केंद्रीय है कि भाषाविज्ञान आज इस ओर प्रयत्नशील है कि उसकी परिधि में मिथकों, वर्जित भाषा प्रयोगों, नाते-रिश्तों की भूमिकाओं, वैवाहिक संबंधों से उत्पन्न आचरणों, रंग शब्दों के अध्ययन को भी समेटा जा सके, इनके प्रारूप बनाए जा सकें। भाषाविज्ञान का सामाजिक प्रभाव इतना गहरा है कि आज के अर्थशास्त्री भी अनेक भाषावैज्ञानिक संकल्पनाओं का उपयोग अर्थशास्त्र की अवधारणों को स्पष्ट करने के लिए करने लगे हैं। पिछले दिनों प्रसिद्ध अर्थशास्त्री टाल् कोट पार्सन की एक किताब पढ़ रहा था जिसमें उन्होंने मुद्रा को एक विशिष्ट भाषा कहा है, आर्थिक लेन-देन की तुलना उन्होंने खास तरह के वार्तालाप से की है, मुद्रा को उन्होंने संदेश प्रेषण से जोड़ा है और मुद्रा-व्यवस्था को 'व्याकरणिक कोड' के दृष्टांत द्वारा समझाया है।

सपीर ने भाषाविज्ञान की असीम संभावना को जाँचने-परखने के बाद ही भाषा

वैज्ञानिकों को संबोधित करते हुए कहा था कि आज के भाषावैज्ञानिक के लिए अपने-आप को सिर्फ 'भाषा विवरण' तक सीमित रख पाना कठिन है। वह ऐसा तभी कर सकता है जब वह कुंद बुद्धि हो, अन्यथा उसे उन पारस्परिक रुचियों पर ध्यान रखना चाहिए जो भाषाविज्ञान को नृ-विज्ञान, संस्कृति के इतिहास, समाजशास्त्र, मनोविज्ञान, दर्शनशास्त्र से ही नहीं भौतिक विज्ञान और शरीर विज्ञान से भी जोड़ते हैं।

जैसा कि हमने शुरू में कहा कि आज का नृ-विज्ञानी संप्रेषण की खास-खास अभिरचनाओं के सूक्ष्म विश्लेषण के लिए प्रारूप तैयार कर रहा है, मनोवैज्ञानिक भाषा संकल्पनाओं के अध्ययन को गहराई देने, उसे उपयोगी बनाने का यत्न कर रहा है, दार्शनिक उन सामाजिक क्रियाओं की व्याख्या में लगे हैं जिनसे शब्द का संबंध है, गणितज्ञ इस कोशिश में लगे हैं कि भाषा-संरचना के विश्लेषण की प्रविधि और वैज्ञानिक बन सके तथा कंप्यूटर वैज्ञानिक ऐसी मशीनी प्रक्रिया को विकसित करने में जुटे हैं जो भाषाई-सामग्री का समुचित विश्लेषण कर सके या कहें भाषा-संसाधन कर सके। भाषावैज्ञानिक भी इन सभी कार्यों में खुले दिल से सहयोग कर रहे हैं और भाषाविज्ञान की एक वैश्विक तस्वीर उभर रही है—केवल संक्रिया के धरातल पर नहीं, प्रभाव और अनुप्रयोग के धरातलों पर भी।

बोलिंगर ने 1972 में कहा था कि 'कर्ता-क्रिया' में अन्विति होती हैं, इस पर विचार करने के साथ-साथ आज के भाषावैज्ञानिकों को अन्य कई बातों पर भी विचार करना चाहिए। भाषा के शुद्धतावादी नजरिए से हमें सावधान रहना होगा, क्योंकि इससे बड़ा कोई झूठ नहीं है। सरकार, राजनेता, पत्रकार और लेखक, यहाँ तक कि कई भाषावैज्ञानिक भी 'मानक भाषा' के पक्षधर हैं। इस तरह ये लोग वाक् की अवहेलना तो कर ही रहे हैं, भाषाविज्ञान की जमीन को भी छोटा कर रहे हैं।' इसके काफी पहले 1956 में प्रो. हिल ने सातवें वार्षिक भाषाविद् सम्मेलन में एक पर्चा पढ़ा था जिसका शीर्षक था—'हू नीड लिंग्विस्टिक्स' इसमें उन्होंने उन लोगों के तीन वर्ग बनाए थे जिन्हें भाषावैज्ञानिक ज्ञान की दरकार है—(1) मातृभाषा, द्वितीय भाषा और विदेशी भाषा पढ़ाने वाले शिक्षक, (2) साहित्यकार और साहित्य आलोचक तथा (3) वे लोग जो वाक् चिकित्सा और मानसिक विकलांगता के क्षेत्र में काम कर रहे हैं।

इन प्रमुख लोगों के अलावा हिल ने अनुवादकों, कोशकारों, साक्षरता अभियान चलाने वालों, लेखन व्यवस्था का विकास करने वालों, वर्तनी संशोधकों, भाषा-नियोजकों, राजभाषा कर्मियों के लिए भाषाविज्ञान के ज्ञान को अनिवार्य बताया। क्योंकि भाषाविज्ञान की सहायता लिए बिना इनमें से कोई भी अपने अपेक्षित लक्ष्य तक नहीं पहुँच सकता। इस दृष्टि से देखें तो अनुप्रयुक्त भाषाविज्ञान इन सबके लिए एक उपयोगी शास्त्र बन चुका है और इनमें से कई क्षेत्र अनुप्रयुक्त

भाषाविज्ञान की शाखा के रूप में अपनी जगह और पहचान बना चुके हैं। हिल ने एक बात और कही जो हमारी इस पूरी चर्चा के संदर्भ में बहुत सार्थक बन जाती है कि भाषाविज्ञान की सबसे अधिक जरूरत खुद भाषावैज्ञानिक को है क्यों कि वह भाषाविद ही है जिस पर भाषाविज्ञान को प्रौढ़ से प्रौढ़तर बनाने की जिम्मेदारी है। उसके ऊपर यह दायित्व भी है कि वह भाषाविज्ञान के अद्यतन सिद्धांतों, संकल्पनाओं और उपागमों की जानकारी उन लोगों के लिए उपलब्ध कराए जिन्हें इनकी जरूरत है। भाषाविदों का ही यह भी काम है कि जो लोग भाषा-अध्ययन, भाषा-कौशल, भाषा-प्रयोग और भाषा-विकास जैसे क्षेत्रों में काम कर रहे हैं उन्हें इन दिशाओं में भाषाविज्ञान द्वारा किए गए शोधों, निर्धारित की गई प्रविधियों एवं प्रदत्त निष्कर्षों से निरंतर परिचित कराते चलें।

मुझे यह विश्वास है कि इस पूरे विचार-विमर्श में हमने भाषा और भाषाविज्ञान के जिन अद्यतन सरोकारों को समेटा है उनसे आधुनिक भाषाविज्ञान की मुकम्मल तस्वीर बनी है। वैसे इस पूरी चर्चा का लक्ष्य परंपरागत भाषाविज्ञान की स्थापनाओं को दुहराना कतई नहीं था, अतः उन्हें वहीं तक जगह दी गई जहाँ वे आधुनिक भाषाविज्ञान की विकास-प्रक्रिया को समझने में जरूरी लगे। इस चर्चा का मुख्य उद्देश्य भाषा और भाषाविज्ञान की एक पीठिका तैयार करना था जो हमारे आम और खास उन पाठकों को उस सशक्त माध्यम का परिचय दे सके जिसका वे रात-दिन प्रयोग करते हैं। वे इस माध्यम का अध्ययन करने वाले शास्त्र की विकास-प्रक्रिया भी जान सकें, यह भी उद्देश्य था ही। कई अनावश्यक तथ्यों को इस चर्चा में आने से रोका भी गया, यह बहुत कठिन काम था।

❑❑❑